しくみ図解 SHIKUMI ZUKAI

会計思考のポイント

村井直志 著

中央経済社

はじめに

「解剖すると不安がなくなる」※

これは『バカの壁』の著者、養老孟司先生の名言です。

私たちも決算書を「解剖」することで経営実態を把握でき、安心できます。決算書に現れる「数字」を解剖するには「会計」や周辺知識が必要です。

その「会計」には大別して2つの領域があります。決算書のしくみなどを理解するのに必要となる**制度会計**と、ROEや不正会計などを理解するために必要な**管理会計**という領域です。

各々に多様な論点があるので、実務で会計に触れたことがなければ、ビジネスに必要な「数字」のノウハウは敷居が高い部分もあると思います。

そこで本書は、ビジネスに必要な**会計**や**数字**の主要な論点整理を行っています。ビジネスパーソンが決算書の「数字」や「会計」のしくみを理解し、読みこなし、実務で使いこなすために必要となる**会計思考**を身につけられるよう、基本77項目を見開き即解で図解も交え、次のような視点で簡潔に解説しています。

- **知っていて当たり前の論点**
- **世間的に間違いや誤解が多く、つまずきやすい論点**
- **これまであまり触れられてこなかった論点**

前作『会計チャージ』の出版から7年、時代に即してタイトルや掲載項目などを一新、各項目の重要ポイントから実務上の留意点、制度面の知識までを本書で厳選しています。改訂にあたり、前作のわかりやすさを踏襲し、経営管理に必要な「数字」を読み解くことを心掛け、掲載項目の

※『養老孟司「解剖をやっていると私の不安がなくなるんですよ」』NHK スイッチインタビュー，https://www.nhk.jp/p/switch-int/ts/K7Y4X59JG7/blog/bl/peZjvLyGze/bp/pPWMyYRwWK/

整理と拡充、設問の入れ替えなどを実施しています。

「制度会計」については近時の会計基準やルールの改定などを反映し実務経験を踏まえた論点整理を行い、「管理会計」についてはＲＯＩＣなど比較的新しい考え方や、頻発する「不正会計」の実態と対策、苦手とする人が多い「ＩＴ管理」に関する論点など、いずれの論点もビジネスパーソンが知っておくべき内容を取りまとめています。

本書を通じ、次のような**会計思考のポイント**を学べます。

- **財務３表といわれもする、決算書の見方**（第１章）
- **決算書を理解するために必要な、会計と税務の知識**（第２章）
- **グループ総合力を表す、連結会計のしくみ**（第３章）
- **決算書から経営実態を把握する、財務分析の手法**（第４章）
- **損益分岐点分析などマネジメントに必須の、管理会計のノウハウ**（第５章）
- **粉飾・横領や内部統制など、不正会計の予防と発見の視点**（第６章）
- **経営管理に必須となる、ＩＴの利活用・リスク・ガバナンス**（第７章）

本書は「会計」初学者だけを対象にしたものではありません。日常的に「数字」に接している方々に知っておいていただきたい論点をまとめました。

経営管理に必要な「会計」「数字」の主要な論点整理に、本書をお役立ていただければ幸いです。

「数字」はビジネスコミュニケーションツールです。

公認会計士・データアナリスト　村井　直志

CONTENTS

第2章 制度会計②（知っておくべき会計と税務のルール）

第3章 制度会計③（連結会計のしくみ）

第5章 管理会計（プラスの管理会計）

第6章 不正会計（マイナスの管理会計）

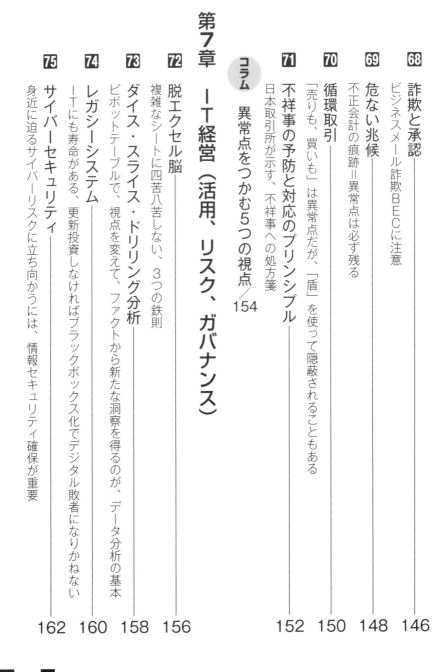

第1章

制度会計①（基本の財務３表等）

1 決算書の眺め方
2 基本財務２表
3 決算書のつながり
4 貸借対照表ＢＳと株主資本等変動計算書ＳＳ
5 損益計算書ＰＬと包括利益計算書ＣＩ
6 損益計算の基本原則
7 売上計上のタイミング
8 費用・損失計上のタイミング
9 損益計算のタイミングと粉飾
10 収益認識基準
11 キャッシュ・フロー計算書（ＣＦ計算書）
12 黒字倒産する理由
13 附属明細書と注記表
14 公正なる会計慣行

1 決算書の眺め方

会社法で「計算書類」、金商法で「財務諸表」という決算書を「鳥・虫・魚」の目線で眺める

●鳥・虫・魚の目で数字を観る

経営＝Managementには「何とか切り盛りする」という意味が含まれます。経営はいつも順風満帆とはいきません。経営に携わる人たちは「3つの目線」を持ち合わせ、「数字」を活用し、何とか切り盛りし、未来を見通そうと工夫を凝らします。これが、管理会計の本質です。

- **全体を俯瞰し、概略を把握する「鳥の目」**
- **物事を鋭く観察し、詳細を把握する「虫の目」**
- **状況変化を見逃さず、流れを素早く見極める「魚の目」**

経営状況を絶えず見張るには「鳥・虫・魚」の3つの目が必要です。「複眼」で視野を広げ決算書を眺めれば、新たな洞察を得られるようになります。

●決算書攻略の流儀

- **決算書を一体でとらえる**

貸借対照表《たいしゃくたいしょうひょう》（BS《びーえす》、Balance Sheet《バランスシート》）と損益計算書《そんえきけいさんしょ》（PL《びーえる》、Profit《プロフィット》 &《アンド》 Loss《ロス》 Statement《ステートメント》）という「基本財務2表」を中心に、各財務諸表のつながりを把握（6ページ）し、1つの指標にとらわれず総合的に判断します。

- **さまざまな視点で比較を行う**

自社データであれば、最低でも3期分。できれば10期分程度のデータを準備し、時系列に並べトレンドをつかむ**趨勢比較**は欠かせません。その際、構成比の変化に留意することもポイントです。

ベンチマーク（標準）とすべき同業他社、業界平均等との**他社比較**も基本です。上場企業であれば金融庁所管のEDINETや各社IR情報などからデータは入手可能です。中小企業庁の中小企業実態基本調査なども参考にすると良いでしょう。ただ、他社データは詳細まで分からないことも多く、割り切りも必要です。

- **比較結果をまとめ、「数字」を活かす**

「数字」の利用者を想定し、現状の課題や今後の展望などをビジュアルにもこだわりわかりやすくまとめることも大切です。モダン《現代的な》Excelは、データの可視化《データビジュアライズ》に最適なツールの1つです（168ページ）。

複眼で決算書を眺める

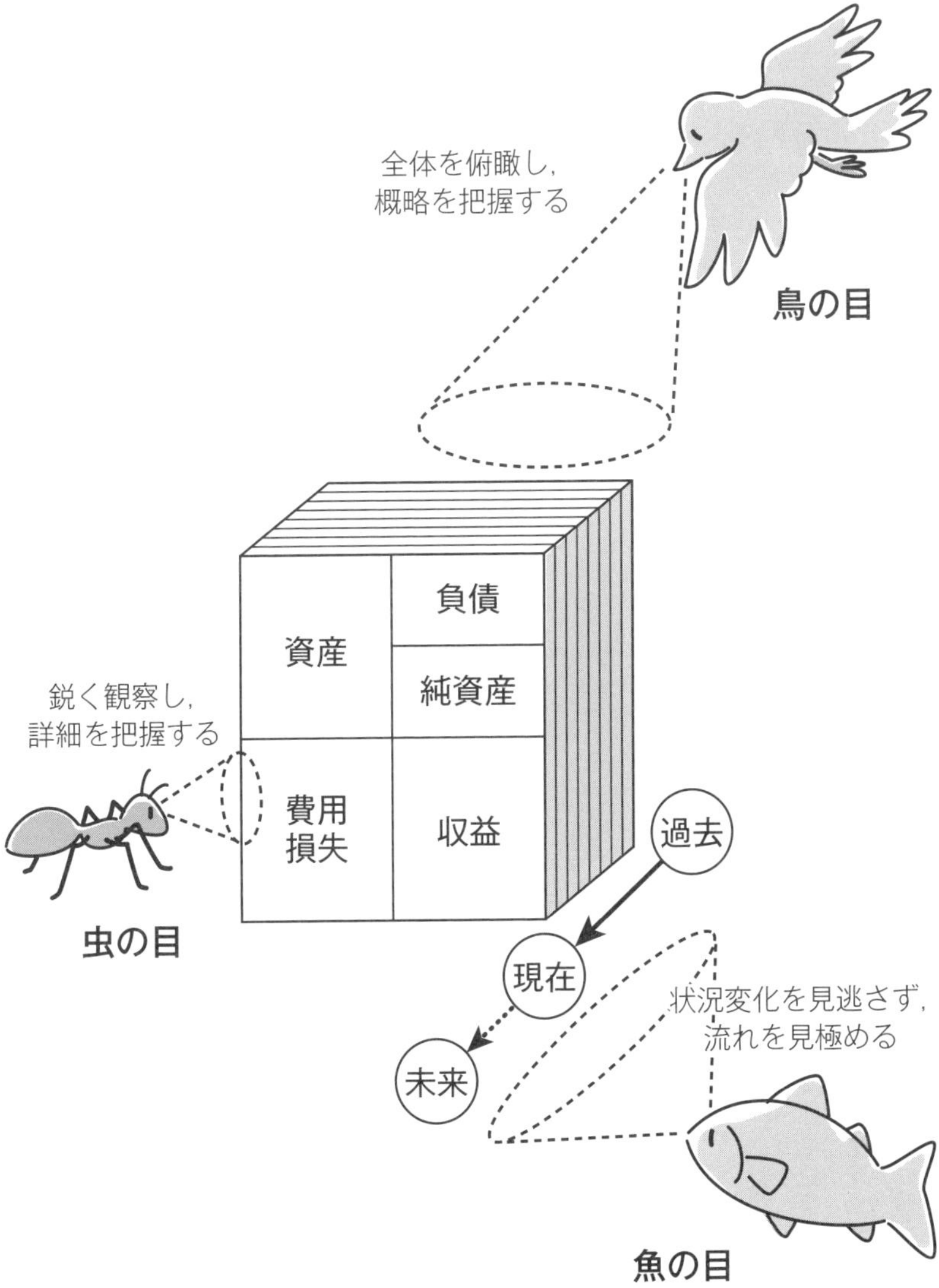
全体を俯瞰し，
概略を把握する
鳥の目
資産
負債
純資産
費用
損失
収益
鋭く観察し，
詳細を把握する
虫の目
過去
現在
未来
状況変化を見逃さず，
流れを見極める
魚の目

2 基本財務2表

BSで3つ、PLで2つ、合計5つの箱が基本の「財務2表」

●上3つの箱が「BS・貸借対照表」という残高表

図①～③が、**一定時点における財政状態を表す貸借対照表**（Balance Sheet、BS）という決算書です。

①**資産**は大別して3つ。❶現金・預金のような「キャッシュそのもの」、❷売上代金の未収分＝売掛金《うりかけきん》を回収したり、商品や製品を売って回収したりすれば、将来「キャッシュになるもの」、❸建物等の固定資産のように生産活動で「キャッシュを生み出すもの」。資産は、現在・将来のキャッシュで、概念的に**積極財産**と呼びます。

②**負債**は**消極財産**とも呼ばれます。ツケで買った仕入代金＝買掛金《かいかけきん》、金融機関からの借入金《かりいれきん》など、将来「キャッシュを支払うもの」です。

③**純資産**は、元手の「資本金」、過去からの利益の累積である「剰余金」などで構成されます。積極財産と消極財産の差額、だから「純資産」です。

簿記では、左側を借方《かりかた》、右側を貸方《かしかた》、「り」「し」跳ねの向きが左右のイメージ、左右の貸借《たいしゃく》合計は一致します。

●下2つの箱が「PL・損益計算書」という成績表

図表④と⑤が、**一定期間の「経営成績」を表す損益計算書**（Profit & Loss Statement、PL）です。

④**収益**は、本業による稼ぎ「売上高」のほか、本業ではないが経常的に発生する受取配当金のような「営業外収益」や、土地の売却益など特別な理由で発生する「特別利益」のような稼ぎで構成されます。

⑤**費用**は、本業の稼ぎに直接対応する原価《コスト》である、製品製造や商品仕入に係る「売上原価」、販売や本社管理に係る期間原価とも呼ばれる「販売費及び一般管理費」、本業ではないが経常的に発生する借入金に係る支払利息のような「営業外費用」があり、経営に必要な費用ということで「経費」と呼びます。また、特別に発生する土地売却損のような「特別損失」も含まれます。

PLの利益の累積額が、BSの純資産・剰余金に反映され、利益を橋渡し役に、PLとBSは上下に重ねることができるので、図表のような表現となります。

「５つの箱」の意味と位置を押さえよう！

資産には大きく分けて「流動資産」と「固定資産」（このほかに「繰延資産」）が，負債には「流動負債」と「固定負債」があります。

流動と固定の区分は，資金化までの期間を「**１年基準**」で区分します。

たとえば，決算日の翌日から１年以内に回収期限が到来するものを流動資産，１年を超えるものを固定資産といいます。

ただし，売掛金などは，たとえ１年を超えて資産化される場合でも，正常な営業サイクル内にあるかどうかで流動又は固定のいずれかに分類し、これを「**（正常）営業循環基準**」といいます。

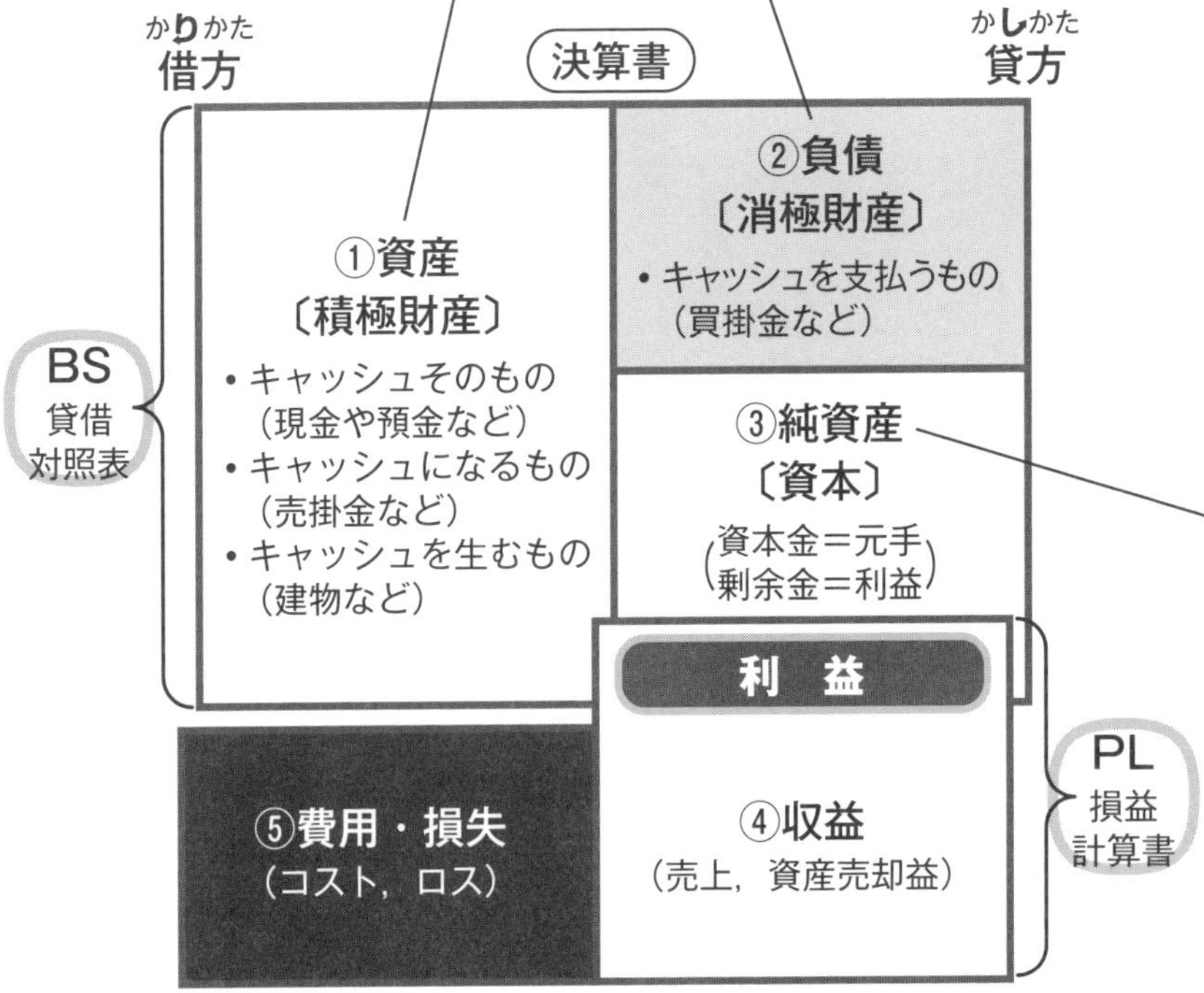

ちなみに「資本金が１億円ある＝現金も１億円ある」というのは間違い。元手の資本金は出資した時点の金額という目印にすぎず，その後の活動次第で，元手の１億円は，現金１億円超にも０円にもなります（参考，62 ページ）。

3 決算書のつながり

「会計直観力養成マップ」でつながりを理解

●決算書のつながりを意識する

数字で表された瞬間、枝葉末節にとらわれ、本当に重要なことを見落とすビジネスパーソンがいます。些末な数字にとらわれ「数字が一人歩き」したり、数字には説得力があるので「悪用」されたりもします。

ビジネスパーソンであれば、数字で表される**決算書（Financial《フィナンシャル》 Statements《ステートメント》、FS《えふえす》）**の見方を知る必要もあります。決算書は、**会社法で「計算書類」**、**金融商品取引法で「財務諸表」**と呼ばれます。

決算書の数字を見る際、「つながり」を意識し、3つの目線で眺めることが大事です。決算書を広い大地などに見立て大所高所から「鳥の目」で全体像をイメージし、地を這う「虫の目」と、流れを見る「魚の目」も駆使しながら経営課題の本質を探る、こうした視線が必要です。

「決算書や数字のつながり」が見えていないと決算書を苦手としてしまうので、まずは「鳥の目」で決算書がつながっていることを理解しましょう。

●会計直観力養成マップで、数字のつながりを理解する

決算書のつながりを理解するうえで便利なのが、本物の決算書をコンパクトにまとめた**『会計直観力養成マップ』**というツールです。

マップ中央上にPL損益計算書という決算書があり、そのPL最終付近に「税引前当期純利益」があります。この線の先を見ると、まったく同じ数字や漢字がCFキャッシュ・フロー計算書の冒頭にもあります。

こうした決算書同士のつながりをイメージできるようになることが、決算書の理解への近道です。

『会計直観力養成マップ』をもとに「鳥の目」に必要な項目を押さえ、ビジネスパーソンに必要十分な決算書を概観できる目線を持てるようになってください。実際に本物の決算書と向き合い、図のような『会計直観力養成マップ』で、決算書のつながりをイメージできるようになると、会計に対する理解を一段高いレベルに引き上げられるようになります。

会計直観力養成マップ

PL　損益計算書

売上高	38,043
売上原価	19,201
商品期末たな卸高	24
製品期末たな卸高	278
当期製品製造原価	9,644
売上総利益	18,842
販売費及び一般管理費	15,157
営業利益	3,685
営業外収益	626
営業外費用	456
経常利益	3,855
特別利益	125
特別損失	730
税引前当期純利益	3,250
法人税等	1,480
当期純利益	1,770

合計 302

CF キャッシュ・フロー計算書

税引前当期純利益	3,250
営業活動 CF	3,547
投資活動 CF	▲1,275
財務活動 CF	▲1,942
現金及び同等物の期末残高	6,024

CR　製造原価明細書

製造原価の明細書

材料費	8,306
労務費	592
経費	742
当期総製造費用	9,640
期首仕掛品棚卸高	14
合計	9,654
期末仕掛品棚卸高	10
当期製品製造原価	9,644

（単体のみ作成）

BS　貸借対照表

資産	28,922	負債	9,257
流動資産	9,296	流動負債	6,075
現金及び預金	6,024	有利子負債	2,001
商品及び製品	302	固定負債	3,182
仕掛品	10	純資産	19,665
固定資産	19,626	株主資本	19,784
繰延資産	0	その他	▲119

SS 株主資本等変動計算書

純資産の内訳表

純資産合計	
前期末残高	18,569
当期変動額	1,096
剰余金の配当	▲674
当期純利益	1,770
その他	0
当期末残高	19,665

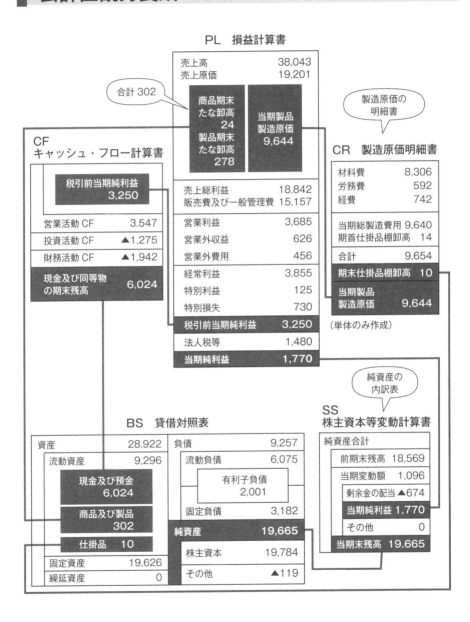

4 貸借対照表BSと株主資本等変動計算書SS

BSの純資産の内訳がSS（Statements of Shareholders' Equity）

●運用と調達で財政状態を示す、貸借対照表（BS）

BS(Balance Sheet)は直訳すると残高表。左右「3つの箱」で**財政状態**を表します。

右側・貸方⬇金《カネ》・物《モノ》・権利《ケンリ》の「調達源泉」である、返済義務のある「負債」（他人資本）、返済不要な「純資産」（自己資本）

左側・借方⬇金・物・権利の「運用状態」を示す「資産」

これら資産・負債・純資産、左右3つの箱のバランスを見るのがBSの基本です。（84ページ「安全性」参照）

●繰延資産という、換金性のない資産

BSの資産項目は、流動資産・固定資産・繰延資産の3つ（次ページ）。このうち**繰延資産**は、将来の期間に影響する特定の費用として、すでに代価の支払が完了し又は支払義務が確定し、これに対応する役務の提供を受けたにもかかわらず、その効果が将来にわたって発現するものと期待される費用をいいます。創立費、開業費、開発費、株式交付費、社債発行差金という、本来PL計上すべき「費用」を、制度的に換金性のない「資産」としてBS計上する、これが繰延資産です。

●純資産の内訳、株主資本等変動計算書（SS《えすえす》）

BSは、資産（積極財産）と負債（消極財産）、差額の純資産という残高を「3つの箱」で表しますが、この**「純資産」の増減内訳を示す決算書が株主資本変動計算書（SS）**です。

年度決算の場合、前期末残高に、当期変動額を反映し、当期末残高を記載します。

このうち変動額は2つに大別し表示します。

① **「株主資本」の変動**

元手である資本金の新株発行による増資や減資、剰余金の配当、PLで計上した当期純利益、自己株式の取得や処分など。

② **「株主資本以外の項目」（個別で「評価・換算差額等」、連結で「その他の包括利益累計額」）の変動**

株価、為替、金利等の変動による影響額。

貸借対照表ＢＳ

貸借対照表 BS は縦書きで表示されることも多いですが，図のように「3 つの箱」で資産＝負債＋純資産の各残高を示します。

貸借対照表

資産の部	
流動資産	
現金及び預金	6,024
⋮	⋮
流動資産合計	9,296
固定資産	
有形固定資産	
建物	7,700
減価償却累計額	△4,500
建物（純額）	3,200
土地	2,600
⋮	⋮
有形固定資産合計	8,200
無形固定資産	
のれん	300
⋮	⋮
無形固定資産合計	1,700
投資その他の資産	
投資有価証券	1,400
⋮	⋮
投資その他の資産合計	9,726
固定資産合計	19,626
繰延資産	
⋮	
繰延資産合計	0
資産合計	28,922

負債の部	
流動負債	
⋮	⋮
流動負債合計	6,075
固定負債	
⋮	⋮
固定負債合計	3,182
負債合計	9,257
純資産の部	
株主資本	
資本金	2,500
資本剰余金	
資本準備金	2,300
その他資本剰余金	75
資本剰余金合計	2,375
利益剰余金	
利益準備金	130
その他利益剰余金	14,779
利益剰余金合計	14,909
自己株式	0
株主資本合計	19,784
評価・換算差額等	
⋮	⋮
評価・換算差額等合計	△119
純資産合計	19,665
負債純資産合計	28,922

株主資本等変動計算書ＳＳ

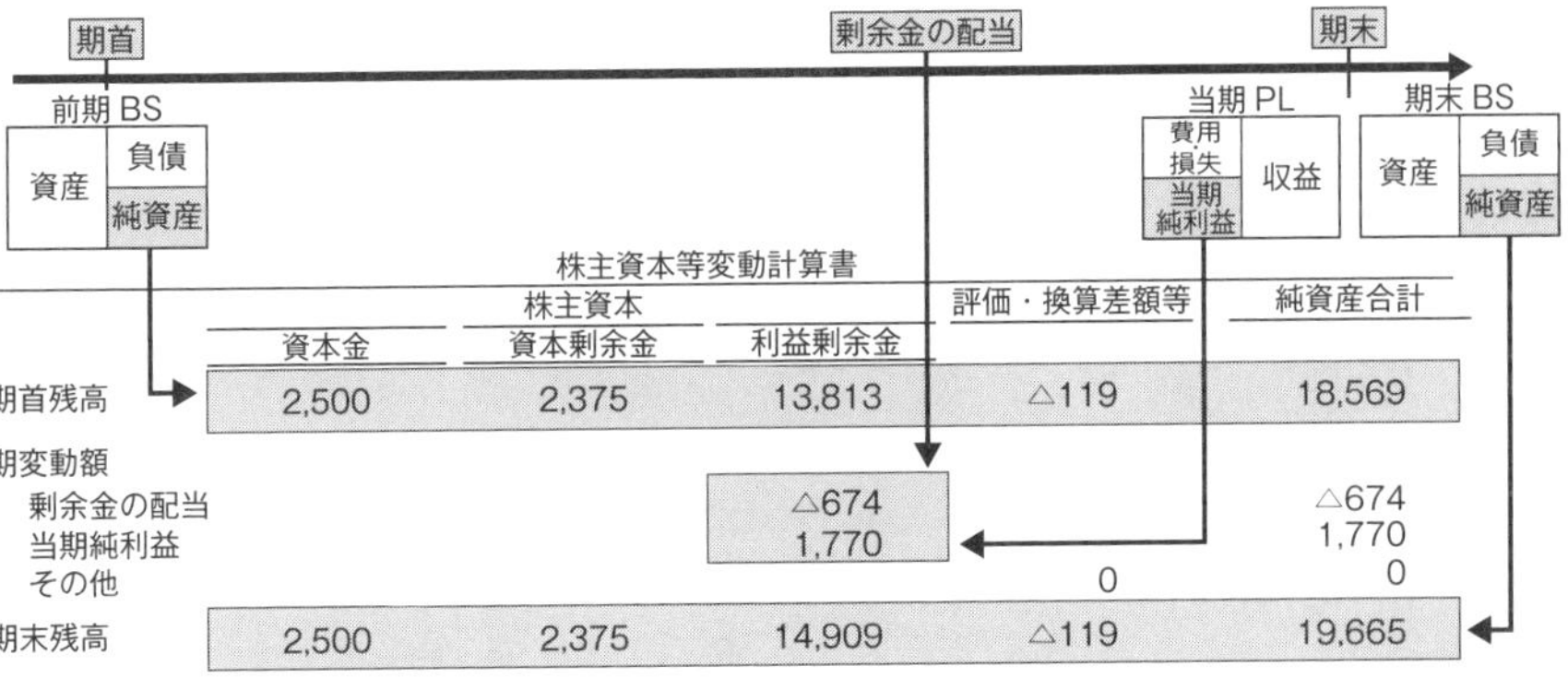

株主資本等変動計算書

	株主資本			評価・換算差額等	純資産合計
	資本金	資本剰余金	利益剰余金		
当期首残高	2,500	2,375	13,813	△119	18,569
当期変動額					
剰余金の配当			△674		△674
当期純利益			1,770		1,770
その他				0	0
当期末残高	2,500	2,375	14,909	△119	19,665

株主資本等変動計算書は，前期 BS と当期 BS の「純資産」の残高，当期 PL の「当期純利益」，利益処分による「剰余金の配当」などから構成され，BS「純資産」の「入出残」を表す決算書です。

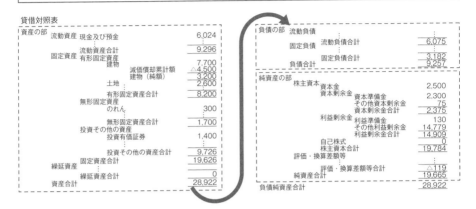

5 損益計算書PLと包括利益計算書CI

個別（単体）と連結で損益計算書の表現が異なる

●損益計算書（PL、Profit and Loss statement）

IS（Income Statement）ともいうPLは、一定期間の「経営成績」を表します。

売上高は**年商**ともいいます。この売上高に直接対応するコストが**売上原価**、両者の差額が一般に**粗利**と呼ぶ**売上総利益**（＝売上高－売上原価）です。これらを売上高で割った**売上原価率**（＝売上原価÷売上高）と**売上総利益率**（＝売上総利益÷売上高）は表裏の関係にあり、「1－売上原価率＝売上総利益率」となります。

この売上総利益から営業活動に必要な人件費や広告宣伝費など経費の**販売費及び一般管理費**を差し引き、本業での儲けを示す**営業利益**を求めます。**営業利益率**（＝営業利益÷売上高）は、本業の稼ぎを示す大切な指標です。経費の中で大きな割合を占める**人件費率**（＝人件費÷売上高）などを見れば、他社との優劣など、興味深い考察ができるでしょう。

この営業利益に、営業＝本業とは直接関係のない、受取配当金のような毎期経常的に発生する収益＝**営業外収益**を足し、支払利息のような費用＝**営業外費用**を引き、**経常**《ケイツネ》**利益**が算出されます。**経常利益率**（＝経常利益÷売上高）という経常的な収益性を表す指標は、ビジネスパーソンが意識する利益率の1つです。

この経常利益に、経常的ではない特別な損益、固定資産売却益のような**特別利益**、減損損失（38ページ）のような**特別損失**を加減し、**税引前当期純利益**（連結では、**税金等調整前当期純利益**）を算出します。ここから会社が負担すべき**法人税**、**住民税**、**事業税等**を差し引いた残りが最終利益の**当期純利益**です。これを売上高で割った**当期純利益率**（＝当期純利益÷売上高）を見れば、会社全体の収益性を見ることができます。

●未実現損益も含む包括利益計算書

CI（statement of Comprehensive Income）の略称を持つ包括利益計算書は、当期純利益に株式の含み損益などを加味します。現在は連結のみが対象です。

損益計算書ＰＬと包括利益計算書ＣＩ

損益計算書（単体 PL）	連結損益計算書（連結 PL）	
売上高	売上高	
売上原価	売上原価	
売上総利益	売上総利益	一般に粗利
販売費及び一般管理費	販売費及び一般管理費	
営業利益	営業利益	本業による儲け
営業外収益	営業外収益	
営業外費用	営業外費用	
経常利益	経常利益	正常収益力
特別利益	特別利益	
特別損失	特別損失	
税引前当期純利益	税金等調整前当期純利益	
法人税、住民税及び事業税	法人税，住民税及び事業税	
法人税等調整額	法人税等調整額	
法人税等合計	法人税等合計	
当期純利益	当期純利益	最終利益
	非支配株主に帰属する当期純利益	
	親会社株主に帰属する当期純利益	

連結包括利益計算書（連結 CI）

当期純利益　実現損益

その他の包括利益　未実現損益

包括利益

（内訳）

親会社株主に係る包括利益

非支配株主持分に係る包括利益

①その他有価証券評価差額金

②繰延ヘッジ損益

③為替換算調整勘定，など

6 損益計算の基本原則

対象期間の収益と費用を対応させる「期間損益計算」の理解は不正防止の理解にも必要

●費用収益対応の原則

決算対象期間は、1年間などのように区切られています。すると、売上高のような収益はできるだけ早めに、売上原価のような費用や災害のような損失はできるだけ遅く計上すれば、その期の利益を多めに計算できてしまいます。これが過度に進めば、利益を過大計上することで「粉飾」という不正会計に抵触もします。

正しい「期間損益計算」を行うには、原則その期に発生した費用と、実現した収益を、適切に対応させて取引計上する必要があります。これを**費用収益対応の原則**と呼びます。会計基準の憲法的存在である『企業会計原則』がこれを規定しています。

> 費用及び収益は、その発生源泉に従って明瞭に分類し、各収益項目とそれに関連する費用項目とを損益計算書に対応表示しなければならない。
>
> 企業会計原則、第二 損益計算書原則（損益計算書の本質）一C

ここで対応させるのは、「発生した費用」と「実現した収益」です。

> すべての費用及び収益は、その支出及び収入に基づいて計上し、その発生した期間に正しく割当てられるように処理しなければならない。ただし、未実現収益は、原則として、当期の損益計算に計上してはならない。
>
> 企業会計原則、第二 損益計算書原則（損益計算書の本質）一A

「費用は発生、収益は実現」このポイントは、発生した収益のうち、より確実な実現した分の収益だけを、損益計算に反映させようと考えている点です。これを**実現主義**と呼びます。

費用収益対応の原則に反する「先行売上」と「費用繰延」という粉飾手口（18 ページも参照）

「先行売上」は翌期の売上を先取りする粉飾手口。先行売上で，翌期の売上はマイナスからスタートすることになってしまいます。これを発見・防止するために「カットオフ（cutoff）」を実施します。締切日までに発生したすべての取引が正しく計上されているか，締切日以降の取引が誤って紛れ込んでいないか，会社が採用する収益認識基準に照らして，当期に計上された売上高等の収益計上の妥当性を証憑突合などにより検証する必要があります。

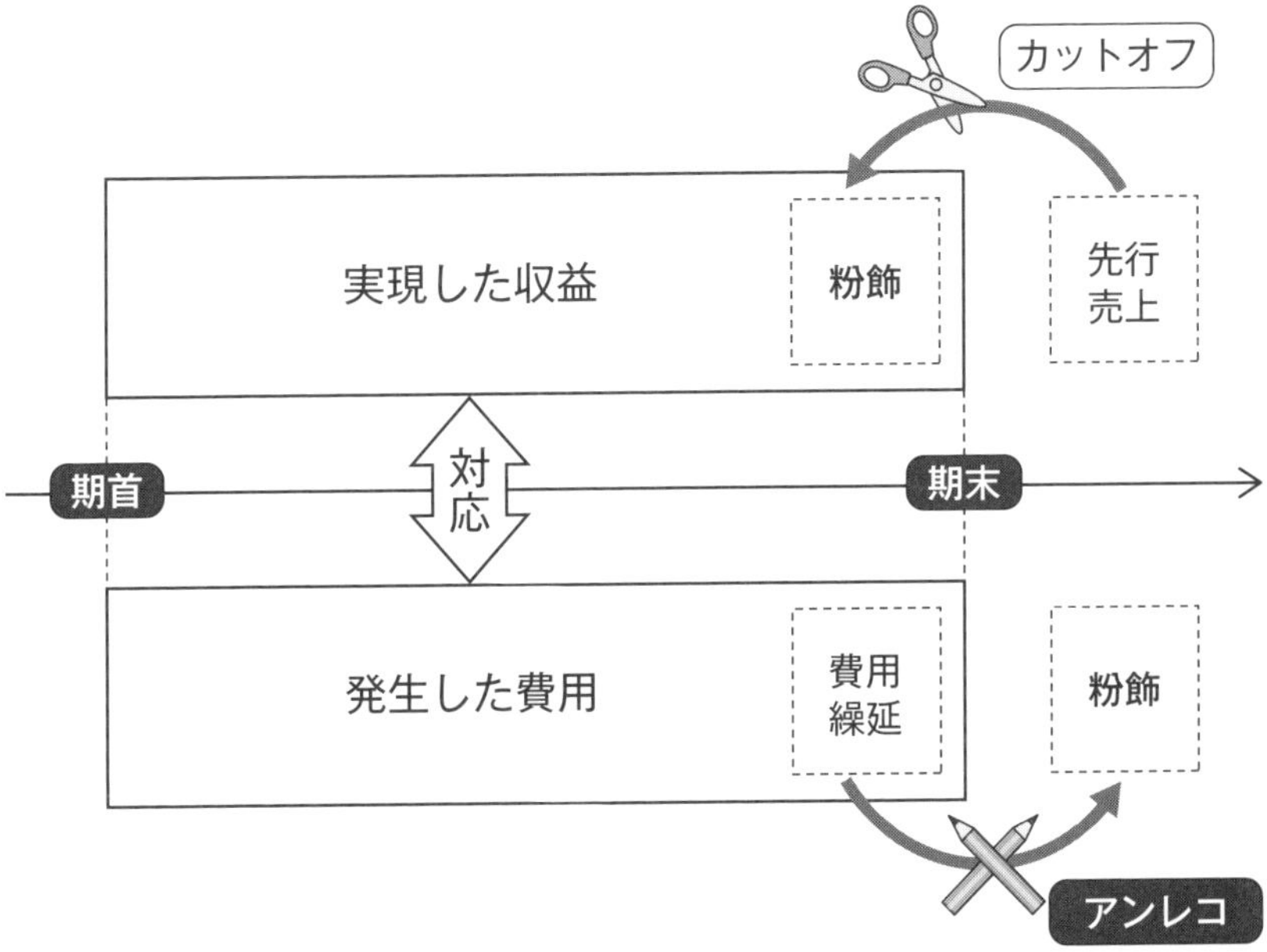

「費用繰延」は当期以前に発生している費用や損失を翌期以降に繰り延べる粉飾手口。決算手続の１つとして，翌期計上分の請求書等の証憑を見る（証憑通査）などで，「アンレコ（unrecorded liabilities）」，つまり記録されていない負債や費用・損失がないか検証します。また，回収できない売掛金や売ることができない商品・製品などの不良資産として，本来計上すべき費用・損失が資産に紛れ込んでいることもあるので，確認や実査などにより資産計上の妥当性を検証する必要もあります。

7 売上計上のタイミング

発生・実現・回収の3段階のうち、実現した収益を計上するのが原則

●売上計上の3ステップ

売上高の計上タイミングには取引の時間経過に応じて、(1)発生、(2)実現、(3)回収という大別して3段階の計上タイミングがあります。収益認識基準（20ページ）の理解も欠かせません。自社の経理規定などで売上計上ルールを確かめ、どのタイミングで売上高を計上すべきか、いい換えれば、いつの日付で会計上の売上高を認識するのが妥当か把握することが必要です。

売上高のような収益は、(2)実現した時点で計上することが一般的です。ここで「実現」とは、商製品の移転やサービス・役務の提供とその見返りであるキャッシュの取得があることを意味します。キャッシュの取得には、キャッシュを収受できる権利、つまり売掛金や受取手形という売上債権の取得も含まれ、一言でいえば「販売＝実現」です。こうした収益計上の考え方を**実現主義**（販売基準）といいます。

一方、農業従事者など小規模事業者は、商売の大原則である「現金回収＝売上計上」と考え、税法もこの**現金主義**を例外的に認めます。

●回収あってのキャッシュ・フロー経営

営業担当者は、業績評価に直結する取引の進捗度《しんちょくど》（進み具合）に着目するでしょう。一方で会計担当者は、納品に着目します。売上高の計上ルールに**納品基準**があるように、納品が実現の典型だからです。

ただ、ビジネスで重視しなければならないのは、売上金の回収です。いくら受注しても、納品しても、売上金が回収されなければビジネスは不完全だからです。

帳簿の上では黒字でもキャッシュがなくなるという黒字倒産を防ぐには、「回収してこそ、真の売り上げ」という考えを徹底することが、キャッシュ・フロー経営（現金収支を重視した経営管理）の基本になります。詳しくは、24ページの4兄弟の事例で理解を深めてください。

代表的な売上計上基準

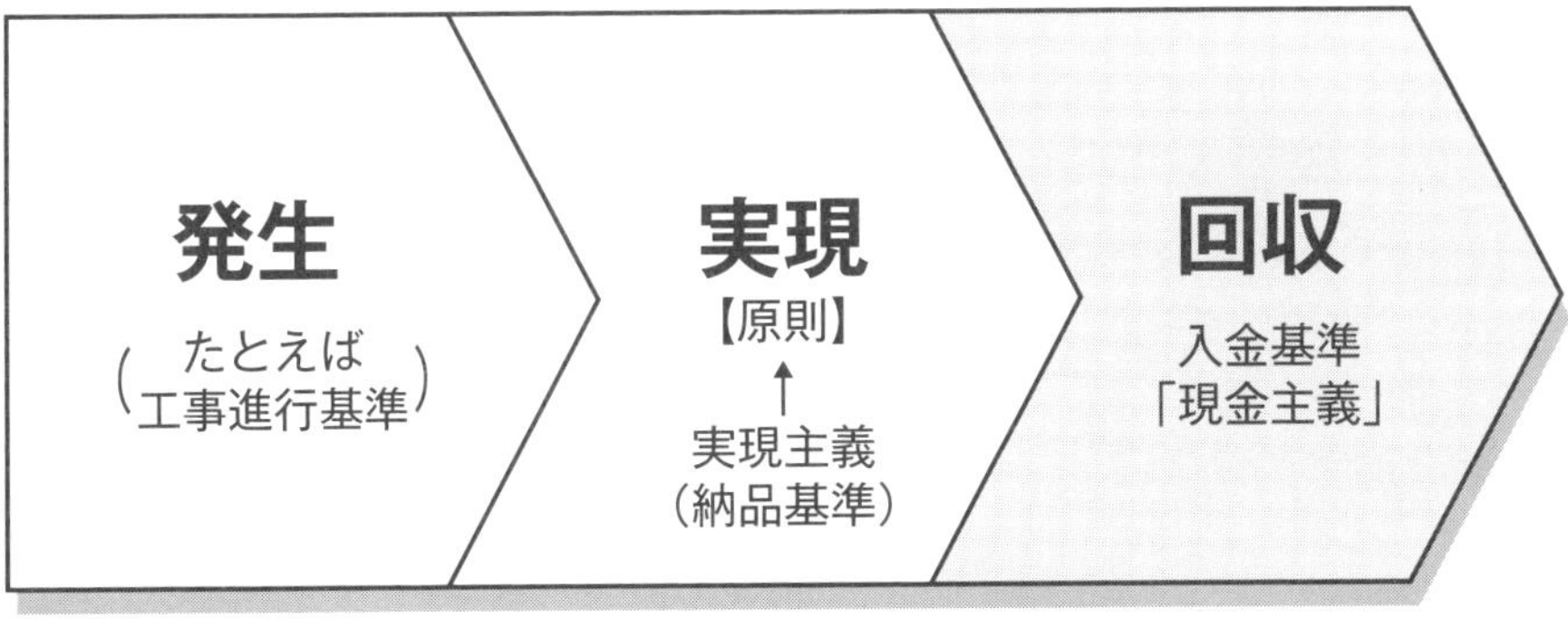

実現主義の例外

ビル開発業者やソフトウェア開発業者のように，工事やプログラミングなどの長期にわたるプロジェクト（長期請負《うけおい》工事）を行うような業種では，実現主義の大原則で経理処理すると，工事が完成するまで売上計上できないことになります（これを「工事完成基準」といいます）。

しかし実際には、工事が進んでいて，工事の進行度合（進捗度《しんちょくど》）に応じて売上や利益も，徐々にではありますが発生しています。

そこで，こうした長期請負工事を行うような業種では，工事の進み具合「進捗度」に応じ工事損益を発生ベースで計上する「工事進行基準」も認められています。

ただ，工事進行基準の進捗度を見積もることは実務上，難しい論点の１つで，不適切な会計処理が行われることもあります。

8 費用・損失計上のタイミング

発生・実現・支出の3段階のうち、発生した費用・損失を計上するのが原則

●費用・損失計上の3ステップ

売上原価の1つである仕入高のような費用や、火災による損失などは、取引の時間経過に応じ、(1)発生、(2)実現、(3)支出という大きく分けて3段階で計上できるタイミングがあります。いつ費用・損失を計上するかは、取引の種類などで異なり、会計や税法等のルール、経理規程等で決められています。どのタイミングで費用・損失を計上すべきか（いつ仕訳計上するのが妥当か）、社内ルールを把握することが必要です。

費用・損失は、原則「発生」した時点で計上します。ここで「発生」とは、価値の増減をもたらす原因の「発生」を意味します。「発生」という事実に基づき経理処理する考えを**発生主義**といいます。

発生主義は、わが国の基本的な会計ルールである「企業会計原則」が定める**保守主義**とも絡みます。保守主義とは、将来リスクに備えて利益は控えめに計算するよう要請する会計原則です。売上高のような収益は遅めに、仕入原価や災害損失のような費用・損失はなるべく早めに、保守的な経理で損益計算するというのが会計の基本的な考え方にあります。実務では「会計上の見積り」（42ページ）の知識も必要です。

●支出の要因を押さえてこそのキャッシュ・フロー経営

費用・損失の取引を社内担当者の立場で考えてみると、会計担当者は発生の事実に着目するでしょう。なぜなら仕入等の発生を把握しておくことで、将来支払わねばならない経費金額の算定が可能になるからです。

一方、仕入担当者は、商品を仕入れたという事実を把握することが、日常業務の1つですから、納品に着目するでしょう。

ただ、ビジネスで重視しなければならないのは支出です。最終的に、いつ、いくら支出しなければならないか把握できなければ、資金的余裕を把握できず、キャッシュ・フロー経営に大きく影響するからです。

費用・損失計上の基本的な考え方

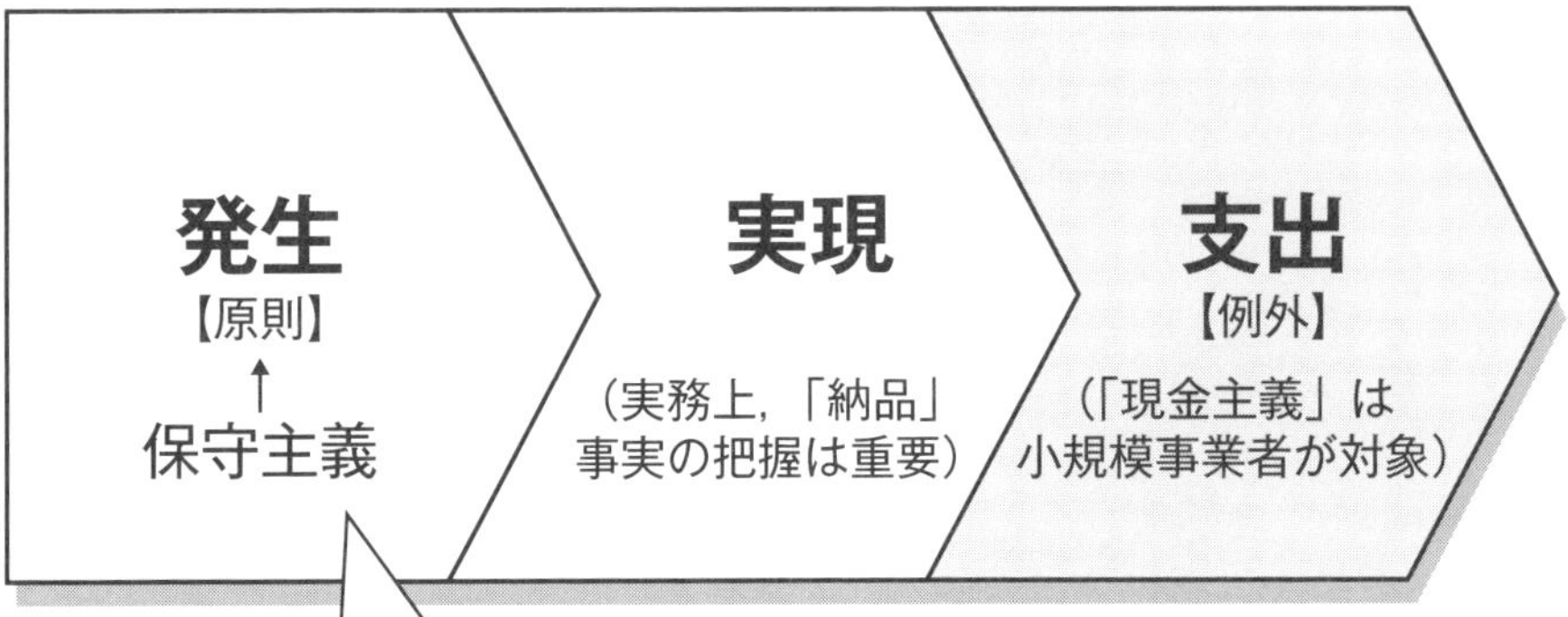

「工事進行基準」のように，工事が進捗している事実がある場合，売上高や利益が徐々に発生していると考えることができます。

これは，費用・損失でも同じです。

たとえば，製造業で製品に不具合が発生し無償で修理・交換・返金というリコールする必要が出てくれば，“不具合”という原因をもってリコール費用が“発生”していることになり引当金（50ページ）の計上が必要となります。

売上高の説明で「実現主義」という会計用語が出てきましたが，この「実現」よりも早い「発生」という時点で取引を認識・計上するのが，費用・損失計上の基本的な考え方になります。

9 損益計算のタイミングと粉飾

規定どおりの取引計上タイミングで損益計算をしないと粉飾につながる

●「収益は早めに……」という先行売上

不正会計の手口の1つに、販売先が預かっている状況のいわゆる未出荷売上を、あたかも売上があったように先行計上したというものがあります。

そもそも、**先行売上**は正規の売上ではなく、本来は売上高として計上できる取引ではありません。取り消しの経理処理をしなければいけない取引です。しかし過去の粉飾事例では、先行売上を取り消さずに、あるべき売上取消しを回避するため、販売成約に至らなかった案件を、別の転売先を見つけ売上取引の付け替えを行っていた、という不正事例があります。

未出荷状態で先行売上している取引は粉飾につながる可能性も念頭に置き、売上計上のタイミングを把握し、売上計上が妥当か、検証する必要もあります。

●「費用は遅めに……」という費用繰延

資産の中に、費用や損失として計上すべきものが紛れることもあります。いわゆる不良資産と呼ばれる滞留傾向がある売上債権や棚卸資産などのほか、費用や損失から資産に付け替えが行われたために**費用繰延**となっている場合もあり、留意が必要です。実務では、BSの勘定科目明細で「その他」として一括りにされている項目や、仮払金・仮受金のような「雑勘定」の残高管理を、残高計上されたのはいつか、回収可能性等から判断し資産性はあるのか、こうした点を把握する必要があります。

世界を震撼させた米国ワールドコムの不正会計事例では、通信回線にかかる「費用」を「資産」に付け替え、費用繰延し、粉飾していました。これは、図で示した決算書の基本的な構造を把握すれば、簡単に理解できます。図のAの矢印のように、資産と費用・損失は一本の線をはさんでいるにすぎません。この一本の線をどちらにまたぐかで、資産にもなり、費用・損失にもなり、結果として損益計算にも影響があるのです。

「BSとPLは表裏一体」——。こうした基本的な知識を持ち合わせることが大切です。

決算書の構造から見た「粉飾」のしくみ

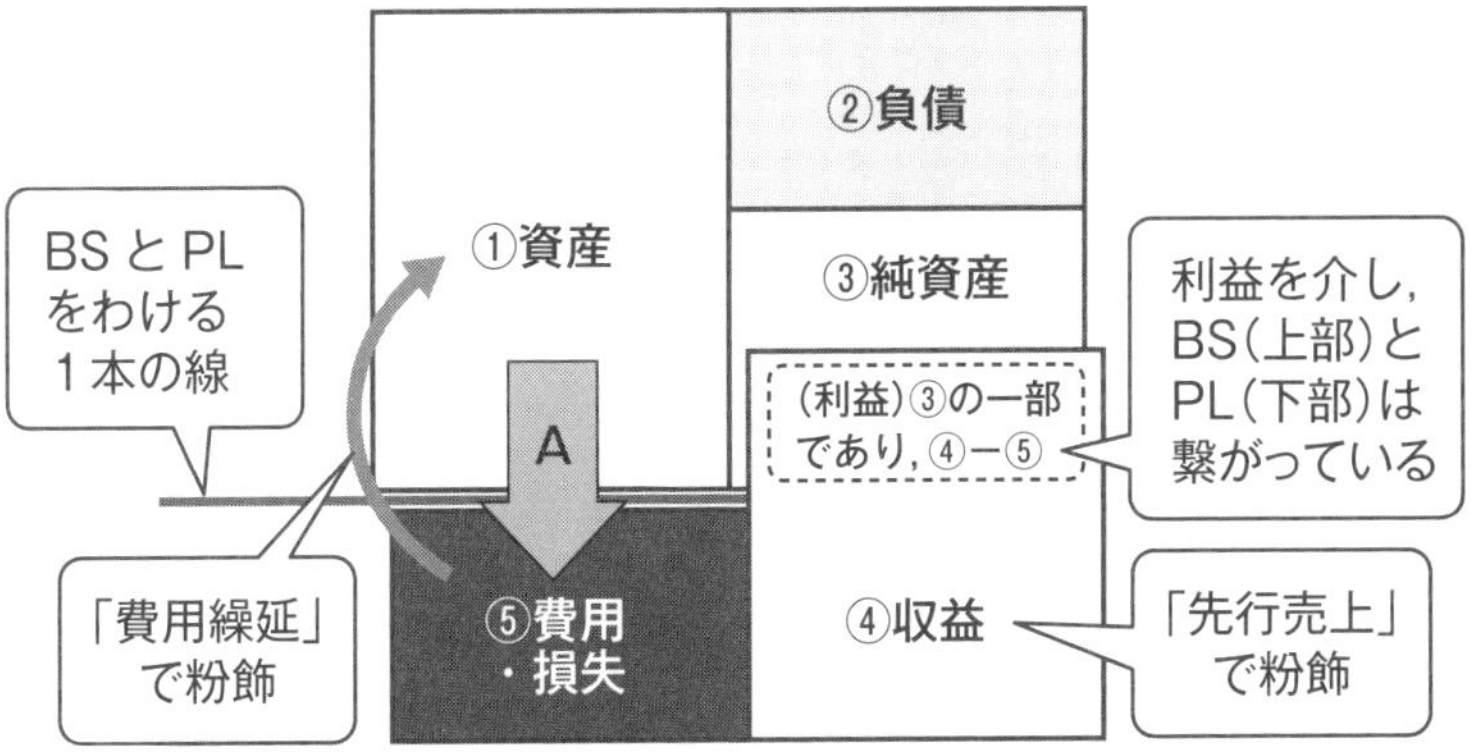

A　資産と費用はウラハラ
- 資産は「あるきっかけ」で費用，損失となる
- ①から⑤の間にある1本の線を越えるのは簡単
  - 固定資産は，時の経過で「減価償却費（費用）」
  - 売掛金は，回収不能になれば「貸倒損失」
  - 現金は，不正会計で横領されれば，「雑損失」

収益も，費用・損失も，いつ資金化されるのか着目すべきです。しかし，実際にはなおざりにされ，黒字倒産ともいわれるように，利益が出ていても倒産することもあります。粉飾を防ぎ，資金化を促進する……，これも「マネジメントの仕事」です

10 収益認識基準

収益（売上）をどのように決算書に反映するか

●**収益認識基準の導入背景**

従来、前述のように「現金主義」「発生主義」「実現主義」という3つの考え方で収益を捉えてきました。

しかし、事業のグローバル化や複雑化などもあって、「いつ収益を認識すべきか」国際的に共通のルールが必要となり、『収益認識に関する会計基準』が連結に導入されました。

●**収益認識の5ステップ**

ステップ1　契約の識別

顧客への商品・サービス提供内容に関する契約を把握します。正式な契約書で取り交わされた内容はもちろん、いわゆる口約束や取引慣行等も該当します。

ステップ2　履行義務の識別

契約の中に含まれる約束事（履行義務）を把握します。この「履行義務」は、従来の会計ルールには存在しなかった新しい概念です。

1つの契約に、たとえば「商品の提供」と「保守管理サービス」という複数の履行義務が存在する場合、独立した履行義務として計上します。

ステップ3　取引価格の算定

顧客との契約における合計の取引価格を算定します。

ステップ4　取引価格の配分

ステップ2「履行義務の識別」で把握した履行義務ごとに取引価格を配分します。

ステップ5　収益の認識

「履行義務」の充足により収益を認識します。

●**出荷基準等の取扱い**

出荷基準等は、重要性に基づく代替的な取扱いが認められています。

国内販売であることを条件に、商品又は製品の販売において出荷時から支配移転時までの間が、通常の期間である場合、出荷時から当該商品又は製品の支配が顧客に移転される時までの間の一時点（たとえば、出荷時等）に収益を認識することが認められます。

収益認識５つのステップ

ステップ１　**契約の識別**

- 顧客との契約を識別する（書面，口頭，取引慣行等）

ステップ２　**履行義務の識別**

- ①商品の販売（引渡で履行完了）
- ②保守サービスの提供（契約期間３年間で配分）

ステップ３　**取引価格の算定**

- ①+②　合計　100,000 千円

ステップ４　**履行義務への取引価格の配分**

- ①70,000 千円 ＋ ② 30,000 千円 ＝ 合計 100,000 千円

ステップ５　**履行義務の充足による収益認識**

- ① ×１年度の収益　70,000 千円
- ② ×１年度から ×3 年度の収益 10,000 千円

各年度での収益認識（千円）

	①商品	②保守	合計
×１年度	70,000	10,000	80,000
×２年度		10,000	10,000
×３年度		10,000	10,000
合計	70,000	30,000	100,000

11 キャッシュ・フロー計算書（CF計算書）

キャッシュ・フロー（CF、Cash Flow）計算書とフリー・キャッシュ・フロー（FCF）

●利益は意見、お金は事実

定額法と定率法の違いで減価償却費が変わるように（34ページ）、会計処理の違いで利益は変わりますが、手元キャッシュに変化はなし。**利益は意見、お金は事実。**

下図はお金の動き《キャッシュ・フロー》を営業・投資・財務の3つの活動別に、会社の寿命《ライフサイクル》に当てはめています。図の左が会社の誕生、右側に向かい寿命を終えるイメージです。

- **本業で儲けて営業CF⊕。本業が赤字で営業CF⊖**
- **投資支出で投資CF⊖。資産売却収入で投資CF⊕**
- **借入収入等で財務CF⊕。配当支払等で財務CF⊖**

安定成長の会社では、本業でしっかり儲け（営業CF⊕）、将来への投資支出を行い（投資CF⊖）、借入の返済支出や株主還元への配当支払（財務CF⊖）で、商売の基本『儲けて、使う』③「⊕⊖⊖」が現れます。

理想のCFスタイルは、ボン・キュッ・キュッ！ 本業で儲けがボン（営業CF⊕）、将来への投資（投資CF⊖）や株主還元（財務CF⊖）も行い、キュッ・キュッ。

●自由度を見る、フリー・キャッシュ・フローFCF

会社が他人に依存しない「自由《フリー》な、余裕のある、お金《キャッシュ》の流れ《・フロー》」の程度、他人依存度を把握するのが**FCF（＝営業CF＋投資CF）**。FCFが大きいほど、経営の自由度が高まります。有望な事業への新規投資、株主への配当還元も、FCFがあればこそ行えます。

FCFは次のように計算できます。

FCF＝（1－①実効税率）×②営業利益＋③減価償却費－④運転資金－⑤設備投資額

①②③はPL項目、④⑤はBS項目です。

⑤以外＝営業CF、⑤＝投資CFを表します。将来リスクに対応するには、投資も必要です。

（1－①）×②＝税引後営業利益（NOPAT、NOPLAT（94ページ））です。

②＋③＝EBITDA（82ページ）の近似値です。

このFCFを（1＋WACC（98ページ））で割った合計値が、DCF法による評価額（96ページ）です。

CF計算書「ウォーターフォール図」

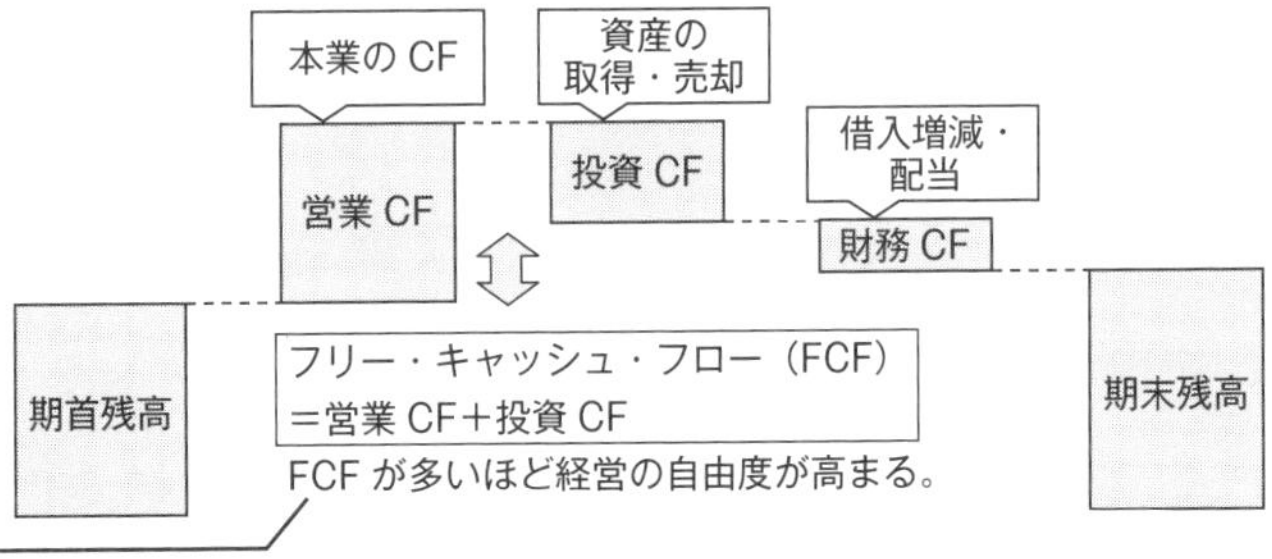

キャッシュ・フロー（CF）の８つのパターン

理想のCFスタイル「ボン・キュッ・キュッ」（③）

4兄弟の事例（24ページ）で，利益とキャッシュの増減関係を理解しよう

CF	①	②	③	④	⑤	⑥	⑦	⑧
営業	−	＋	＋	＋	＋	−	−	−
投資	−	−	−	＋	＋	＋	＋	−（0）
財務	＋	＋	−	−	＋	＋	−	−
ライフサイクル	設立当初	拡大路線	安定成長	リストラ中	新規模索中	本業不振	貸し剥がし	倒産目前

“すべて＋”がよいわけではありません。⑤の場合，成熟企業が過剰資産を売却し，新規事業を模索している場合に見られます

営業CF　　投資CF

EBITDA（近似）

FCF＝（1 −①実効税率）× ②営業利益 ＋ ③減価償却費 − ④運転資金 − ⑤設備投資額

NOPAT　NOPLAT

12 黒字倒産する理由

キャッシュ・フロー経営の本質は、決算書の一体理解が必要

●同じ損益でも、4兄弟の異なる台所事情

100万円を元手に商売を始めた仲良し4兄弟。

1年後、売上1000万円、仕入800万円、差引利益200万円。損益結果は同じでも、財布の中身はまったく異なる4兄弟。原因は「利益を回収するタイミング」＝**キャッシュ・フローの違い**にあります。

普通男《ふつうお》は、現金決済。収入－支出＝収益－費用＝利益、すべてキャッシュで回収。「普通の商売人」の感覚です。

掛男《かけお》は、売上も仕入も後から決済される掛取引で収支バランス0、元手100万円だけが手元に残る結果。

良男《よしお》は、普通男と掛男の良いとこどり、現金売の掛仕入。キャッシュ・フローを最大化する「理想的な商売人」は、収入1000万円＋期首の元手100万円＝期末の現金を1100万円に増やすことに成功します。

対する悪男《わるお》は、普通男と良男のビジネスセンスの悪さを受け継ぎ、掛売りの現金払い。売上代金は未回収の売掛金で収入ゼロ。仕入代800万円の支払いは、期首元手100万円では到底足りず、差引700万円を借金できなければ倒産してしまう「黒字倒産」目前の有様。

●PLだけで「儲かった」とはいえない

売上、利益という損益結果が同じでも、財布《キャッシュ・フロー》の中身は四者四様。利益を見ただけで「儲かっている」というのは間違い。本当に「儲けた！」というのは、現金が手元に残る状態をいうのです。だから、キャッシュ・フローに注意を払う必要も出てきます（22ページ）。一番簡単な見極め方は、本業の儲けである「営業利益」に固定資産の「減価償却費」を足して簡易的にキャッシュ・フローを求める方法です。金融機関はこれを評価対象会社の儲け度合いの参考指標としています。

PLで売上高や利益を見るのは大切ですが、決算書を全体として捉えることが大事です。この点を理解するには、6ページ『会計直観力養成マップ』で決算書のつながりを理解する必要があります。

4兄弟のキャッシュ・フロー

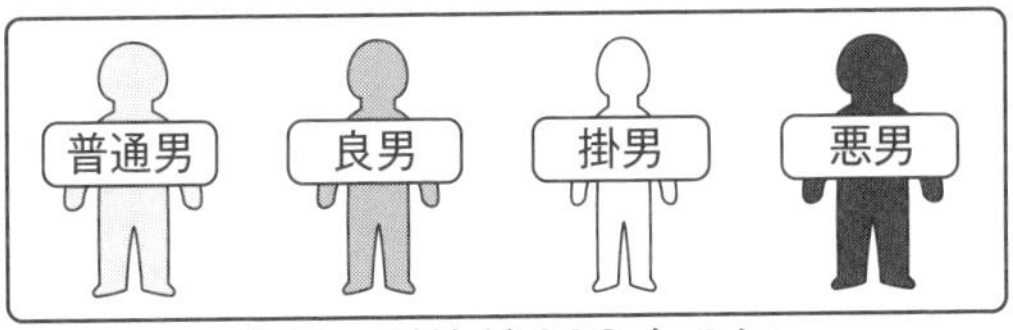

元手（100）も，
1年後の損益状況も
一緒の4兄弟

1年後のPL
（損益計算書）

売上高	1,000
経費	800
利益	200

全員，利益が200なのに…

4兄弟の期末キャッシュ

普通男	良男	掛男	悪男
300	1,100	100	0

悪男は借入金700

売上入金と仕入支払のタイミングにより
内情は違う…

4兄弟の期末のキャッシュ・フロー計算書

売上高1,000
【遅】金になるスピード【速】

経費800
【遅】金が出るスピード【速】

収入／支出	掛売り ±0	現金売り +1,000
掛買い ±0	掛男 ±0	良男 +1,000
現金買い ▲800	悪男 ▲800	普通男 +200

良男は現金で売り上げ，経費の支払いはツケだったので，売上分の現金1,000が入る（当期のキャッシュ・フロー）。元手（100）と合わせて現金1,100が手許に残る

4兄弟の期首・期末のBS（貸借対照表）

BS科目名	期首	期末			
		普通男	良男	掛男	悪男
現金	100	300	1,100	100	
売掛金				1,000	1,000
資産計	100	300	1,100	1,100	1,000
買掛金			800	800	
借入金					700
資本金（元手）	100	100	100	100	100
剰余金（利益）		200	200	200	200
負債・純資産計	100	300	1,100	1,100	1,000

貸借一致

13 附属明細書と注記表

●附属明細書

会社法に基づき「計算書類」という決算書を作成しますが、これを補足説明する附属明細書を作成する必要もあります。計算書類が規定する附属明細書は4つです。

①有形固定資産及び無形固定資産の明細
②引当金の明細
③販売費及び一般管理費の明細
④会計監査人設置会社以外の株式会社において、関連当事者との取引に関する注記の内容を一部省略した場合における省略事項

このほか、BS、PL、SS、注記表の内容を補足する重要な事項も記載します。

①~③の附属明細書は、BS・PLと密接なつながりがある点も理解しましょう（次ページ）。①は土地や建物などの有形固定資産やソフトウェアなどの無形固定資産の増減・残高、②は貸倒引当金などの引当金の増減・残高、③は販売費及び一般管理費の内訳項目を表します。

●注記表

注記は、決算書の作成方法の補足説明です。注記をまとめて示した書類には、**個別注記表**と**連結注記表**の2種類があり、この注記には次の20項目などがあります。

①継続企業の前提、②重要な会計方針（決算書の作成にあたって採用した会計処理の原則及び手続き）に係る事項、③会計方針の変更、④表示方法の変更、⑤会計上の見積り、⑥会計上の見積りの変更、⑦誤謬の訂正、⑧貸借対照表、⑨損益計算書、⑩株主資本等変動計算書、⑪税効果会計、⑫リースにより使用する固定資産、⑬金融商品、⑭賃貸等不動産、⑮持分法損益等、⑯関連当事者との取引、⑰1株当たり情報、⑱重要な後発事象（決算日後に発生し、翌事業年度以降の決算書に影響を及ぼす会計事象）、⑲連結配当規制適用会社、⑳収益認識基準、その他必要があれば注記します。

これらの内容は本書で網羅していますので、読み進めることで、決算書の本質を理解できるようになります。

附属明細書とBS，PLとのつながり

貸借対照表（BS）

科目	金額	科目	金額
流動資産	9,296	流動負債	6,075
：		：	
貸倒引当金	△50	賞与引当金	100
固定資産	19,626	：	
有形固定資産	8,200		
建物	3,200	固定負債	3,182
土地	2,600	：	
：			
無形固定資産	1,700		
のれん	300		
：		負債合計	9,257
		株主資本	19,784
投資その他の資産	9,726	資本金	2,500
：		資本剰余金	2,375
		利益剰余金	14,909
繰延資産	0	評価・換算価額等	△119
：		純資産合計	19,665
資産合計	28,922	負債・純資産合計	28,922

1．有形固定資産及び無形固定資産の明細

区分	資産の種類	期首帳簿価額	当期増加額	当期減少額	当期償却額	期末帳簿価額	減価償却累計額
有形固定資産	建物	3,500	0	100	200	3,200	4,500
	土地	2,590	10	0	−	2,600	−
	：	：	：	：	：	：	：
	計	8,490	10	100	200	8,200	5,000
無形固定資産	のれん	340	0	0	40	300	
	：	：	：	：	：	：	
	計	1,740	0	0	40	1,700	

2．引当金の明細

科目	期首残高	当期増加額	当期減少額	期末残高
貸倒引当金	0	50	0	50
賞与引当金	0	100	0	100

3．販売費及び一般管理費の明細

	金額	摘要
：		
貸倒引当金繰入	50	
賞与引当金繰入	100	
減価償却費	200	
のれん償却費	40	
計	15,157	

附属明細書とBS，PLの関係を理解しよう！

損益計算書（PL）

科目	金額
売上高	38,043
売上原価	19,201
売上総利益	18,842
販売費及び一般管理費	15,157
営業利益	3,685
：	：

14 公正なる会計慣行

GAAPという会計処理の基本ルールとIFRSの論点

●「公正なる会計慣行」に従うのが大原則

経理の世界には、**一般に公正妥当と認められる公正なる会計慣行**に従う、という大原則があります。この会計慣行は、**GAAP**（Generally Accepted Accounting Principles：略してガープやギャープ）と呼ばれます。いわゆる経理の憲法といえるのがGAAPです。日本では財務省企業会計審議会が管轄する『企業会計原則』が大元の「公正なる会計慣行」です。会社法や金融商品取引法、税法なども、企業会計原則の慣行を利用しています。

●最も基本の会計ルール『企業会計原則』の主な内容

次の5つの内容を理解しておくと良いでしょう。

重要性の原則　重要な取引は厳密な会計処理が要求され、重要性の乏しい取引は簡便な会計処理を採用することが認められている。

継続性の原則　企業がいったん採用した会計処理の原則と手続きは、みだりに変更せず、毎期継続して適用することが要求される。

発生主義　すべての費用と収益は、その支出と収入に基づいて計上し、その発生した期間に正しく割り当てられるように会計処理しなければならない。

実現主義　当期末までに実現していない未実現収益は、原則として当期の損益計算に計上してはならない。

保守主義　企業会計は、予測される将来の危険に備えて慎重（保守的）な判断に基づいた会計処理を行なわなければならない。

●IFRSの任意適用とコンバージェンス

会計ルールは各国の慣行や法令等で定められ、それぞれ特色があります。ルールが異なれば、計算結果も異なります。グローバル化が進み、国際的な比較可能性も必要となり、世界共通のモノサシで企業の実態を把握できるよう、会計ルールの統一化が必要となりました。

ＩＦＲＳ（International Financial Reporting Standards）**国際財務報告基準**はわが国では任意適用

です。日本も含め各国の会計基準はIFRSへ収束（コンバージェンス）しています。

●リース取引におけるIFRSと日本基準の違い

IFRSと日本基準で異なる2大論点に、のれん（72ページ）とリースの取扱いがあります。

リースは、IFRSではBSに資産計上します。これに対し、日本基準では2分類し、ファイナンスリースは資産計上し、オペレーティングリースは賃借料の名目でPLに費用計上する。こうした違いがあります。

そこでリース取引に関し、日本基準をIFRSに収束させることが再検討されています。店舗や設備などのオペレーティングリースで費用計上の経理処理から、資産計上することに変更されれば、総資産が増えるのでROA（90ページ）が悪化し、固定資産計上により減価償却費（34ページ）が増え、EBITDA（82ページ）が良くなるなど、経営指標への影響が想定されます。

会計ルールの変更は、経営実態に変更がなくても、経営指標に影響も出るため、該当組織ではより丁寧な説明（アカウンタビリティ、報告責任）が必要になります。

日本基準のリース取引は、2026年にも改正が予定されており、IFRSへの収束動向には留意が必要です。

経理ルールは「公正なる会計慣行」がベース

金融商品取引法（金商法）
- 財務諸表等の用語，様式及び作成方法に関する規則（財規）
- 連結財規
- 中間財規　など

会社法
- 会社計算規則（計規）など

公正なる会計慣行

企業会計原則

税法
- 法人税法
- 消費税法　など

その他業法等
- 国立大学法人法　・信用金庫法
- 私立学校振興助成法
- 政党助成法　・地方自治法
- 独立行政法人通則
- 農林中央金庫法
- 保険業法　・労働組合法　など

column
コラム

決算書は一体理解が大切

「あなたは経理に強いですか。貸借対照表は読めますか。」※

これは，回転すし「銚子丸」の創業者が受けたまさかのプロポーズです。

そもそも経営は，①資金を調達し，②投資（事業）を行い，③利益を出す必要があります。貸借対照表（BS），損益計算書（PL），キャッシュ・フロー（CF）計算書，**財務3表**を見れば経営実態を把握できます。

BS を見れば，資金をどう調達し，何に投資・運用しているかがわかります。

その結果，どのくらいの利益が出たのか示すのが PL です。

他方，利益の増減と現金の動きが一致しないことも多く，組織の血液ともいわれる現金＝キャッシュの動きを把握する CF も必要になります。ただし，決算書の作成義務を定めるルールの１つ会社法には CF に関する規定がありません。CF を作成していない組織も存在するので，フリー・キャッシュ・フロー（FCF）で代替することもあります。

決算書は一体理解することが大切です。

財務３表で何がわかる？

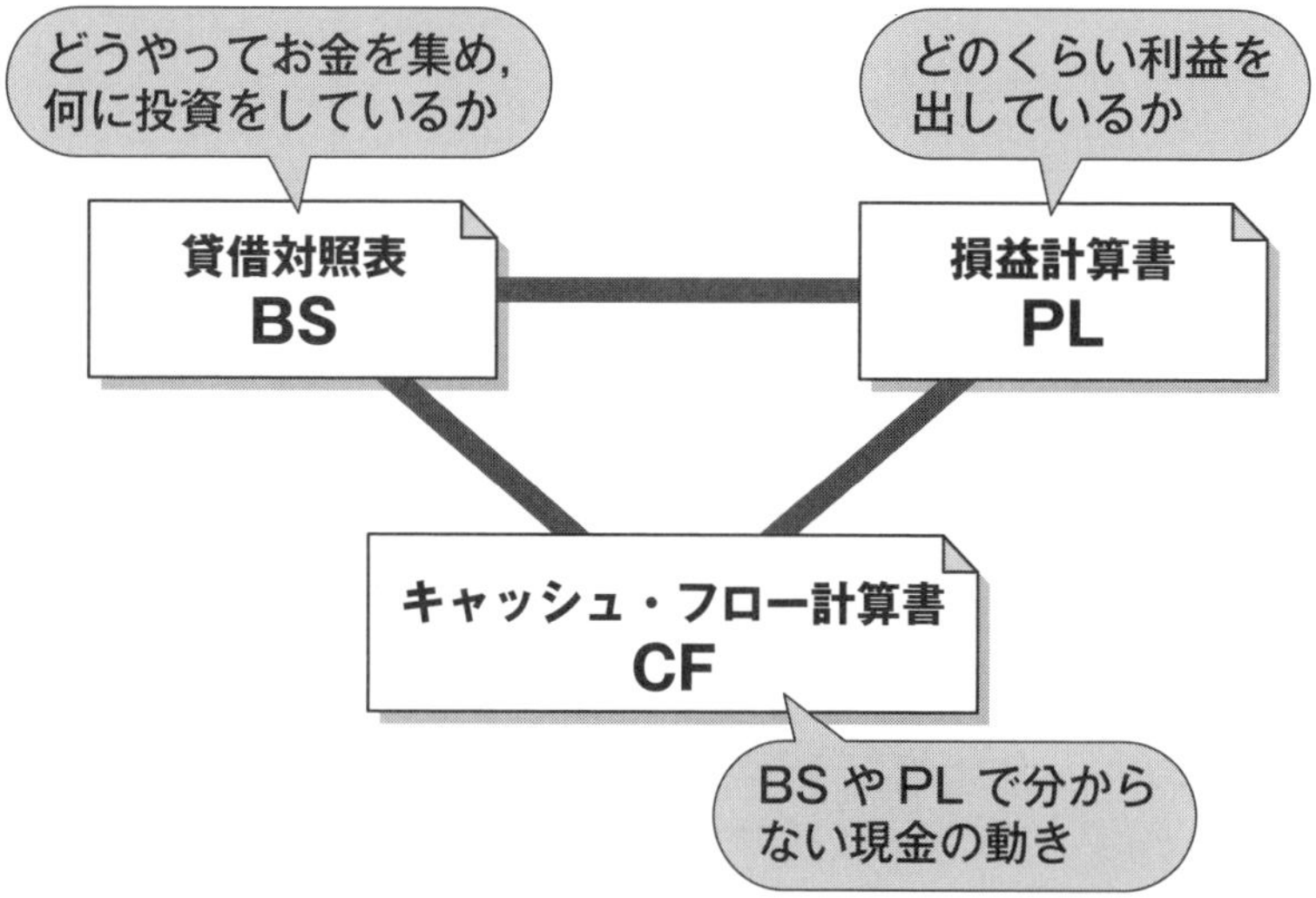

（※）『銚子丸の心意気』堀地ヒロ子，PHP 研究所

第2章

制度会計②（知っておくべき会計と税務のルール

15 棚卸資産の評価

16 固定資産の減価償却

17 資産除去債務

18 減損会計

19 有価証券の区分と評価

20 会計上の見積り

21 税効果会計

22 繰延税金資産の回収可能性

23 退職給付会計

24 引当金

25 デリバティブ取引

26 時価

27 継続企業の前提（ゴーイング・コンサーン）

28 主な税金

29 法人税のしくみ

15 棚卸資産の評価

商品・製品・仕掛品・原材料などの棚卸資産は、収益性の低下に基づき簿価を切り下げる

●棚卸資産の評価方法

『棚卸資産の評価に関する会計基準』は、事業の種類、棚卸資産の種類、その性質及びその使用方法等を考慮した区分ごとに次の４つから評価方法を選択し、継続して適用しなければならない、としています。

評価方法	内　容
個別法	宝石のように希少性がある等，個別性の強い棚卸資産の評価に適した方法で，取得原価の異なる棚卸資産を区別して記録し，個々の実際原価で期末棚卸資産の価額を算定する方法
先入先出法	先に仕入れたものから，先に払い出され，期末棚卸資産は最も新しく取得されたものからなるとみなし，期末棚卸資産の価額を算定する方法
平均法	期首残高＋期中仕入額＝合計額をこれらの総数量で割算する総平均法，又は受入の都度計算する移動平均法により平均原価を算出し，期末棚卸資産の価額を算定する方法
売価還元法	取扱品種の極めて多い小売業等の業種で用いられ，値入率等の同じ棚卸資産のグループごとの期末の売価合計額に，原価率を乗じて求めた金額を期末棚卸資産の価額とする方法

このほか法人税法では、期末に最も近い時点で取得したものの単価を用いる「最終仕入原価法」も認められていますが、上場会社等では採用できません。

●棚卸資産の評価基準

棚卸資産の評価基準は目的別で異なります。棚卸資産の保有者が単に市場価格の変動で利益を得るトレーディング目的の場合、売買目的有価証券に準じて扱い、この損益は売上高に表示します。

一方、通常の販売目的（販売するための製造目的を含む）で保有する棚卸資産は、次の評価基準によります。

正味売却価額≧取得原価

取得原価でBS計上（簿価切下げなし＝PL計上なし）

正味売却価額＜取得原価

正味売却価額（＝売価－見積追加製造原価－見積販売直接経費）でBS計上

取得原価－正味売却価額＝当期費用として処理

・原則➡PL売上原価

・製造関連⬇CR製造原価
・臨時の事象（重要な事業部門の廃止、災害損失の発生等）⬇PL特別損失（臨時の事象で特別損失に計上した簿価切下額は、切放し法）

なお、前期計上した簿価切下額は、当期戻入れする洗替え法、戻入を行わない切放し法、いずれかの方法を棚卸資産の種類ごとに選択適用できます。

●棚卸資産に関する実務論点

棚卸資産も残高項目の1つですから**「P×Q」の視点**（106ページ）で棚卸資産の評価を捉える必要があります。

①評価方法

『棚卸資産の評価に関する会計基準』の適用にあたり、会社が採用する収益性の低下に基づく簿価切下げの方法の妥当性を検討する必要があります。Price単価が妥当であるか検討することも必要です。

②評価の妥当性

棚卸資産の評価は会計上の見積り（42ページ）の1つでもあるので、財務報告の枠組みに照らして合理的であるかどうか等、評価する必要があります。

したがって、重要な滞留在庫について、収益性の低下に基づく簿価切下げに関連する販売計画等の妥当性を検討する必要もあります。これは、Price単価が妥当であるかを検討するために必要な動作です。

③実地棚卸と外部預け在庫

棚卸資産の実地棚卸（114ページ）は、Quantity数量を確定し、Price単価のもとにもなる、決算作業の基本動作ですが、その際に判明した重要な外部預け在庫は預け先に対して在庫保管証明書を入手する確認等を実施する必要があることに留意してください。

第三者が保管し、管理している棚卸資産が決算書において重要である場合、その棚卸資産の実在性と販売可能性や保管状況等の状態について十分かつ適切な証拠を入手するため、外部倉庫からの残高証明書の入手はもちろん必要ですが、場合によっては外部倉庫での実地棚卸の実行も考慮してください。倉庫業者と共謀し、在庫保管証明が偽造された不正事案も散見されているからです。

16 固定資産の減価償却

①費用配分、②資産評価、③資金回収の側面が減価償却にはある

●減価償却を理解する「3つの側面」

①費用配分の側面

建物のように多額の投資が必要で1年を超え利用できる固定資産は耐久消費財です。購入時に一度に費用計上するより、利用可能な＝支出の効果が及ぶ期間＝耐用年数に応じ、少しずつ費用化＝減価償却費を計上するほうが合理的です。減価償却費はＰＬ損益計算書（製造に関わるものはＣＲ、Cost Report、製造原価明細書）に計上されます。

②資産評価の側面

現金預金（キャッシュそのもの）、売掛金や商製品（販売・回収すればキャッシュになるもの）、工場や特許権（製品製造を通じキャッシュを生むもの）という「資産」は、キャッシュを支払う義務＝「負債」と共にBS貸借対照表に計上、資産と負債の差額が「純資産」となります。

このうち、ひび割れたり（物理的減価）、新しいものより見劣りしたりする（機能的減価）、建物のような経年劣化していく資産を**償却資産**といい、その価値の目減りを反映する会計的手続きを**減価償却**といいます。資産価値は、毎年、減価償却費の分だけ減り「取得原価－毎年の減価償却費の累計額」がBSに資産計上されます。

一方、土地や美術品など、時の経過ではなく、市場の動向で価値が増減する**非償却資産**は原則、減価償却の対象外となります。

③資金回収の側面

PL計上される減価償却費というコストは、支払済みの建物等の資産購入代金を期間按分しているにすぎません。つまり、減価償却費は費用でありながら、「請求書が来ない」＝現金を支払う必要のない＝**非資金取引**」です。

そもそも「利益＝売上－費用」という関係がありますが、費用には減価償却費も含まれます。ということは、毎年「利益＋減価償却費」の分だけ資金回収され、減価償却という会計的手続きにより過去の投資額を毎年少しずつ回収しているのと同じ意味合いがあります。

償却方法の種類

『企業会計原則』が定める減価償却の方法には，定額法，定率法，級数法，生産高比例法の４つがありますが，実務では定額法と定率法が一般的です。

【事　例】購入価格（取得原価）30 万円，利用可能な期間（耐用年数）が３年の固定資産を期首に取得し償却計算する場合（初年度）

①定額法…毎期定額で資産価値が減少すると仮定する償却方法。30 万円 ÷ 償却年数３年（実務では償却率 0.334 を掛ける）＝減価償却費 100,200 円

＊建物は税法上，定額法とすることが規定されている

②定率法…毎期定率で資産価値が減少すると仮定する償却方法。生鮮食料品の鮮度が急激に悪くなるように，価値が急激に陳腐化するような資産を想定した償却方法といわれている。償却金額を早期に多額に計上でき，節税効果があるとされることから，多くの組織で採用されている。

初年度の償却額は，30 万円 × 償却率 0.667＝減価償却費 200,100 円（200％償却の場合）。２年目以降は（取得原価－償却累計額）× 償却率で計算する。

＊定率法は償却保証額などの概念もあり，計算自体は煩雑

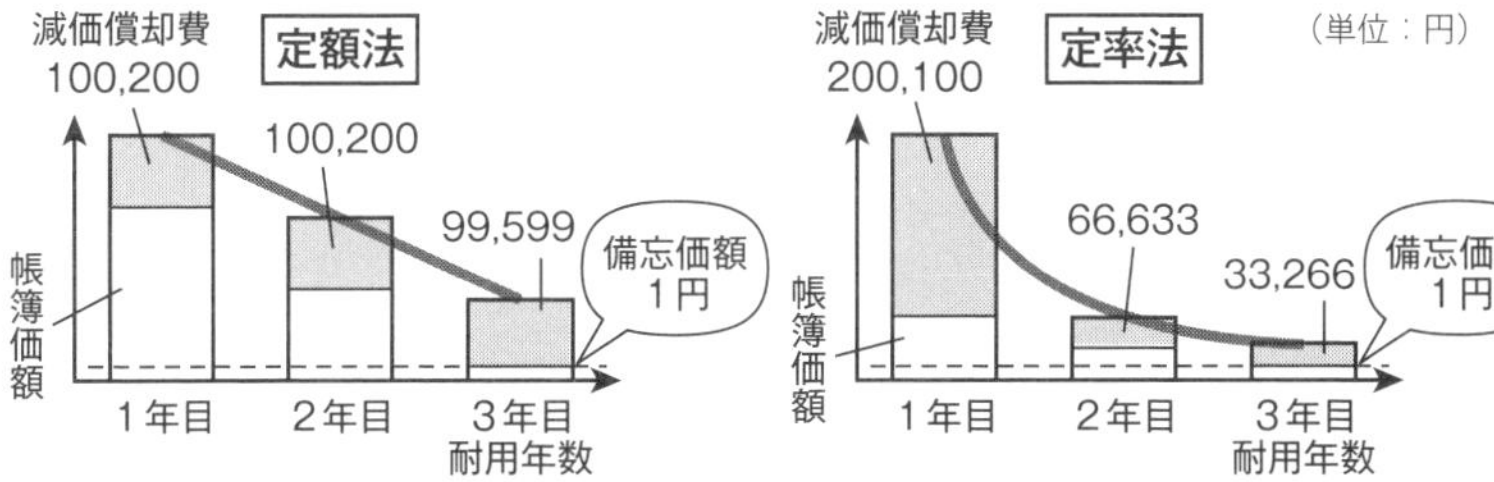

償却資産の位置づけ

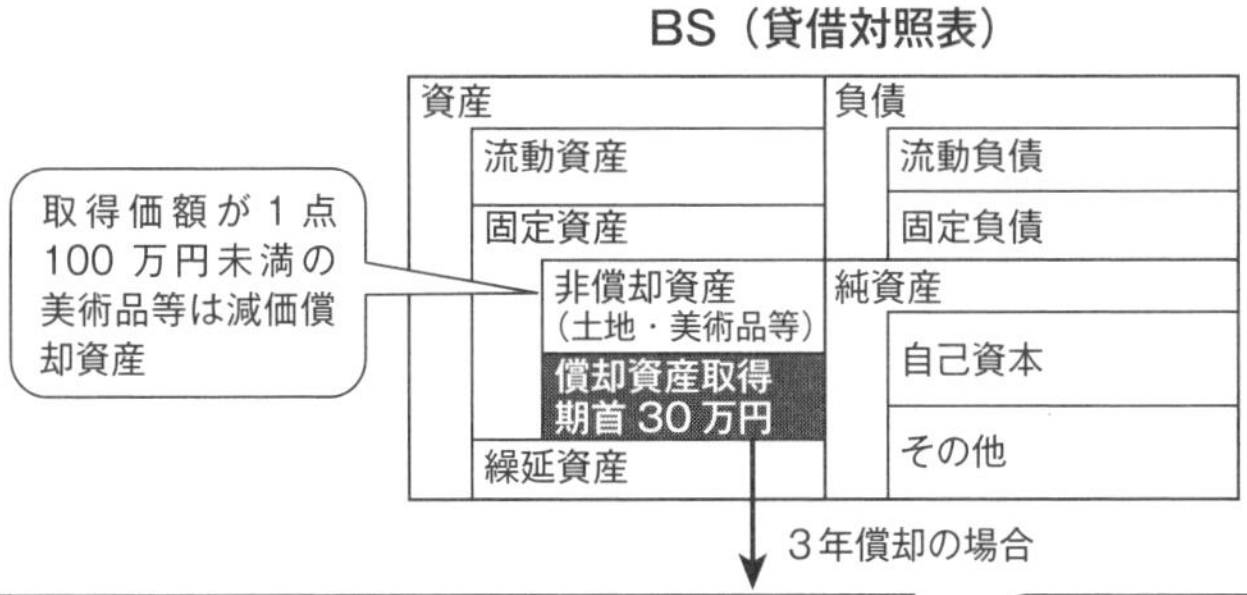

減価償却	１年目	２年目	３年目	累計額
定額法	100,200	100,200	99,599	299,999
定率法	200,100	66,633	33,266	299,999

定額法も定率法も，「減価償却累計額」は取得原価から１円（備忘価額 ）を除いた 299,999 円で同額となる

17 資産除去債務

汚染物質の除去にコストがかかるとすれば、将来の経営に負担を及ぼすので会計上見積もる

●資産除去債務のしくみ

アスベストのような汚染物質の除去費用、借りている店舗の退去時に負担する多額の原状回復費用。いずれのコストも将来の経営に影響を及ぼすので、**資産除去債務**として決算書に計上する必要があります。

たとえば、資産除去債務が3,000万円、対象資産の利用可能期間（耐用年数）が3年、毎期定額で資産価値が減額すると仮定する定額法を想定してみます。資産除去債務を決算書に計上する初年度に、資産除去債務という負債とこれに見合う資産を3,000万円ずつBSに両建で計上します。この3,000万円÷3年＝1,000万円を、毎期の減価償却を通じPL減価償却費に含め経理処理します。

一方、実際に資産除去したX3年度では、資産を除去するためにかかった実際の除去費用3,100万円と、資産除去債務として見積もった金額3,000万円（＝1,000万円×3年）を清算し、差額100万円をX3年度のコストとして計上します。

こうすることで、資産除去にかかるコスト3,100万円を、実際に資産除去したX3年度にだけ負担させるのではなく、資産を利用する期間（3年）でコスト負担させることができるわけです。

●資産除去債務に係る実務上の留意点

資産除去債務の計上の対象となるものはないと主張することもありますが、単に「資産除去債務なし」とするだけでは不十分です。資産除去債務の計上の対象となるものの範囲を十分に検討し、その検討過程及び結論を文書化する必要があります（※監基報540、17項）。

資産除去債務の根拠となる原状回復見積額が妥当か、見積方法とその基礎データの検討も必要です。使用された測定方法が状況に応じ適切か、使用した仮定は適用される財務報告の枠組みの測定目的に照らし合理的か、こうした観点から資産除去債務の妥当性を主張できるよう文書化する必要もあります（※監基報540、12項）。

資産除去債務のイメージ

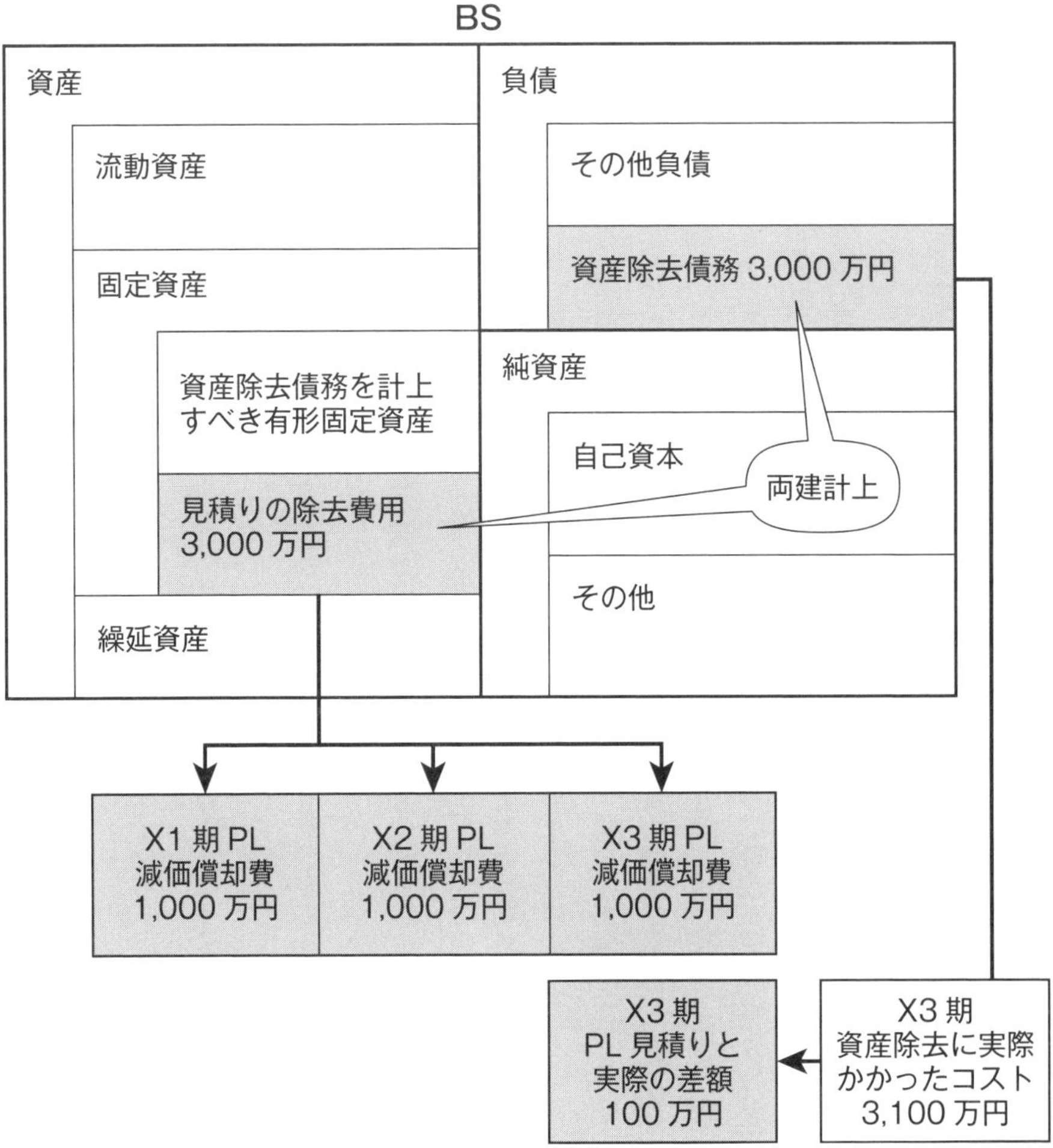

（※）監基報 540 は，監査基準委員会報告書 540『会計上の見積りの監査』

18 減損会計

収益性が低下し、投資額の回収が見込めなくなった状態の資産の簿価を切り下げる

●減損会計のしくみ

減損会計とは、資産の価値の目減り分を減損損失として計上する経理処理です。保有資産のうち、収益性の低下により投資額の回収が見込めなくなった状態の資産、いい換えればキャッシュ・フローを生み出さなくなった資産を対象に、一定条件下で回収可能性を反映させ、BSの資産計上額（帳簿価額）を切り下げ、資産価値（時価）の目減り分を**減損損失**としてPLに計上する必要があります（『固定資産の減損に係る会計基準』参照）。

たとえば、BS上の帳簿価額（簿価）が30百万円、時価が10百万円のとき、時価は簿価を大きく＝50％以上の割合で下回っています。減損会計では、下落率50％以上の場合、簿価30－時価10＝差額20百万円をPLに減損損失として計上します。

●固定資産の減損5つのステップ

①**資産のグルーピング**（管理会計上の区分や店舗単位や地域単位など、概ね独立したキャッシュ・フローを生み出す最小の単位でグルーピングする）

②**減損の兆候把握**（具体的な兆候に、㈠営業活動から生じる損益、キャッシュ・フローが継続してマイナス、㈡事業の廃止・再編成、㈢経営環境の著しい悪化、㈣市場価格の著しい下落など）

③**減損損失の認識判定**（資産グループから得られる「割引前将来キャッシュ・フローの総額＜帳簿価額」となるとき、減損損失を認識する）

④**減損損失の測定**（減損損失＝帳簿価額－回収可能価額。回収可能価額とは、資産グループの正味売却価額（＝資産グループの時価－処分費用見込額）と使用価値（資産グループの継続的使用と使用後の処分により生じると見積られる将来キャッシュ・フローの現在価値）のいずれか高い方の金額をいう）

⑤**減損損失のPL計上**（PL特別損失に減損損失、これに見合う金額を原則として対象資産から減額）

減損５つのステップ

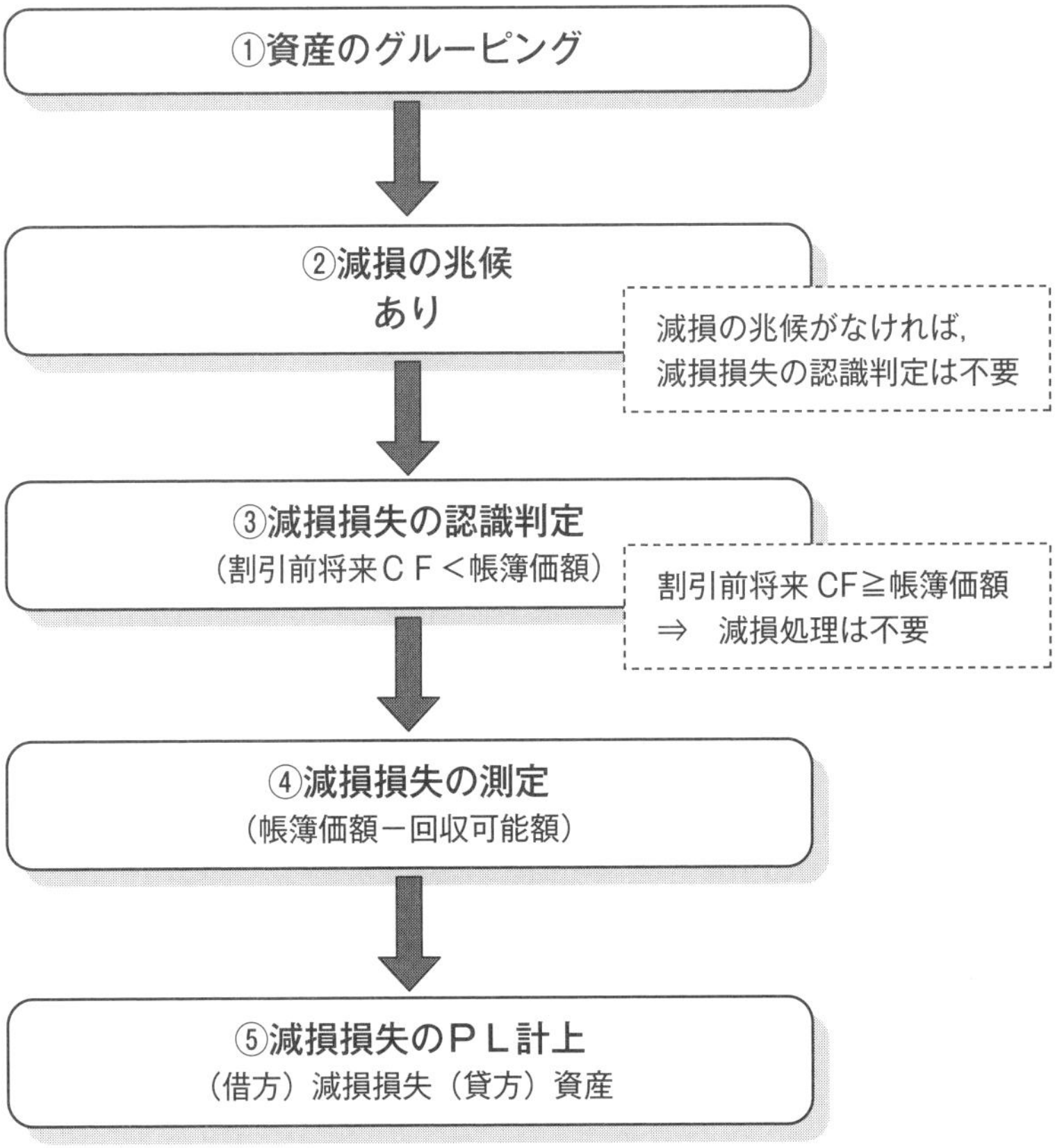
①資産のグルーピング
②減損の兆候
あり
減損の兆候がなければ，
減損損失の認識判定は不要
③減損損失の認識判定
（割引前将来ＣＦ＜帳簿価額）
割引前将来 CF≧帳簿価額
⇒　減損処理は不要
④減損損失の測定
（帳簿価額－回収可能額）
⑤減損損失のＰＬ計上
（借方）減損損失（貸方）資産

19 有価証券の区分と評価

株式等は、①売買目的、②満期保有目的、③子会社・関連会社、④その他、4区分で評価する

●4つの保有目的と評価方法

有価証券は財産権を表象する証券で、株式・社債・国債・投資信託等が金融商品取引法の適用対象です。有価証券はさまざまな目的で保有され『金融商品会計基準』で4つの保有目的に区分し、評価方法が定められています。

●有価証券の減損

売買目的有価証券は、時価評価による評価差額がその都度PL計上されます。それ以外の有価証券は、取得価額に比べて著しい価値の下落がある場合、評価差額をPL計上し、時価をBSに反映し、**有価証券の減損**を行います（減損は38ページ参照）。

●子会社株式等に対する投資損失引当金

子会社株式等の実質価額が著しく低下したものの、合理的な事業計画などをもとに回復可能性があるとして減損をしないこともあります。この場合、**投資損失引当金**を計上する必要性に留意が必要です。

時価	種類	価値の下落率	減損時の経理処理
あり	株式 債券	30%未満	減損不要
		30～50%	投資先が「債務超過」「継続的な営業赤字」などと定めた内規に抵触する→時価の回復可能性なし→減損処理（＊時価をもってBS価額とし，評価差額は当期の損失としてPL計上）
		50%以上	時価の回復可能性なし→減損処理（上記＊）
なし	株式	50%未満	減損不要
		50%以上	発行会社の実質価額（≒1株当たり純資産額×持株数）の回復可能性なし→減損処理（相当の減額をなし，評価差額は当期の損失としてPL計上）
なし	債券	－	償却原価法を適用した上で，債券の貸倒見積高の算定方法に準じて償還不能見積高算定

有価証券の区分と評価のしくみ

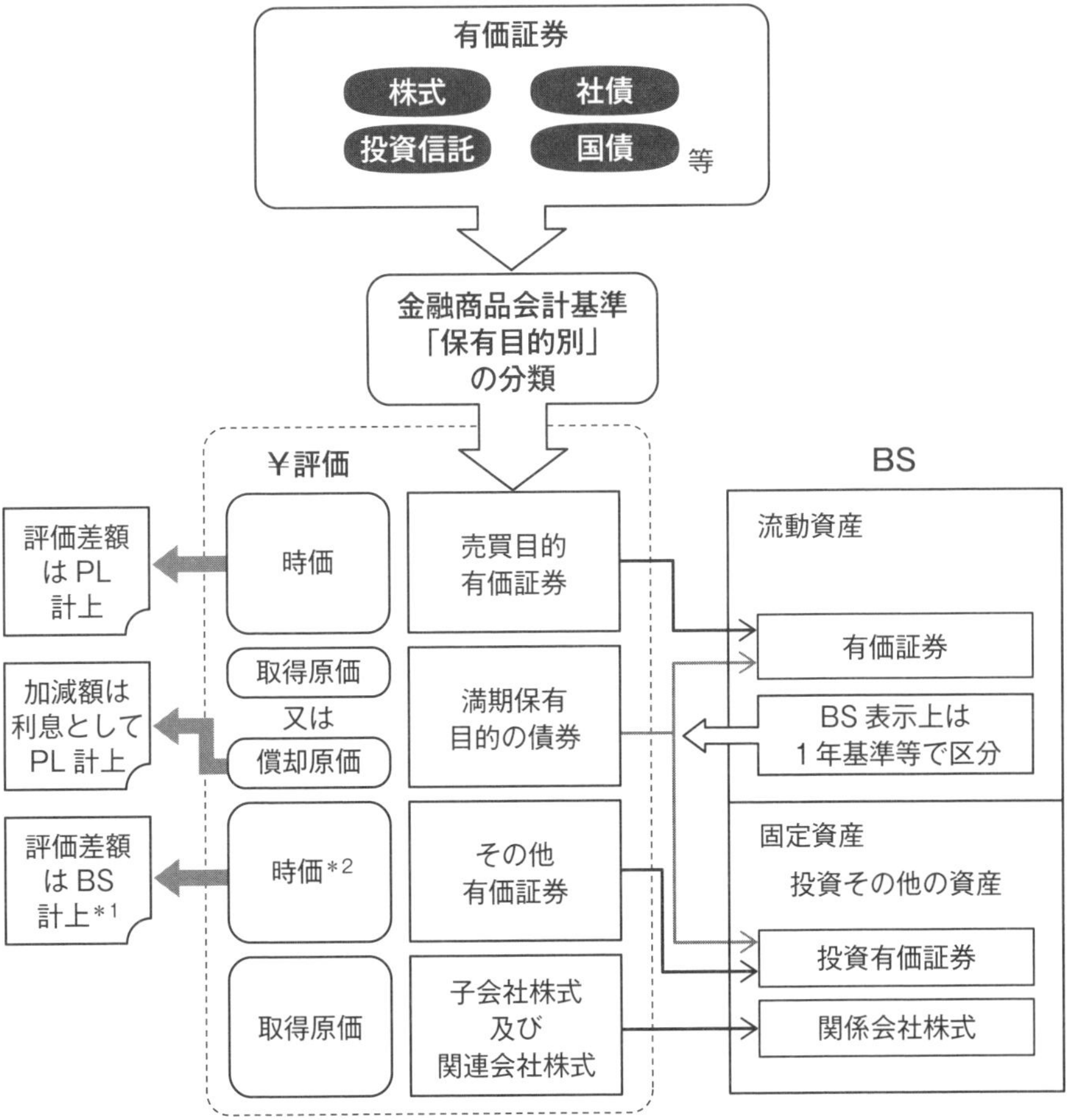

＊1　「その他有価証券」の評価差額の処理には2通りある
①評価差額の合計額を BS に計上する方法
②時価>取得原価の部分を BS に計上し，時価<取得原価の部分を PL に計上する方法
なお，その他有価証券の評価差額は洗い替え

＊2　「その他有価証券」で市場価格がない場合は取得原価（債券は償却原価）とする

【参考】金融商品会計に関する実務指針「285　市場価格のない株式の減損処理」，子会社株式等に対する投資損失引当金に係る監査上の取扱い

20 会計上の見積り

仮定や予想に基づく「会計上の見積り」は粉飾リスクに直結するので、妥当性の検証は必須

●会計上の見積りの意義

実際に行われた取引だけが決算書に反映されるわけではなく、**仮定や予想**に基づく概算を決算書に反映もします。たとえば、取引先が倒産すれば売上債権の回収に影響が生じますので、あらかじめどの程度の債権を回収できるか見積り、貸倒引当金（50ページ）を決算書に反映する必要があります。この他、繰延税金資産や退職給付、減損など、仮定や予測に基づく**会計上の見積り**を決算書に反映します。

会計上の見積りは、決算書に重大な影響を及ぼす事項です。どう見積もれば良いか、見積りの裏付けとなる利用可能な情報の性質及び信頼性や、経営者の偏向が、見積りの不確実性の程度に影響を与え、これらが**虚偽表示リスク**に直結することに留意してください。

なお、会計上の見積りの当初認識額又は開示金額と確定額の間で差異が生じることがありますが、必ずしも虚偽表示＝粉飾にはなりません。

●虚偽表示リスクと実務ポイント

重要な仮定に基づく、見積りの不確実性が相対的に高い事例として、①訴訟結果に関係する会計上の見積り、②非上場デリバティブの公正価値に関する会計上の見積り、③企業が自社開発した極めて専門的なモデル又は市場で「観察不能」な仮定や入力数値を使用した公正価値に関する会計上の見積り、などがあります。

実務では、会計上の見積りの不確実性を評価し、粉飾など虚偽表示リスクに対応する必要があります。会計上の見積りを行った方法とその基礎データを検討することは実務ポイントの1つです。

- 使用された測定方法は、状況に応じて適切か（一般的なモデルか）
- 使用した仮定は、測定目的に照らして合理的か（個々の仮定の合理性はもちろん、仮定が全体として合理的かという点も大切）

会計上の見積りに「経営者の偏向」が存在する兆候㊎

- 経営者が，状況の変化があったとの主観的な評価に基づいて，会計上の見積り又は見積方法を変更していること
- 公正価値に関する会計上の見積りについて企業が使用する仮定が，観察可能な市場の仮定と一致していないこと
- 経営者の目的にとって都合の良い見積額となるような重要な仮定を選択又は設定していること
- 見積額の選択が，楽観的又は悲観的な傾向を示していること

重要な虚偽表示リスクへの対応方法

会計上の見積りを正しく行うには，次のようなリスク評価手続とそれに関連する活動を実施する必要があります。見積りの不確実性が高まるほど，合理的な会計上の見積りを行えないことになり，不確実性の開示も必要となります。

(1) 適用される財務報告の枠組みで要求される事項の理解
⇒見積り方法は適切か

(2) 会計上の見積りが必要となる取引，事象及び状況を把握する方法の理解
⇒経営者の意思決定，選択された会計上の見積りの測定根拠は合理的か

(3) 会計上の見積りを行う方法及びその基礎データの理解

①会計上の見積りを行う際に使用する測定方法

②関連する内部統制

③専門家の利用の有無

④見積りに係る仮定

⑤見積り方法の前年度からの変更の必要性と理由

⑥見積りの不確実性の影響評価とその方法

21 税効果会計

PLに法人税等調整額、BSに繰延税金資産・負債を計上し、税金負担率を調整する

●税効果会計のしくみ

会社は利益を稼ぐことを前提に存在します。この稼ぎ（**課税所得**）には、一定税率を掛けて算出する法人税、住民税及び事業税が課せられます。ちなみに、日本の課税所得に対する税金の割合（**実効税率**）は諸外国とほぼ同等の約30％です。

税金等を支払う前の稼ぎ＝税引前当期利益⑤1，000は、収益から経費などを差し引き求めます。話を簡単にしたいので、収益として売上、ここから差し引く項目を経費として説明します。図表のとおり、会計上の利益⑤1，000に対し、⑧法人税等合計は1，800で会計上の利益を超える税金が計上され（⑩税金負担率180％）、稼いだ以上に納税しなければいけないというおかしな状況になっています。これは、税金計算と会計のしくみに差異があるからです。

会計上の利益⑤1，000に対し、税金計算上の稼ぎ（⑫課税所得）は6，000。会計上は経費でも、税務上は経費とならない**損金不算入**の経費（③5，000）もあります。たとえば、売掛金の回収不能分は貸倒損失として会計上は経理処理しても、税法上は損金算入できる要件が厳密に決められていて、税務上の経費にできない＝損金不算入となる場合があるのです。

事例のように税金負担率180％というあり得ない数字を調整するツールが**税効果会計**です。

③損金算入されない経費5，000に、実際に支払うであろう税金負担率＝実効税率30％を掛け合わせ⑦法人税等調整額1，500をPL計上上、見合いの額を⑪繰延税金資産としてBS計上し、税金負担を調整すると⑩税金負担率は30％となり、実効税率と同じになります。

税効果会計は、会計上の収益・費用と、課税所得計算上の益金・損金の認識時点の相違等により、会計上の資産・負債と課税所得計算上の資産・負債の額に相違がある場合、法人税額等を適切に期間配分し、税引前当期利益と法人税等を合理的に対応させる調整手続です。

●一時差異と永久差異

事例では、税効果会計の調整対象となるものを図表③「損金算入さない経費(将来損金算入されるものに限る)」として、これに実効税率を掛け合わせ法人税等調整額を計算し、税効果会計を適用するというように単純化していますが、実務はもう少し複雑です。

会計と税務の差異《ズレ》を調整する、これが税効果会計の目的です。この差異は2つあります。費用・損失に係る会計と税務のズレを意味する**損金不算入**と、収益に係るズレを意味する**益金不算入**。各々に、会計と税務の差異が永久に残り税効果会計の調整対象外となる「将来課税所得が増減しない＝**永久差異**」と、税効果会計の調整対象の「将来課税所得を増減する＝**一時差異**」があります。

この一時差異は次のように区分できます。

将来課税所得を減額させる損金不算入
＝将来減算一時差異＝繰延税金資産

将来課税所得を増額させる益金不算入
＝将来加算一時差異＝繰延税金負債

PL	適用前	適用後
①売上	10,000	10,000
経費		
②損金算入される経費	4,000	4,000
③損金算入されない経費（将来損金算入されるものに限る）	5,000	5,000
④経費合計＝②＋③	9,000	9,000
⑤税引前当期利益 ＝①－④	1,000	1,000
⑥法人税, 住民税及び事業税＝⑫×実効税率30%	1,800	1,800
⑦法人税等調整額＝③× 実効税率 30%	－	▲1,500
⑧法人税等合計＝⑥＋⑦	1,800	300
⑨当期利益＝⑤－⑧	▲800	700
⑩税金負担率＝⑧法人税等合計 ÷⑤税引前当期利益	180%	30%

BS	適用前	適用後
⑪繰延税金資産	－	1,500

申告書	
益金①	10,000
損金②	4,000
⑫課税所得（＝①－②）	6,000

⑫課税所得×実効税率30%

将来減算
一時差異　実効税率
③5,000 × 30%

22 繰延税金資産の回収可能性

会社分類とスケジューリングの有無がポイント

●繰延税金資産の回収可能性判断の7つの手順と5分類

①期末における将来減算一時差異（45ページ）の解消見込年度のスケジューリングを行う。

②期末における将来加算一時差異（45ページ）の解消見込年度のスケジューリングを行う。

③将来減算一時差異の解消見込額と将来加算一時差異の解消見込額とを、解消見込年度ごとに相殺する。

④③で相殺し切れなかった将来減算一時差異の解消見込額は、解消見込年度を基準として繰戻・繰越期間の将来加算一時差異の解消見込額と相殺する。

⑤①～④で相殺し切れなかった将来減算一時差異の解消見込額は、将来の一時差異等加減算前課税所得の見積額と解消見込年度ごとに相殺する。

⑥⑤で相殺し切れなかった将来減算一時差異の解消見込額は、解消見込年度を基準に繰戻・繰越期間の一時差異等加減算前課税所得の見積額と相殺する。

⑦①～⑥により相殺し切れなかった将来減算一時差異に係る繰延税金資産の回収可能性はないものとし、繰延税金資産から控除する。

期末に税務上の繰越欠損金がある場合、回収が見込まれる金額を繰延税金資産として計上する。

企業会計基準　適用指針26『繰延税金資産の回収可能性に関する適用指針』

5分類とその要件	繰延税金資産の計上額
（分類1）次の要件をいずれも満たす企業 ⑴ 過去（3年）及び当期のすべての事業年度において，期末における将来減算一時差異を十分に上回る課税所得が生じている ⑵ 当期末において，近い将来に経営環境に著しい変化が見込まれない	繰延税金資産の全額について回収可能性があるものとする
（分類2）次の要件をいずれも満たす企業 ⑴ 過去（3年）及び当期のすべての事業年度において，臨時的な原因により生じたものを除いた課税所得が，期末における将来減算一時差異を下回るものの，安定的に生じている ⑵ 当期末において，近い将来に経営環境に著しい変化が見込まれない ⑶ 過去（3年）及び当期のいずれの事業年度においても重要な税務上の欠損金が生じていない	• 一時差異等のスケジューリングの結果，繰延税金資産を見積る場合，当該繰延税金資産は回収可能性があるものとする • 原則，スケジューリング不能な将来減算一時差異に係る繰延税金資産は回収可能性がないものとする。ただし，将来のいずれかの時点で回収できることを合理的な根拠をもって説明できる場合，当該繰延税金資産は回収可能性があるものとする

（分類３）次の要件をいずれも満たす企業（分類４の⑵又は⑶の要件を満たす場合を除く） ⑴ 過去（３年）及び当期において，臨時的な原因により生じたものを除いた課税所得が大きく増減している ⑵ 過去（３年）及び当期のいずれの事業年度においても重要な税務上の欠損金が生じていない なお，⑴における課税所得から臨時的な原因により生じたものを除いた数値は，負の値となる場合を含む	• 将来の合理的な見積可能期間（概ね５年）以内の一時差異等加減算前課税所得の見積額に基づいて，当該見積可能期間の一時差異等のスケジューリングの結果，繰延税金資産を見積る場合，当該繰延税金資産は回収可能性があるものとする • 上記にかかわらず，臨時的な原因により生じたものを除いた課税所得が大きく増減している原因等を勘案して※，５年を超える見積可能期間においてスケジューリングされた一時差異等に係る繰延税金資産が回収可能であることを合理的に説明できる場合，当該繰延税金資産は回収可能性があるものとする
（分類４）次のいずれかの要件を満たし，かつ，翌期において一時差異等加減算前課税所得が生じることが見込まれる企業 ⑴ 過去（３年）又は当期において，重要な税務上の欠損金が生じている ⑵ 過去（３年）において，重要な税務上の欠損金の繰越期限切れとなった事実がある ⑶ 当期末において，重要な欠損金の繰越期限切れが見込まれる	• 翌期の一時差異等加減算前課税所得の見積額に基づいて，翌期の一時差異等のスケジューリングの結果，繰延税金資産を見積る場合，当該繰延税金資産は回収可能性があるものとする • 上記にかかわらず，重要な欠損金が生じた原因等を勘案して※将来の一時差異等加減算前課税所得を見積もり，①②の場合，当該繰延税金資産は回収可能性があるものとする ①将来において５年超にわたり一時差異等加減算前課税所得が安定的に生じることを合理的に説明できる場合（分類２）に該当 ② 将来において概ね３～５年程度は一時差異等加減算前課税所得が生じることを合理的に説明できる場合（分類３）に該当
（分類５）次の要件をいずれも満たす企業 ⑴ 過去（３年）及び当期のすべての事業年度において，重要な税務上の欠損金が生じている ⑵ 翌期においても重要な税務上の欠損金が生じることが見込まれる	原則として，繰延税金資産の回収可能性はない

※中長期計画（概ね３～５年の計画を想定），過去における中長期計画の達成状況，過去（３年）及び当期の課税所得の推移等も勘案する。

※**一時差異等加減算前課税所得**とは，将来の事業年度における課税所得の見積額から，当該事業年度において解消することが見込まれる当期末に存在する一時差異（45ページ）を除いた額をいう。

23 退職給付会計

退職給付とは、将来従業員に支給する退職一時金や企業年金という退職金

●退職給付引当金

ＢＳ負債に計上する退職給付引当金を大雑把に解釈すると、将来従業員に支給する退職金のうち当期末までに発生していると認められる**退職給付債務**から、この退職金支払いに備えて積み立てられた**年金資産**を差し引いた、差額＝不足分が**退職給付引当金**となります。この2つが、退職給付会計を理解するポイントです。

簡単な事例でイメージしましょう。40年勤続で退職金1千万円もらえる会社で、現在20年勤続している従業員は、大雑把にその半分、5百万円の退職金をもらう権利があるとします。会社から見れば、従業員に対する「退職給付債務」としてこれを認識する必要があります。

会社はこの退職金の支給に備える必要もあります。現在2百万円を「年金資産」として積み立てていれば、差額3百万円（＝5百万円－2百万円）が「退職給付引当金」となる計算です。

●数理計算上の差異と過去勤務費用

そもそも、年金資産や退職給付債務は、従業員退職時までの長期を対象にして見積計算しますので、実際の支給額との間に差が生じることが普通です。この差を**数理計算上の差異**といいます。また、退職金規定を変更すれば退職給付債務が増減します。この増減額を**過去勤務費用**といいます。

これら「数理計算上の差異」「過去勤務費用」を発生した期に一括で損益計上すれば上述のとおり、退職給付引当金＝退職給付債務－年金資産となります。ただ、一括計上すると、損益インパクトが大きくなります。

そこで、「数理計算上の差異」「過去勤務費用」を、平均残存勤務期間等の数年間にわたり規則的に償却する**遅延認識**が認められています。この場合、未償却部分はまだ費用計上されていませんので、これらを「未認識」として退職給付引当金の計算上で扱い、ＢＳには費用として認識された部分だけが積立状況として反映されます。

退職給付会計のしくみ

退職給付引当金（BS）

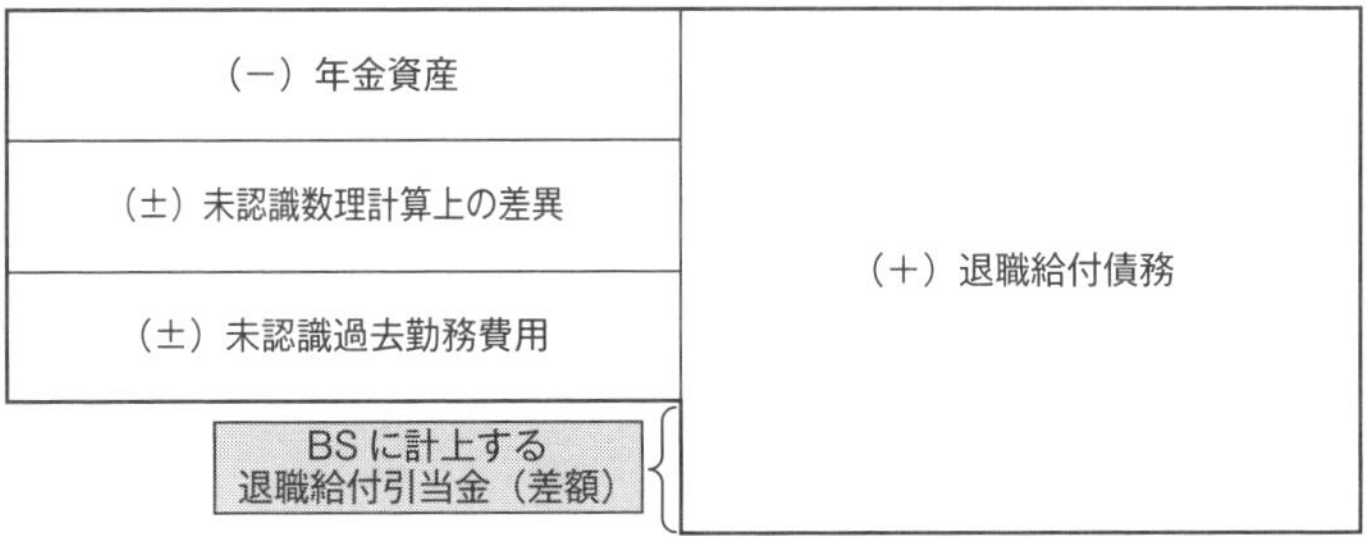

退職給付費用（PL）

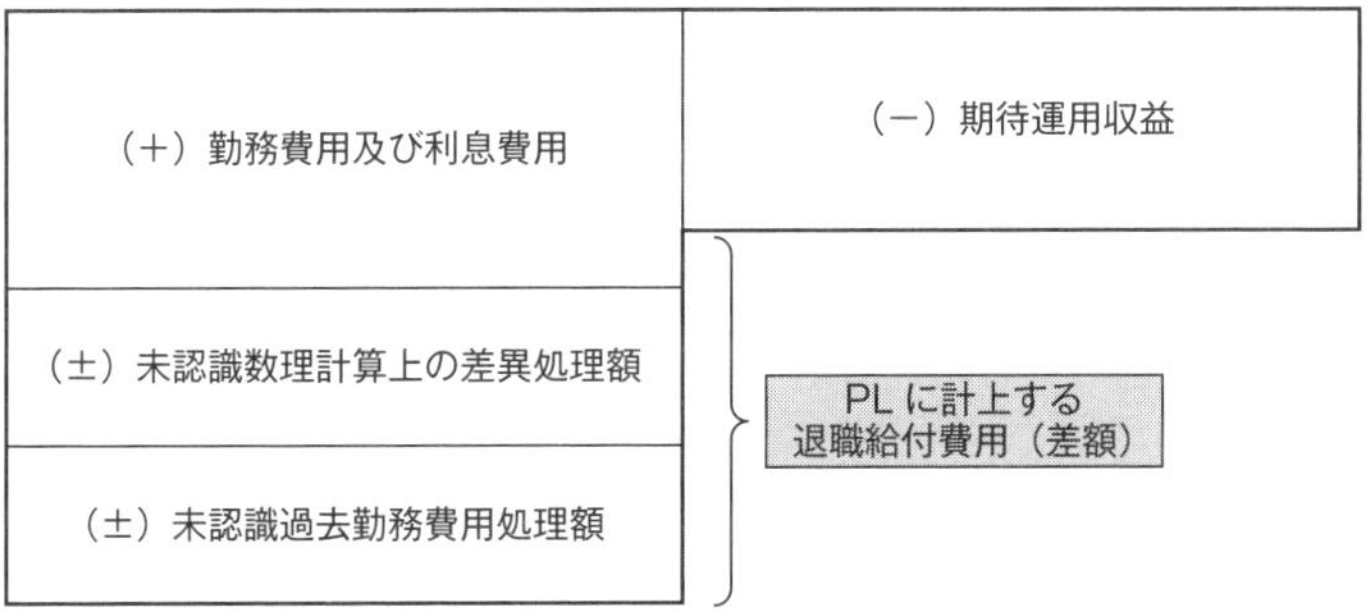

なお，個別 BS と連結 BS では表現が異なります。

個別 BS　　連結 BS

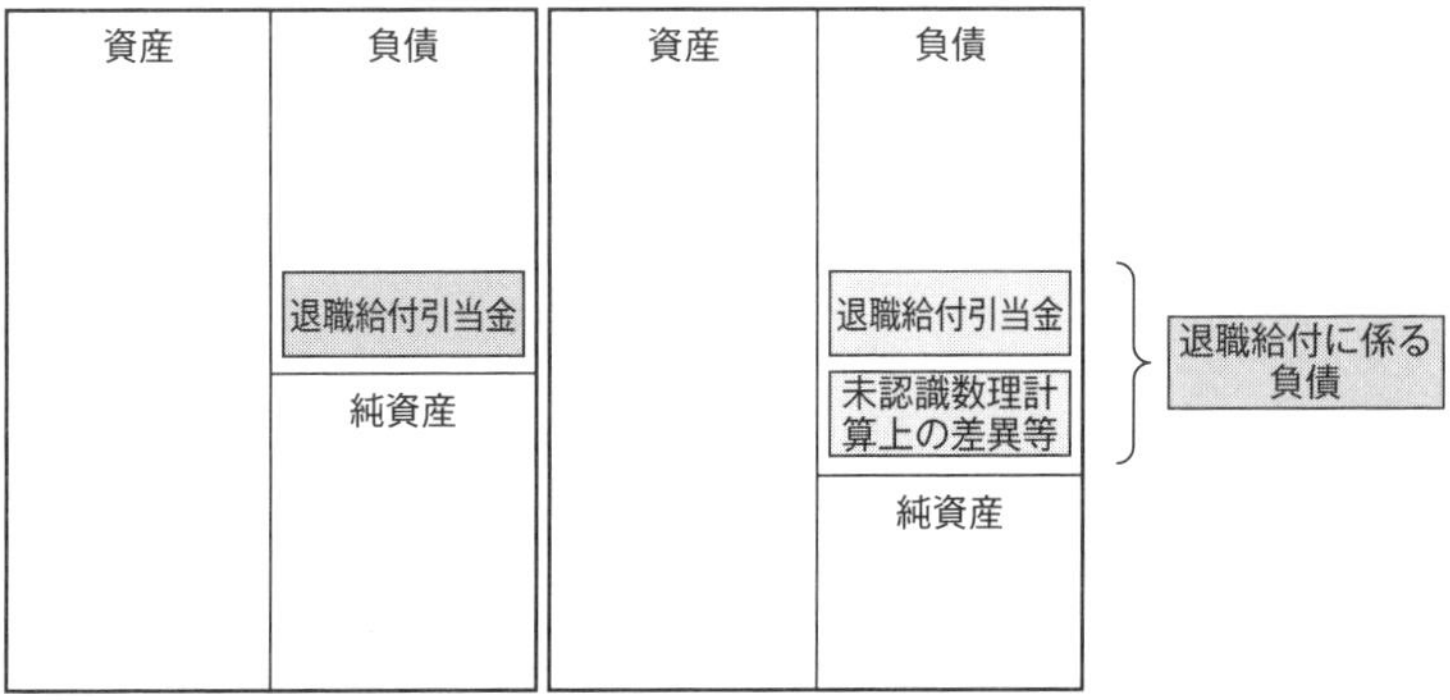

24 引当金

会計上の見積りの典型でもある引当金には4要件がある

●引当金の意義と種類

『企業会計原則、注解18』によれば、**引当金**とは適正な期間損益計算のために費用の見積計上にともなって生じ、①**将来の費用又は損失**であって、②**その発生が当期以前の事象に起因**し、③**発生の可能性が高く**、かつ、④**その金額を合理的に見積もることができる**場合、そのうち当期の負担に属する部分を損益計算上、当期の費用又は損失としてPL計上するとともに、その額を引当金としてBS計上しなければならない、とされています。①～④の4要件を満たす将来発生可能性の高いコストやロスは決算書に計上せよ、となります。

引当金は大別して2種類、貸倒引当金などの**評価性引当金**（将来の損失に備えて資産から控除する引当金）、**負債性引当金**（将来の支出に備えて計上する引当金）があり、図のような計上事例があります。国際会計基準第37号『引当金、偶発債務及び偶発資産』（IAS37）に照らした会計処理の考え方も参考にすると良いでしょう。

●貸倒引当金の基本

売掛金などが回収できず**貸倒損失**になることもあります。そこで将来の回収不能額をあらかじめ見積計上するのが**貸倒引当金**です。売掛金等の売掛債権や貸付金等の回収不能となりそうな金額を見積り、BS資産の部に控除する形式で貸倒引当金を表示し、確実に回収できる金額を評価することから**評価性引当金**といわれます。

税務上、会社更生法や民事再生法の適用を受ける倒産した会社に対する回収困難な金銭債権は**個別評価**され、回収可能と認められる部分を除いた金額等が貸倒引当金となります。それ以外は**一括評価**となり、**過去3年間の平均貸倒実績率**（中小企業は**法定繰入率**も選択可）を対象債権額に掛け合わせた金額が貸倒引当金となります。

会計上、上場企業等は、受取手形や売掛金、貸付金等の債権のBS価額は、取得価額から貸倒見積高に基づいて算定された貸倒引当金を控除した金額とすることが金融商品に関する会計基準に定められています。

分類	名称
評価性引当金（将来の損失に備えて資産から控除する引当金）	
回収不能の恐れ	貸倒引当金
実質価額の低下	投資損失引当金
負債性引当金（将来の支出に備えて計上する引当金）	
従業員・役員への給付	退職給付引当金
	賞与引当金
	役員賞与引当金
	役員退職慰労引当金
収益認識に関連する引当金	製品保証引当金
	返品調整引当金
	売上値引引当金
	売上割戻引当金
	ポイント引当金
不利な契約に関連する引当金	工事損失引当金
	受注損失引当金
	買付契約評価引当金
	転貸損失引当金
	債務保証損失引当金
訴訟・法令違反等に関連する引当金	訴訟損失引当金
	独占禁止法等の違反に関連する引当金
	リコール損失引当金
将来の費用又は損失に関連する引当金	修繕引当金
	特別修繕引当金
環境対策及びリサイクルに関連する引当金	環境（安全）対策引当金
	リサイクル費用引当金
	再資源費用等引当金
リストラクチャリングに関連する引当金	事業構造改善引当金
	事業撤退損失引当金
	事業整理損失引当金
	本社移転損失引当金
	店舗閉鎖損失引当金
その他	商品券・旅行券等に対する引当金
	株主優待引当金
	災害損失引当金

25 デリバティブ取引

「派生的、副次的」という意味の取引には2つの目的がある

●デリバティブの意義

原油や金のような商品《コモディティ》価格、金利、株価、為替レートなどの変動の影響は、経営環境を複雑化させる要因の1つです。これらの変動リスクを減少させるため、デリバティブを利用することがあります。

デリバティブ（derivative）には「派生的、副次的」という意味があり、それぞれの元になる金融商品（原資産）と関係がある「金融派生商品」を売買する取引をデリバティブ取引といいます。たとえば、金利の水準と関係がある金利デリバティブの一般的な取引形態に、固定金利と変動金利を交換《スワップ》する金利スワップがあります。

「デリバティブは、危険」とかいわれもしますが、デリバティブ自体が良いとか悪いとかというのではなく、ダイナマイトと同じように、使い方次第です。

●デリバティブ取引の目的

デリバティブ取引には2つの目的があります。①現在又は将来の経営リスクを管理するために行われる、**リスクヘッジ目的**、②予想される市場変動から利益を得る、**投機目的**。①ヘッジ目的の場合、『金融商品会計に関する実務指針』の「ヘッジ会計」の規定に留意が必要です。

経営管理のポイントは、デリバティブ取引の適切な管理にあります。①財務諸表に計上されたデリバティブが実在すること、②財務諸表に計上されたデリバティブは関連事項も含めて適切に評価・表示されていること、③貸借対照表日に簿外のデリバティブがないこと。取引の実態を把握するには、デリバティブ取引に係る内部統制を整備・運用する必要もあります。④リスク管理方針を定め、⑤デリバティブ取引がリスク管理方針の範囲内であることを確かめる必要もあります。デリバティブ取引に係るリスク管理方針の有無を確かめ、どのような質的・量的のデリバティブ取引があるか知ることが大事です。

デリバティブ取引の種類

株式，債券
金利，
外国為替などの
金融商品
（原資産）

先物取引

先物取引とは，将来の売買の価格や数量などを，あらかじめ現時点で「約束」し，将来の約束の日が来た時点で売買を行う取引をいいます。あらかじめ売買の価格を決めておくことができるので，価格変動リスクを回避できるメリットがあります。

- 株価指数先物
- 為替予約
- 商品先物　など

オプション取引

オプション取引とは，ある金融商品をあらかじめ決めておいた価格で売買するかしないかを選べる「選択権（オプション）」です。「選択権」の行使は売買で得する場合だけで良く，損する場合は権利放棄すればオプション料の支払だけで済みます。

- 株価オプション
- 金利オプション
- 通貨オプション　など

スワップ取引

スワップ取引とは，将来にわたって発生する利息を「交換（スワップ）」する取引です。同じ通貨で変動金利・固定金利という異なるタイプの利息を「交換」する金利スワップや，円とドルなど異なる通貨の利息などを「交換」する通貨スワップなどがあります。

- 金利スワップ
- 通貨スワップ　など

（出所）金融広報中央委員会「知るぽると」を参考に作成。
https://www.shiruporuto.jp/public/document/container/deriv/deriv104.html

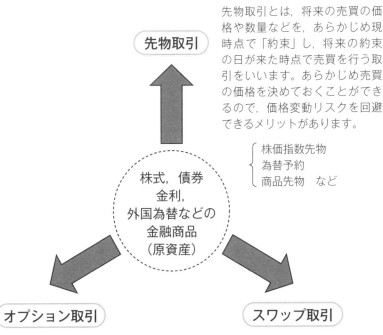

26 時価

財政状態を把握する「時価主義」の時価

●時価の定義及び実務上の取扱い

従前は取得価額でBS計上する**取得原価主義**で取引を認識測定していましたが、現在は財政状態を把握するため**時価主義**が採用されています。たとえば、『金融商品会計基準』第6項によれば、「**時価**とは公正な評価額をいい、市場において形成されている取引価格、気配又は指標その他の相場（以下「市場価格」という。）に基づく価額をいう。市場価格がない場合には合理的に算定された価額を公正な評価額とする」とされます。

ちなみに、貸借対照表項目の中には、次のような取扱いがあります。

- 期末の時価で測定する
- 一定の要件を充足した場合、時価を貸借対照表価額とし、評価差額を当期の損益又はその他の包括利益として処理する
- 特定の貸借対照表項目に関し、期末の時価を注記する

対象	会計基準	わが国の会計基準における時価の取扱い	会計基準が定める時価等
金融資産	金融商品会計基準	●有価証券のうち，売買目的有価証券及びその他有価証券として保有している有価証券で時価のあるものについては時価で測定 ●デリバティブについて原則として時価で測定 ●金融商品の時価等に関する事項について注記	●時価＝公正な評価額 ①市場価格に基づく価額 ②市場価格がない場合，合理的に算定された価額 ・市場価格のある類似の金融商品の市場価格に一定の変動要因を調整する方法 ・対象金融資産から発生する将来キャッシュ・フローを割り引いて現在価値を算定する方法 ・一般に広く普及している価格モデルを使用する方法，等 ・各方法での見積要素の客観性確保が課題
固定資産（減損の測定時）	固定資産減損会計基準	●減損処理を実施する際はその時点の時価を回収可能価額算定の基礎として使用	●時価＝公正な評価額 ①観察可能な市場価格 ②市場価格が観察できない場合，合理的に算定された価額 ●不動産→「不動産鑑定評価基準」で算定 ●船舶・航空機・建設機械等その他の固定資産→3つの見積方法がある

			①コスト・アプローチ（再調達原価又は複製原価） ②マーケット・アプローチ（同一又は類似資産の市場価格） ③インカム・アプローチ（キャッシュ・フロー等を現在価値に割引）
棚卸資産	棚卸資産評価会計基準	●収益性の低下が認められる場合には正味売却価額をもって貸借対照表価額とする ●トレーディング目的で保有する棚卸資産は時価評価	●販売目的の棚卸資産 →原則，取得原価でＢＳ計上 →期末に正味売却価額＜取得原価の場合，正味売却価額（＝売価－見積追加製造原価－見積販売直接経費） ●トレーディング目的の棚卸資産 →通常，市場価格が存在＝時価
取得とされた企業結合により受け入れる資産及び負債	企業結合会計基準	●被取得企業又は取得した事業の取得原価は，取得の対価となる財の企業結合日の時価で算定 ●取得原価は，受け入れた資産及び負債のうち企業結合日時点において識別可能なものの企業結合日時点の時価を基礎として，当該資産及び負債に配分	●時価＝公正な評価額 ①観察可能な市場価格 ②市場価格が観察できない場合，合理的に算定された価額 ●時価は，主として企業又は事業の取得原価の決定，及び時価を基礎とした取得原価の配分の際に用いられる
退職給付会計における年金資産	退職給付会計基準	●年金資産の額は，期末における時価（公正な評価額）により計算する	●時価＝公正な評価額 ●実務上，年金資産の時価に関する客観性・信頼性の確保が課題。年金資産の時価把握については，『年金資産に対する監査手続に関する研究報告』を参照
賃貸等不動産の時価に関する注記	賃貸等不動産時価等開示会計基準	●対象資産については貸借対照表日時点の時価を注記	●時価＝公正な評価額 ①観察可能な市場価格 ②市場価格が観察できない場合，合理的に算定された価額 ・「不動産鑑定評価基準」による方法又は類似の方法に基づいて算定する正常価格（市場性を有する不動産について，現実の社会経済情勢の下で合理的と考えられる条件を満たす市場で形成されるであろう市場価値を表示する適正な価格）が，時価として適切

27 継続企業の前提（ゴーイング・コンサーン）

会社が将来にわたって事業活動を継続していく前提

●継続企業の前提に関する注記

継続企業の前提に関する注記（継続企業の前提を，ゴーイングコンサーン，GCという）	＝	「当該事象又は状況を解消し，又は改善するための対応」をしてもなお継続企業の前提に関する重要な不確実性が認められる	＋	貸借対照表日において，「継続企業の前提に重要な疑義を生じさせるような事象又は状況」が存在する（※）

（※）当該事象又は状況の発生した時点が貸借対照表日以後→重要な後発事象として注記

●注記の必要性

さまざまなリスクがあり、将来にわたって事業活動を継続できるか確実ではありません。そこで、決算日＝貸借対照表日に、継続企業の前提に関する重要な不確実性が認められるときは、決算書に注記する必要があります。

●事例（参考『継続企業の前提に関する開示について』）

継続企業の前提に重要な疑義を生じさせるような事象又は状況の事例は次のとおりです。

①財務指標関係

- 売上高の著しい減少
- 継続的な営業損失の発生又は営業キャッシュ・フローのマイナス
- 重要な営業損失、経常損失又は当期純損失の計上
- 重要なマイナスの営業キャッシュ・フローの計上
- 債務超過

②財務活動関係

- 営業債務の返済の困難性

・借入金の返済条項の不履行又は履行の困難性
・社債等の償還の困難性
・新たな資金調達の困難性
・債務免除の要請
・売却を予定している重要な資産の処分の困難性
・配当優先株式に対する配当の遅延又は中止

③営業活動関係

・主要な仕入先からの与信又は取引継続の拒絶
・重要な市場又は得意先の喪失
・事業活動に不可欠な重要な権利の失効
・事業活動に不可欠な人材の流出
・事業活動に不可欠な重要な資産の毀損、喪失又は処分
・法令に基づく重要な事業の制約

④その他

・巨額な損害賠償金の負担の可能性
・ブランド・イメージの著しい悪化

これらは例示に過ぎません。この他、リストラ等で多額の損失を計上する予定がある、給与等の支払遅延がある、製品リコールがある、内部統制が順守されていない等、実にさまざまなリスク要因を踏まえ、「継続企業の前提」に関する評価を行います。

●リスク要因を解消し、又は改善するための対応

継続企業の前提に関する評価は、上述リスク要因を解消し、又は改善するための対応策を含み、合理的な期間（少なくとも貸借対照表日の翌日から1年間）にわたり企業が事業活動を継続できるか、入手可能な情報に基づき行い、次のような**経営改善計画**が必要となります。

・1年以内に営業損益を黒字化できる見込みがある
・資産売却のプランニングがある
・増資等の資本増強計画がある

こうしたことを踏まえ、**効果的で実行可能な対応策を、財務諸表作成時現在までに計画**する必要があります。次のような点に留意が必要です。

・計画が社内への具体的指示と結びついていること
・計画に裏付けられた、整合性のある予測財務諸表を作成していること
・PDCAサイクルにより、実績把握と計画達成度が明確であること
・支援金融機関の理解が得られていること
・最悪シナリオを想定した計画を持っていること

リスク要因があり、計画がなければ、**継続企業の前提の注記（GC注記）**が必要になります。

28 主な税金

税金の取扱いはさまざま。税効果会計（44ページ）とともに税金の基本的な理解も必要

●税務と会計の接点

会社が納める税金には、図表のようにさまざまな種類が存在します。このうち法人の所得にかかる税金には、①法人税（国税）、②地方法人税（国税）、③法人住民税（地方税）、④法人事業税（地方税）の4つがあり、原則「法人税、住民税及び事業税」勘定で処理します。

こうした税金計算のもとになる利益は、商売人の感覚からすると「現金主義」で、収入－支出＝利益と計算したくなるところ。しかし会計は**「発生主義」**という大原則で、**収益－費用＝利益**と計算します（14～19ページ）。

つまり、収入≠収益、支出≠費用・損失となるわけです。これは、売上高という収益を、売掛金という「収入」がない状態で認識する必要があるという実務から理解できるでしょう。

このように、収入≠収益、支出≠費用となる関係を**「収益・費用の見越し・繰り延べ」**と表現します（61ページ下図）。収入せずとも販売の事実があれば、将来キャッシュを得られる権利を得ているので「未収収益」（営業上の未収分は売掛金）としてBSに資産計上します。翌期分の収入を先取りしていれば、その収入は当期の収益ではないので「前受収益」としてBSに負債計上します。

費用も同様です。将来キャッシュを支払う予定がある、支出なき当期の経費相当分はBSに「未払費用」として負債計上し、支出したものの翌期以降の経費であればBSに「前払費用」として資産計上することになります。これら未収・前受・未払・前払の経過勘定項目の存在が、収入≠収益、支出≠費用の関係を生み出します。

さらに、会計上の収益・費用とこれに相当する税務上の益金・損金が必ずしも一致しないため、会計と税務の認識時点の相違を調整する「税効果会計」（44ページ）の議論も出てきます。この調整を行う勘定科目がPLの法人税等調整額、BSの繰延税金資産・負債です。

会社が負担する税金の種類と処理科目㊞

	租税の種類	処理科目
契約書などへの課税	印紙税	租税公課
資本金や人数・床面積など「外形（外観）」への課税	法人事業税 事業所税	租税公課
不動産や設備の取得や所有などへの課税	固定資産税 償却資産税	租税公課
	不動産取得税 登録免許税	固定資産
商品の仕入・販売にかかる課税	関税	売上原価
	消費税	未払消費税（納付額）
法令に基づく罰金	延滞税（金） 加算税（金）	雑損失
利益（所得）への課税	法人税 法人住民税 地方法人税 法人事業税	法人税，住民税及び事業税

29 法人税のしくみ

加算・減算・申告調整の基本

●確定決算主義と申告調整

税務申告書は「確定決算主義」に基づき作成する必要があります。**確定決算主義**とは、決算後に行なわれる株主総会で承認された（＝確定した）決算書に基づき、税務申告書を作成しなければいけないというルールです。

確定決算主義に基づく税額計算の過程で**申告調整**という会計と税務の不一致の調整も必要になります。売上高のような「収益」がすべて税務上「益金」になるわけではなく、家賃のような「費用」や建物売却損のような「損失」がすべて税務上「損金」になるわけではないからです。

●課税所得の計算

益金では、受取配当金のようなものは法人税と所得税の二重課税防止の観点から❶益金不算入することとされています。

一方、会社更生計画による評価益（経営困難の会社が事業更生目的による債務免除を受けたことで生じる益金）のような「会計上は収益ではないもの」が❷益金算入されることがあります。

損金では、貸倒引当金という売掛金等の回収不能見積額は税務上損金要件が決められていて、会計上の費用・損失でも、税務上は❸損金不算入となる場合があります。

一方、会計上は当期の「費用・損失」ではなくても、❹損金算入できる繰越欠損金（翌期以降に繰り越せる欠損金）のような申告調整項目もあります。

課税所得を計算する際、ＰＬ損益計算書の当期純利益に、❷益金算入と❸損金不算入を所得に**加算**して、❶益金不算入と❹損金算入を所得から**減算**し、課税所得金額を算出し、「税率」を掛け合わせ「法人税、住民税及び事業税」を計算します。

申告納税までのフロー（3月決算企業の場合）

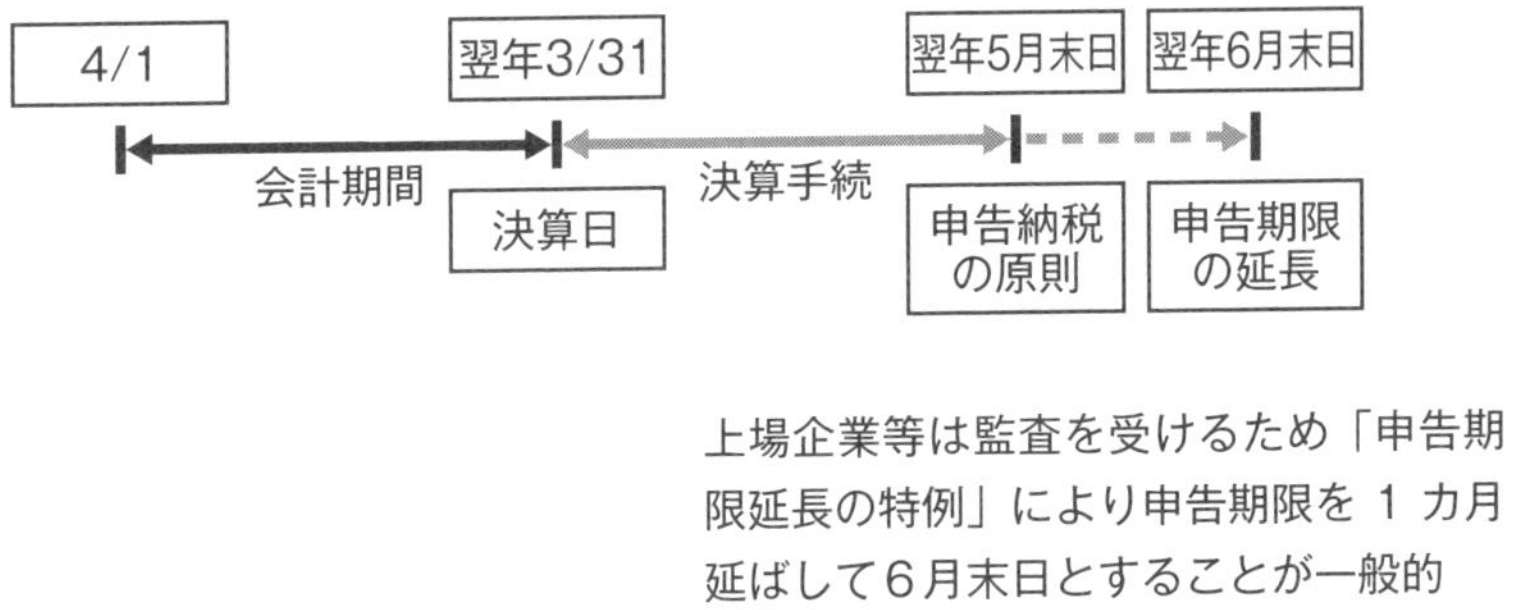

「収入・支出」「収益・費用」「益金・損金」の関係図

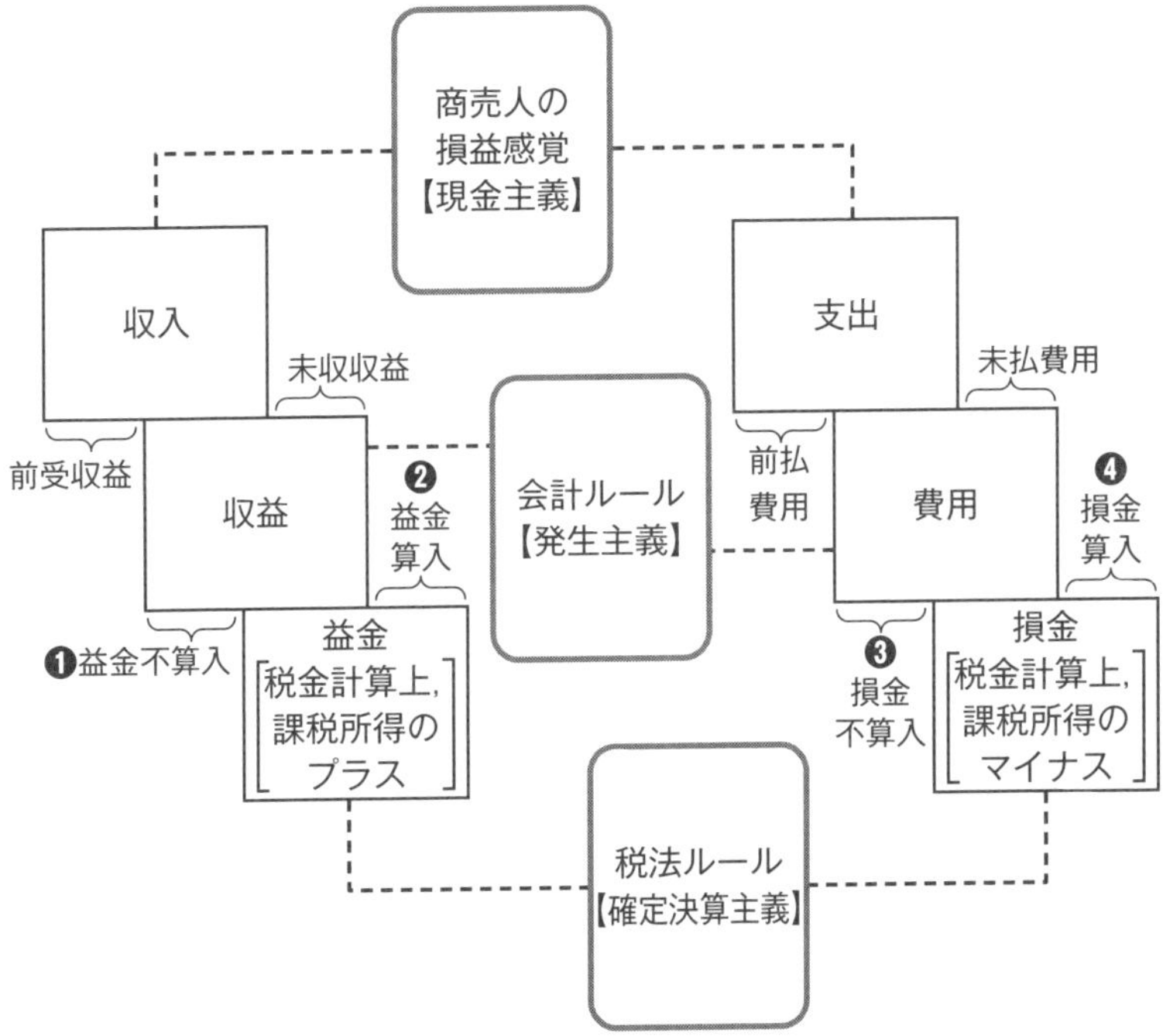

column
コラム

内部留保に対する誤解

「内部留保が貯まっている，だから吐き出させよ」。

こうした表現で耳目を集める「内部留保」ですが，かなり誤解があります。

図は内閣府が公表する『企業における内部留保の推移』というファクトです。確かに，右肩上がりで推移しており「内部留保が貯まっている」という表現は当たらずとも遠からず。しかし，グラフ下（備考）2．を見れば，「利益剰余金を内部留保としている」とあります。

本書の読者であれば理解いただけるはずですが，「利益剰余金」は貸借対照表（BS）の貸方（右側）で「資金調達」の一形態として示されます。損益計算書（PL）で計上された当期純利益の過去の累積額が利益剰余金であり，これが内部留保と呼ばれているわけです。

他方，「吐き出させよ」の対象物は，BSの借方（左側）で表示され，大別して３つ，①キャッシュそのもの（現金など），②なるもの（在庫など），③生むもの（土地など）という「資金運用」の違いがあるわけです。

つまり，「調達」した内部留保は，必ずしも現金で「運用」されているわけではないので，「内部留保を（現金で）吐き出せ」という表現は的確ではありません。

企業における内部留保の推移

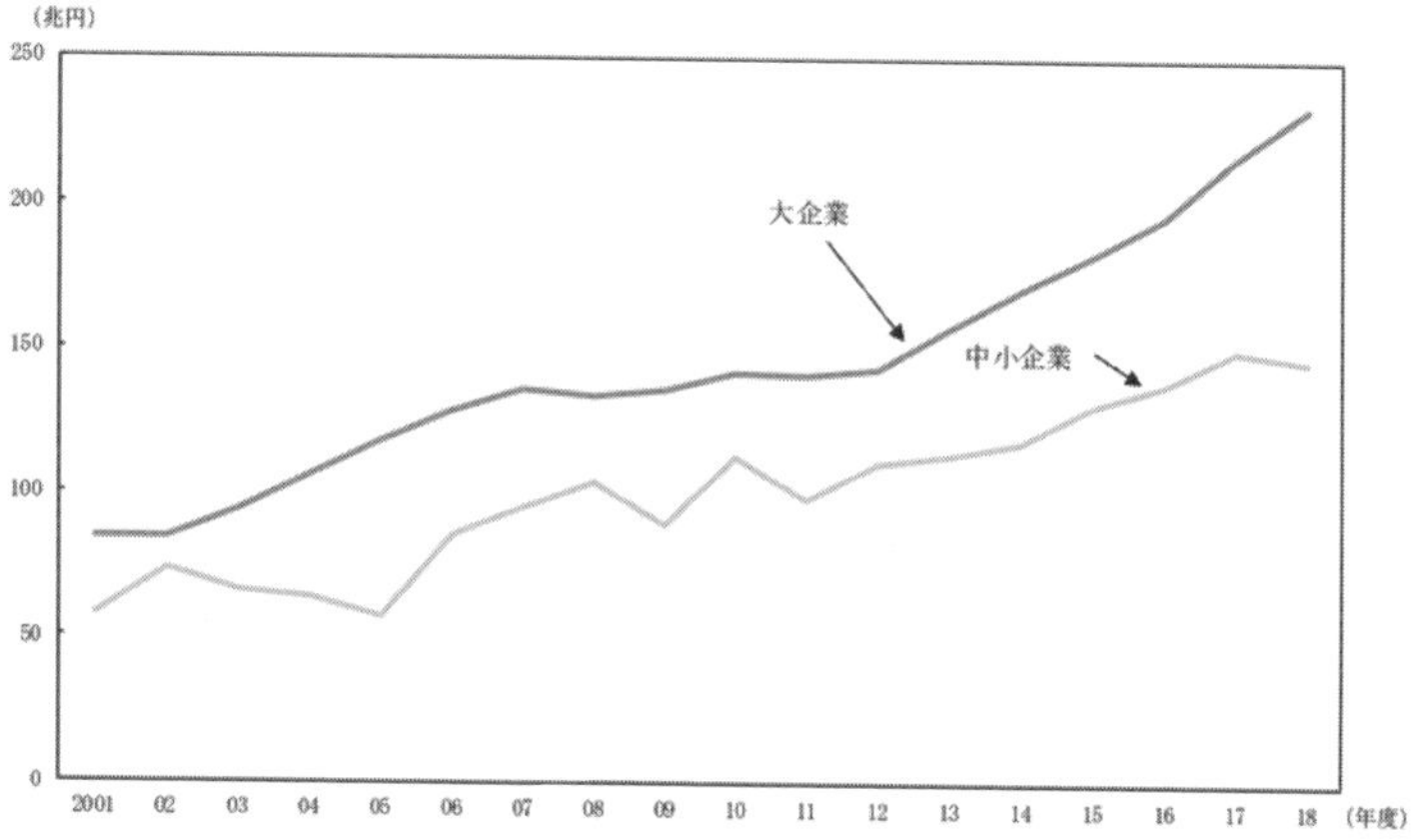

（備考）１．財務省「法人企業統計調査」より作成。
２．上記調査における利益剰余金を内部留保としている。
３．大企業とは、資本金10億円以上の企業、中小企業とは、資本金１千万円以上１億円未満の企業。

（出典）内閣府，https://www5.cao.go.jp/j-j/cr/cr19/img/chr19_02-01-07z.html

第3章

制度会計③（連結会計のしくみ）

30 連結の基本

グループ総合力を表す「連結」のプロセスは、大きくわけて3段階

●個別を足して、引いて、掛けて引く

決算書には集計対象範囲の違いにより「個別」と「連結」があります。「個別」は「単体」とも呼びますが、各社の決算書のことです。この「単体」をグループひとまとめにし、親会社を中心とする子会社を含めたグループ全体の経営実態を把握するためのしくみが**「連結」**です。

連結プロセスには、大きくわけて3段階あります。

①グループの決算書を「足し合わせる」

親会社と子会社の単体の決算書を単純合算します。

②グループ内部取引を「差し引く」

親会社の子会社への売上5,000は、子会社から見れば親会社からの仕入です。こうした連結グループ内部取引を消去、グループ外部との取引のみを決算書に組み入れます。連結では、グループ内部の取引は「同じ財布」の中でキャッシュが動き、売上・仕入を計上したに過ぎないと見るのです。紙幅の都合で連結PLのみを示しましたが、売上があれば売掛金、仕入があれば買掛金、というようにBSに計上される内部取引も当然消去されます（66ページ）。親会社100％出資子会社であれば、以上で基本の連結作業は終了です。

③子会社の利益に親会社以外の出資割合を「掛けて引く」

中小企業のグループ会社はほとんど100％出資子会社ですので、売上・仕入取引や地代・家賃取引などの連結グループ間取引を把握できれば、比較的簡単にグループ総合力を把握できます。

上場企業の場合、利益調整が必要です。親会社の出資割合80％、残り20％は外部から出資を受けている場合、子会社が計上した利益1,000のうち、80％部分は親会社に帰属、残り20％部分は少数株主が得るべき利益（＝非支配株主に帰属する当期純利益）として区別する必要があります。連結PLでは、親会社が獲得した利益9,000と、子会社が獲得した利益1,000のうち少数派の利益200を差し引いた800、合計9,800が「親会社株主に帰属する当期純利益」になります。

連結プロセスは，①足す，②引く，③掛けて引く

	❶ グループの決算書を足す			❷ グループの内部取引を引く	❸ 子会社の利益に親会社以外の出資割合を掛けて単純合算から引く	
	単体 PL			連結消去	連結 PL	
					子会社への出資割合	
	親会社	子会社	単純合算		100%の場合	80%の場合
外部への売上	12,000	6,000	18,000	0	18,000	18,000
子会社への売上	5,000	0	5,000	▲5,000	0	0
売上合計	17,000	6,000	23,000	▲5,000	18,000	18,000
外部からの仕入	8,000	0	8,000	0	8,000	8,000
親会社からの仕入	0	5,000	5,000	▲5,000	0	0
仕入合計	8,000	5,000	13,000	▲5,000	8,000	8,000
当期純利益（売上ー仕入）	9,000	1,000	10,000	0	10,000	10,000
非支配株主に帰属する当期純利益	（子会社の利益×非支配株主持分20%）				0	200
親会社株主に帰属する当期純利益	＝単純合算の利益 －（子会社の利益×非支配株主持分）				10,000	9,800

非支配株主持分20％＝100％－親会社持分80％

31 連結と単体（個別）の違い

債権債務の相殺消去、資本連結、持分法など、連結特有の処理が存在する

●債権債務の相殺消去

親会社が子会社に販売（子会社では親会社から仕入）している場合、単体（個別）の決算書では、各社次のような仕訳を行っています。

親会社→	（借方）売掛金	100	（貸方）売上高	100
子会社→	（借方）仕　入	100	（貸方）買掛金	100

これらの売上高と仕入は、64ページのように**連結内部の取引として消去**されます。

（借方）売上高	100	（貸方）仕　入	100

同様に、売掛金と買掛金も債権債務の相殺消去を行います。

（借方）買掛金	100	（貸方）売掛金	100

消去した売掛金には、一般的に貸倒引当金が計上されていますので、対応する貸倒引当金も消去します。

●資本連結

純資産100の子会社を100で親会社が100％買収時、親会社のBSには子会社への投資分として関係会社株式勘定100が資産計上される一方、子会社のBS資本金100がこれに対応します。つまり、親会社の資産と子会社の純資産という形で、重複して同じものが決算書の中に登場しますので、これを**資本連結として消去**する必要があります。

（借方）資本金	100	（貸方）関係会社株式	100

連結決算では、資本金は親会社分だけが残り、子会社の資本金は必ず消去されます。

他方、親会社が資本金100の子会社の議決権割合80％を100で買収した場合、20％分は親会社持分ではない＝非支配株主持分20とする必要があります。このとき、差額20はのれん＝プレミアムとして計上します（のれんは日本基準の場合、20年以内で償却。72ページ）。

（借方）資本金	100	（貸方）関係会社株式	100
（借方）のれん	20	（貸方）非支配株主持分	20

子会社を安く買った場合「負ののれん」が計上され、その額は発生時にPL特別利益で処理します。

●**親会社持分が100%でない場合の損益振替**

親会社以外の非支配株主＝少数株主が存在するため、子会社の損益100のうち、親会社の持分以外（20%）は振替が必要です。

（借方）非支配株主に帰属する当期純利益20（貸方）非支配株主持分20

●**在外子会社の連結**

一年前に買収して連結対象となった在外子会社（海外にある子会社）などは、買収＝取得時と期末時の為替レートが異なるので、**為替換算調整勘定**で調整します。

●**持分法を適用する場合**

議決権割合50%以上の子会社は原則、連結対象で、子会社の利益のうち非支配株主分以外を連結します。

一方、議決権20～50%を保有する場合（事例では40%）、**「一行連結」ともいう「持分法」**を適用し、関係会社の稼いだ利益（100）の持分相当分だけ株式の価値が増加したとして連結仕訳に反映します。

（借方）関係会社株式40（貸方）持分法による投資損益40

連結と単体の勘定科目の違い

連結	単体（個別）	備考
税金等調整前当期純利益	税引前当期純利益	どちらも，最終利益の当期純利益の手前の利益
非支配株主に帰属する当期純利益	—	非支配株主＝親会社以外の株主に帰属する当期純利益
親会社株主に帰属する当期純利益	—	従前の連結上の「当期純利益」
包括利益	—（当面，個別財務諸表で包括利益は表示せず）	当期純利益に，資産価値の増減分等を加味した利益
退職給付に係る負債	退職給付引当金	未認識分の項目だけ相違
その他包括利益累計額	評価・換算差額等	基本的な内容は同じ

32 連結の会社分類

他の企業の議決権を50％超所有している会社が「親会社」、持たれている会社が「子会社」

●**親・子・関連会社まとめて、関係会社**

関係会社とは、財務諸表提出会社の親会社、子会社及び関連会社並びに財務諸表提出会社が他の会社等の関連会社である場合における当該他の会社等（**その他の関係会社**）をいいます（財務諸表等規則、第8条第8項）。つまり関係会社は、親・子・関連会社を合わせた概念です。

親会社とは、他の会社等の財務及び営業又は事業の方針を決定する株主総会その他これに準ずる「意思決定機関」を支配している会社等をいい、**子会社**とは、当該他の会社等をいいます（70ページ）。議決権所有割合（＝所有する議決権の数÷行使しうる議決権の総数）が50％超で意思決定機関を支配すれば子会社となります。議決権50％以下でも支配の事実があれば子会社となります。

関連会社とは、会社等及びその会社等の子会社が、出資、人事、資金、技術、取引等の関係を通じて、子会社以外の他の会社等の財務及び営業又は事業の方針の決定に対して重要な影響を与えることができる場合における

当該子会社以外の他の会社等をいいます。具体的には、次の①～③に該当する場合を指します。

①当社が他社の議決権の20％以上を所有している場合
②当社が他社の議決権の15％以上20％未満を所有している場合であって、一定の要件（※1）に該当する場合
③当社及び特定の者（※2）が他社の議決権の20％以上を所有している場合であって、一定の要件（※1）に該当する場合

（※1）一定の要件
・当社の役員等がその会社の取締役等に就任していること
・当社がその会社に重要な融資を行っていること
・当社がその会社に重要な技術提供をしていること
・その会社との間に重要な販売、仕入等の取引があること

（※2）特定の者
・当社と人事、資金、技術、取引等において緊密な関係があることにより、当社の意思と同一の内容の議決権を行使すると認められる者及び同意している者

連結を理解するための会社分類の概念

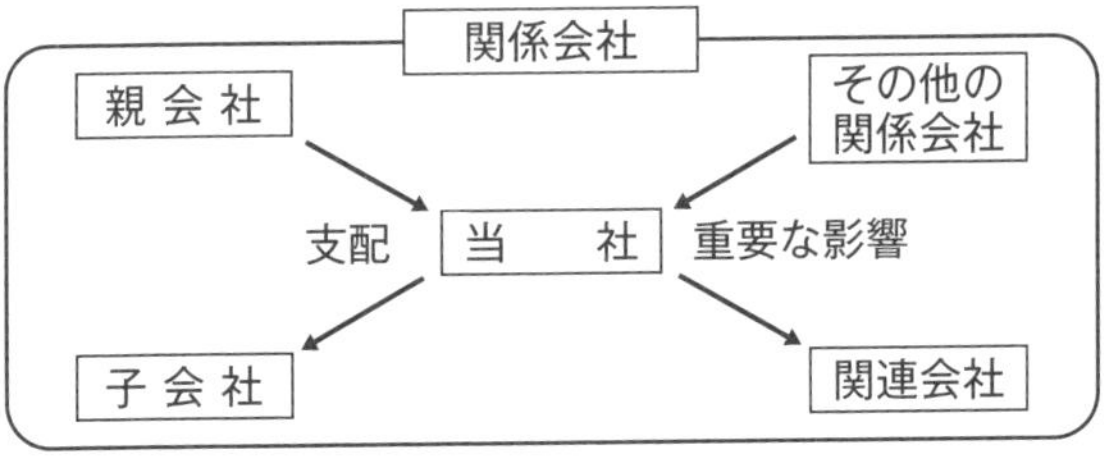

子会社の判定フロー

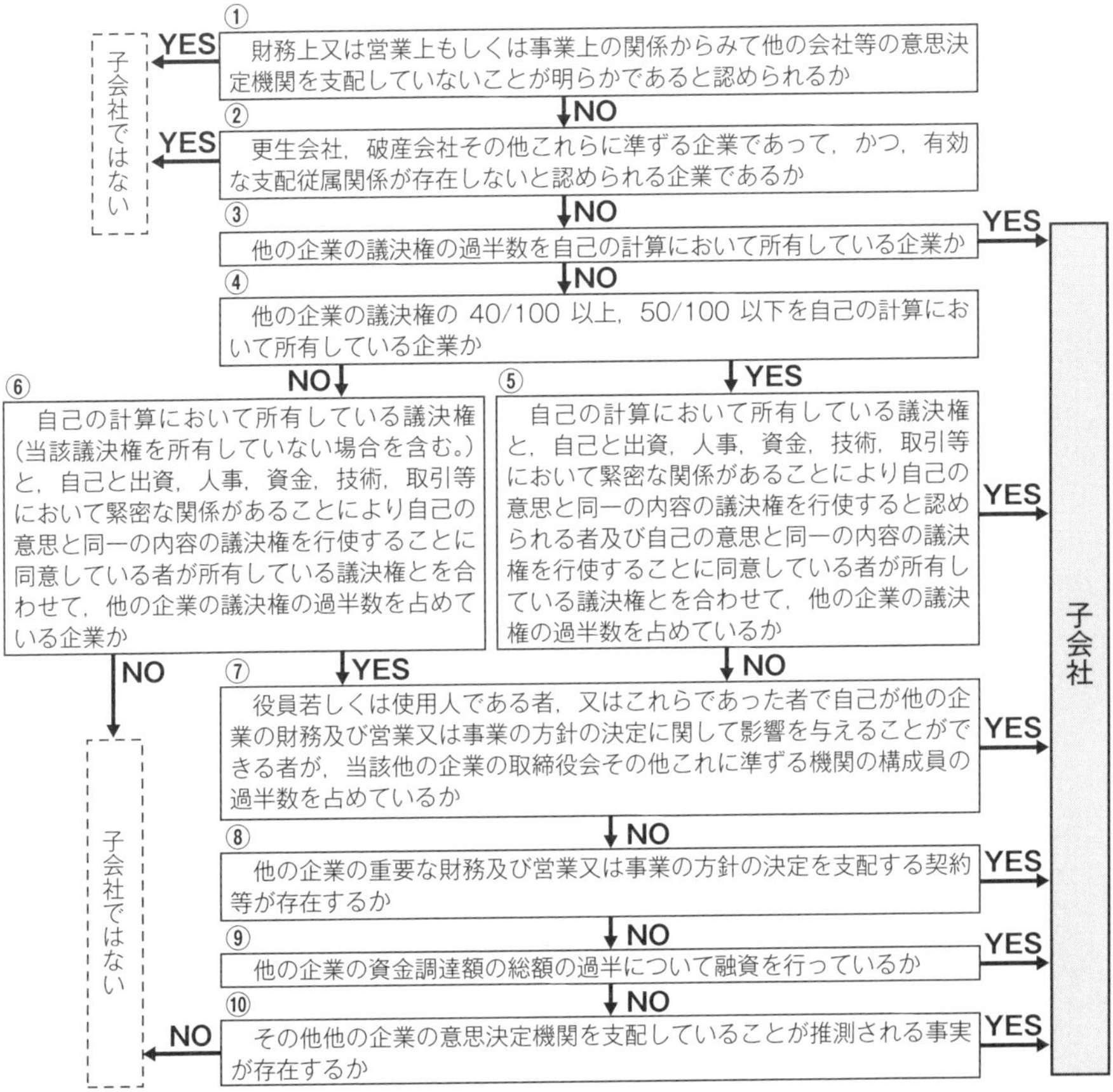

33 連結の範囲

すべての子会社を連結の範囲に含めるのが原則。関連当事者の理解も必要

●**子会社の判定**

原則、すべての子会社（定義は68ページ）を連結の範囲に含めます。子会社とみなし連結する場合もあります。

●**連結の範囲に含めない子会社**

①「支配が一時的」であると認められる企業

②①以外の企業であって、連結することにより利害関係者の「判断」を著しく誤らせるおそれのある企業

●**重要性の乏しい子会社の取扱い**

子会社であっても「重要性の乏しい子会社」は連結の範囲に含めないことができます。

重要性の乏しい子会社とは、連結の範囲から除いても企業集団の財政状態、経営成績及びキャッシュ・フローの状況に関する合理的な判断を妨げない程度に重要性の乏しい子会社をいいます。その重要性の判断は、企業集団における個々の特性並びに、少なくとも資産・売上高・利益及び利益剰余金の4項目に与える影響をもって判断するべきと考えられています。

なお、重要性の乏しい子会社を連結の範囲から除く場合、次のような点に留意する必要があります。

①重要性の乏しい子会社を連結の範囲から積極的に除くことを意図したものではないこと

②重要性の乏しい子会社を連結の範囲から除くにあたり、連結の範囲から除こうとする子会社が2以上あるときは、これらの子会社が全体として重要性が乏しいものでなければならないこと

③連結の範囲から除かれる子会社が翌連結会計年度以降相当期間にわたり重要性の乏しい子会社として認められるかどうかも考慮し、連結の範囲が継続されること

●**関連当事者との取引**

関連当事者とは、親会社、子会社、関連会社など特定の会社又はその役員・近親者・主要株主など、当該会社と関連当事者との取引のうち、重要な取引を注記により開示対象とすることが『関連当事者の開示に関する会計基準』で規定されています。

子会社の判定と連結の範囲

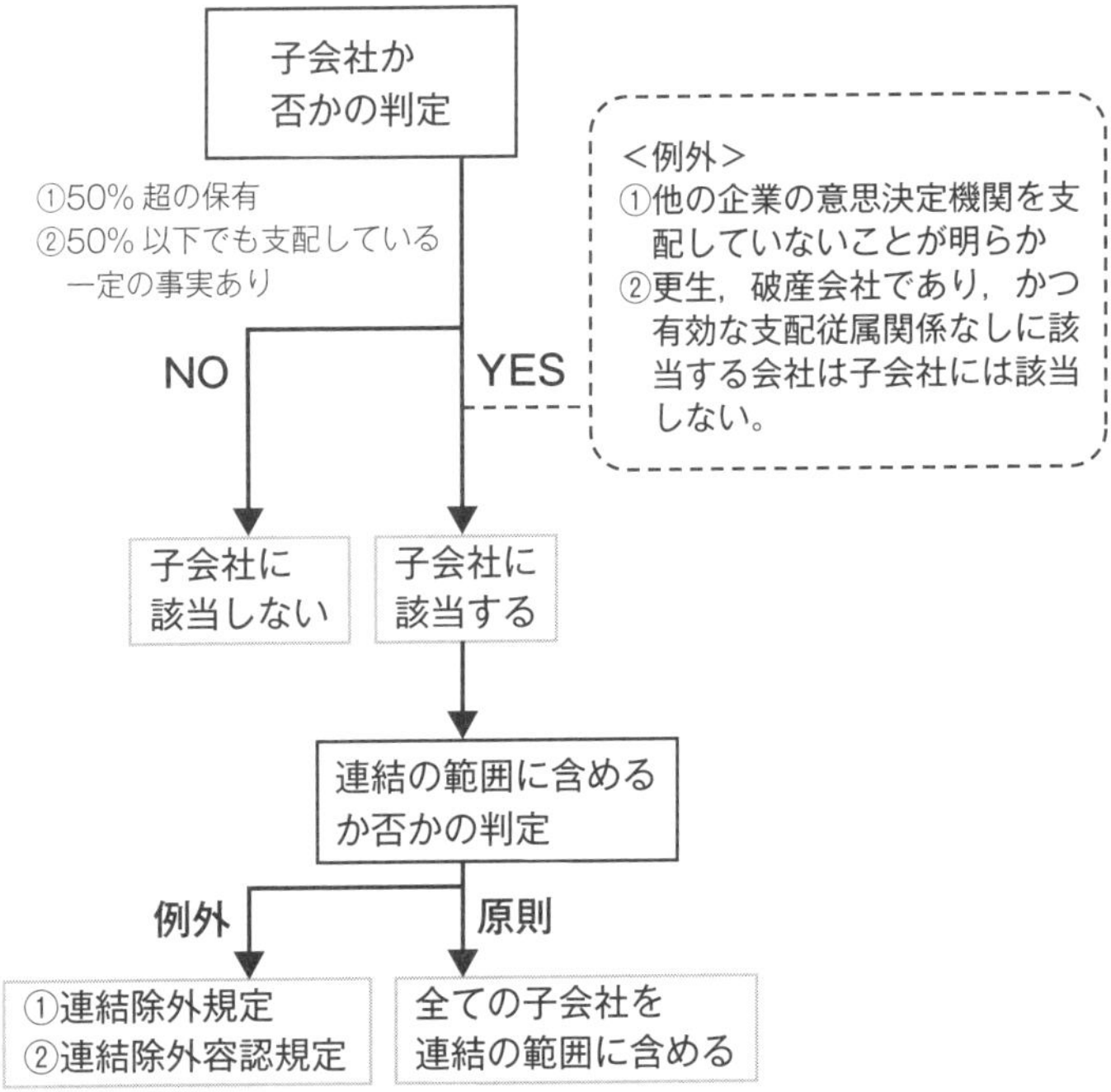

子会社とみなす場合

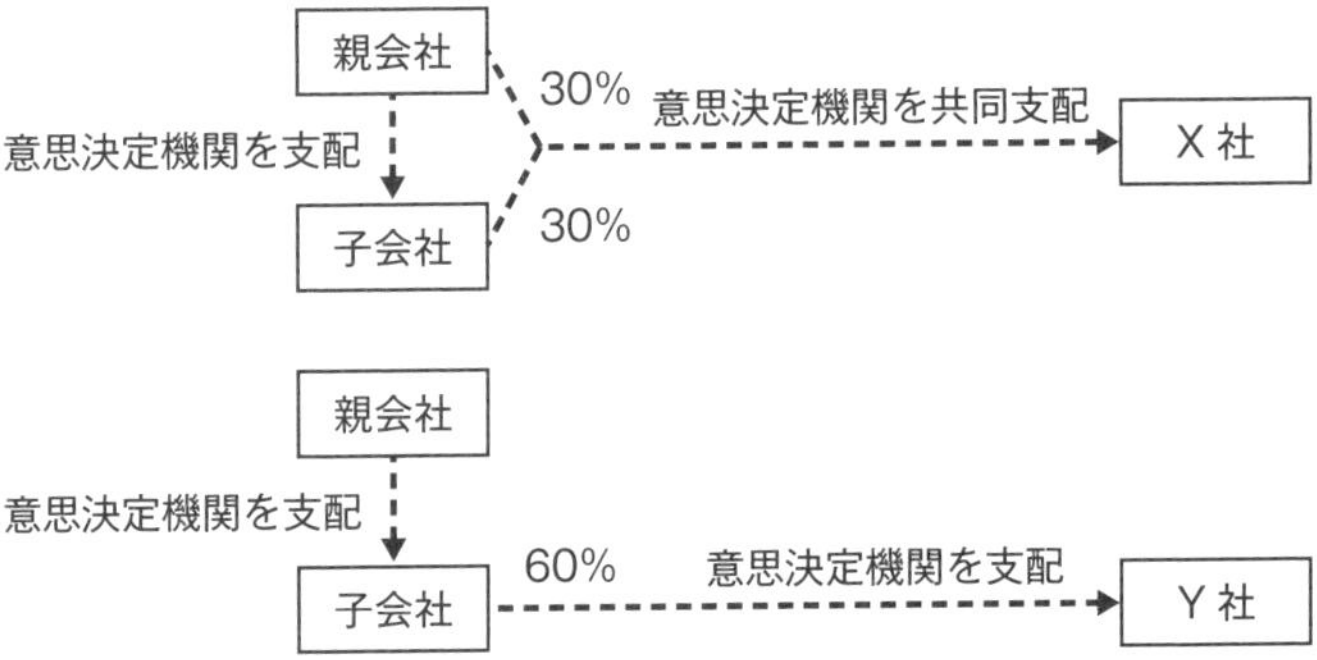

上記のX社およびY社は形式上，親会社が単独で支配しているわけではありませんが，子会社とみなされます。

34 のれん

M&Aで買収した企業が計画通り収益を上げなければ、のれんの減損処理を迫られる

●のれんの償却と減損

のれんとは、買収した企業のブランド力や将来にわたる収益力のこと。図表のように買収した企業の時価純資産額①42,950、支払った買収対価70,000の場合、差引27,050を「のれん」として計上します。

買収した企業が計画通りの収益を上げられず、計画を下回る収益力しかないと判断されれば、BS計上したのれんの資産性に問題が生じ、PLに減損損失を計上する必要性が生じます。

のれんの取扱いは、適用する会計ルールで異なります。国際財務報告基準IFRSや米国基準では、買収に伴うのれんをBSに計上し続けることが可能です。対して日本の会計ルールは、最長20年で規則的に償却することを要請し、のれん計上額が次第に小さくなっていくように経理処理します（日本基準見直しの動向に留意）。

いずれの基準も、いわゆる減損テスト（基本的な減損のしくみは38ページ）という、事業から得られるキャッシュ・フローなどから現在価値を算定・評価することは必要で、価値の見直しにより減損損失を計上します。

IFRSや米国基準を採用する会社ではのれんの定期償却を行わないため、減損損失を計上することになれば、日本基準に比べ、業績を下振れさせるリスクが大きくなりやすいという相違があります。

●企業結合会計基準とのれん

A社が、B社株式の100％を70,000で取得する事例を考えます。なお、株式譲渡契約で支配の移転時期に関する特段の定めがない場合、A社がB社株式の100％を取得した時点で支配を獲得したと考えます。

また、株式譲渡契約の成立条件として、B社を退任する役員にB社から1,000を支払うことが株式譲渡契約に定められているとします。

こうした前提条件を考慮した上で、重要な資産等について帳簿価額（簿価）ではなく、時価で評価する必要があります。

①重要な土地や建物などの有形固定資産の時価→不動産鑑定評価額等

（ポイント） 不動産鑑定評価基準の考え方に基づく算定か。算定に当たっての前提条件や、時価を算定した方法や考え方を検討する必要があります。

②ソフトウェア、商標権、特許権及び顧客リストなどの無形資産→DCF法などのインカム・アプローチ（76ページ）による算定額等

（ポイント） 超過収益法やロイヤルティ免除法などの具体的な手法が適切か、検討する必要があります。

このように算出されるのれんが、不正会計につながることもあります。会計上の見積り（42ページ）と深く関わりののれんの計算根拠に問題がないかなど、検討する必要もあります。実務では一般的に、のれんの計上とはかかわりのない第三者の目を通すデューデリジェンス（74ページ）も行われます。

のれんの算出

	簿価	時価		簿価	時価
現金預金	1,500	1,500	負債	5,800	7,050
売掛金	12,000	11,000	買掛金	1,000	1,000
棚卸資産	11,800	8,800	短期借入金	1,500	1,500
その他流動資産	5,000	4,500	役員未払金	–	1,000
建物	2,800	2,400	その他流動負債	600	600
土地	12,500	8,000	長期借入金	2,500	2,750
ソフトウェア	1,000	800	その他固定負債	200	200
商標権	400	1,200	純資産	41,200	①42,950
顧客関係	–	7,500			
営業権	–	4,300			
資産合計	47,000	50,000	負債・純資産合計	47,000	50,000

のれん 27,050 ＝ 取得原価 70,000 − 時価純資産①42,950

35 M&Aとデューデリジェンス

投資対象の実態把握に必要な適正評価手続きの種類とプロセス

●**デューデリジェンスの意義と留意点**

M&A（合併・買収）や組織再編などの現場では、デューデリジェンス（Due Diligence、DD。適正評価手続き）という、投資対象の実態を詳細に把握するために必要となる、多角的な調査が行われます。

●**DD実施上の留意点**

①M&A予定日から逆算し、どのタイミングで、どのDDを、誰（外部専門家）に依頼するか等を決める。

②上場企業が関わる事案では株価にも影響があるため、守秘義務契約の締結とインサイダー取引にも留意が必要となる。

③客観的な現状把握と将来のビジネス展望ができる外部専門家へ依頼する。

種類	内容
ビジネスDD	ビジネスDDは，対象となる将来性を見極めるために，ビジネスモデルや内部・外部の事業環境を，SWOT分析（132ページ）などを通じ把握します。一般に，経営企画部，経営コンサルタント，公認会計士などが担当します。
財務DD	財務DDは，決算書や事業計画などの財務情報をもとに財務分析を行い，事業価値の算定に影響する財務リスクや課題を検討・把握します。収益性の実績と将来見込み，不良資産や簿外債務等の有無，債務保証や不採算事業の存在などを発見することで，財務リスクを軽減できます。主に，経理部，財務部，公認会計士が担当します。
税務DD	税務DDは，課税所得水準や繰越欠損金の残高などを把握し，適正に申告納税されているかなど税務リスクの有無を把握します。主に，経理部，公認会計士，税理士が担当します。
法務DD	法務DDは，商標権などによりブランドが法的に守られているか，簿外の訴訟案件の有無など，法的リスクの有無を把握します。主に，法務部，弁護士が行います。
その他のDD	不動産の投資リスク等を把握する「不動産DD」，人事制度や労使問題などを把握する「人事DD」，情報システムの統合リスク等を把握する「ITデューデリジェンス」，土壌汚染の影響等を把握する「環境DD」などがあります。

デューデリジェンス（DD）の流れ

DDの流れ	具体的な内容
①調査対象把握	次のような事項を総合的に勘案し，DDの調査対象を把握します。 • 調査対象となる会社・事業 • 調査目的 • 調査方法 • 調査可能日数 • 予算 • 財務情報の基準日 • 調査方針 • 財務リスク • 報告予定日
②チーム編成	公認会計士等の専門家，DD依頼者側の担当者などからなるプロジェクトチームを編成し，DDは行われます。通常，メンバー決定後，キックオフミーティングを開催し，次のようなことが行われます。 • チームメンバーの決定・紹介（役割分担の明確化） • メンバー間での情報共有（DDの概要・目的・業務分担・調査日程・報告日程など）
③調査作業	DDは極秘事項であるため，DD作業を慎重に行う必要があります。次のような点に留意し，DDに必要となる資料を入手し，検討します。なお，決算データなど定型的な資料・データは事前に依頼します。 • データルーム開設（入手資料の取扱いに留意） • 資料依頼（DDに必要な決算データなど，入手すべき資料の一覧表を作成→依頼資料の重複把握・整理→調査対象会社の担当者へ依頼→入手資料の連番管理→入手資料の閲覧・分析等の実施，入手資料の要求水準も合わせて検証→追加資料の請求・質問の実施→追加資料・回答の入手→以上を繰り返し，結論を導く） • インタビュー（経営者をはじめとする経営管理者に質問し，経営課題や財務リスク等の有無を把握する） • FA起用の有無（ファイナンシャル・アドバイザーを起用することもある） • チーム内ディスカッション（調査作業の進捗状況や判明した課題などを共有→DDの目的に照らし過不足なく，滞りなく，調査作業が進められているか協議，DD責任者は実態を把握→必要に応じ，日程調整などを行うことも検討）
④報告会	DDの結果を，DD依頼者に報告します。 • 調査作業の過程で判明した課題などについて，中間報告するのが一般的→中間報告での検討事項を調査作業に反映→最終報告 • 最終報告では，財務情報の分析結果，検出事項，財務リスク等とその対応策，企業や事業価値の算定への影響，最終的な交渉への視点・提言などを取りまとめ，依頼者の経営陣等に対して報告します。必要に応じて，その後の対応を行うため，DDチームメンバーが顧問やCFO等の立場で関与を継続することもあります。

36 企業価値の評価手法

投資判断の基準となる代表的な企業評価アプローチ法

●インカム、マーケット、ネットアセット

企業価値を評価する代表的な手法に、①利益やキャッシュ・フローに注目する「インカム」、②類似する会社などと比較する「マーケット」、③BSの純資産に着目する「ネットアセット」、3つのアプローチがあります。

いずれを用いるかは評価の目的等で異なります。㋐いずれかを用いる「単独法」、㋑複数の評価結果を加重平均する「折衷法」、㋒複数の評価結果の重複等を考慮する「併用法」などがあります。たとえば、①インカム＝100～130、②マーケット＝120～140、③ネットアセット・アプローチはこの企業評価に馴染まないとした場合、120～130が重複しているので、これを評価額とするのが併用法です。

①インカム・アプローチの代表例「DCF法」（96ページ）の適用にあたっては、将来キャッシュ・フロー等を予測する際の仮定に矛盾がないか、説明は妥当か、こうした点を把握する必要があります。

②マーケット・アプローチには、上場企業の株価を基準にするもの（市場株価法、類似上場会社法）、取引事例をベースにするもの（類似取引法、取引事例法）があります。いずれも、評価対象となる企業やその類似の株価又は取引事例を参考に評価します。

③純資産を意味するネットアセット・アプローチには、簿価と時価を基準にするものがあります。**簿価純資産法**は、会計上の帳簿価額を基礎とするので客観性があります。ただし、非上場企業等では簿価が時価と乖離している場合も多くそのまま使うことは適切ではないため、BSの資産・負債を時価で評価し直し純資産を算出する**時価純資産法**が採用されます。すべての資産・負債を対象に時価評価するのは、時間的・費用的な制約もあるので、実務では土地や有価証券等の主要な資産に限って時価評価する**修正簿価純資産法**を採用することもあります。

ネットアセット・アプローチでは、時価は適正か、評価範囲は妥当か、こうした点を検証する必要があります。

3つの評価アプローチ

<table>
<tr><th colspan="2">アプローチ名</th><th>①インカム・アプローチ</th><th>②マーケット・アプローチ</th><th>③ネットアセット・アプローチ</th></tr>
<tr><td colspan="2">内　容</td><td>評価対象会社から期待される利益やキャッシュ・フローに基づいて価値を評価する方法</td><td>類似する会社，事業，ないし取引事例と比較することにより相対的な価値を評価する方法</td><td>主として評価対象会社の貸借対照表記載の純資産に着目して価値を評価する方法</td></tr>
<tr><td colspan="2">評価法</td><td>フリー・キャッシュ・フロー法（DCF法，96ページ）
調整現在価値法
残余利益法
その他
配当還元法
利益還元法
（収益還元法）</td><td>市場株価法
類似上場会社法
（倍率法，乗数法）
類似取引法
取引事例法
（取引事例価額法）</td><td>簿価純資産法
時価純資産法
（修正簿価純資産法）
その他</td></tr>
<tr><td rowspan="4">特徴</td><td>客観性</td><td>△</td><td>◎</td><td>◎</td></tr>
<tr><td>市場での取引環境の反映</td><td>○</td><td>◎</td><td>△</td></tr>
<tr><td>将来の収益獲得能力の反映</td><td>◎</td><td>○</td><td>△</td></tr>
<tr><td>固有の性質の反映</td><td>◎</td><td>△</td><td>○</td></tr>
</table>

3つの評価アプローチ
◎：優れている　○：やや優れている　△：問題となるケースもある

（出所）日本公認会計士協会，経営研究調査会研究報告第32号『企業価値評価ガイドライン』を加筆修正。

子会社等管理とＣＡＡＴ

column
コラム

ＱＢハウス創業者，小西國義氏はこう主張します。**「大銀行でも不正を働く人はいる。全国にある店を任せる以上，チェックの仕組みが必要。」**

粉飾や横領という不正会計が起こりもする子会社等を適切に管理するには，目星をつけて数字を見る**異常点監査**の技法も欠かせません（142ページ）。

異常点監査の基本は**複眼**による財務分析です。全体を俯瞰《ふかん》して概略を把握する「鳥の目」，異常点があれば詳細を把握する「虫の目」，その異常点をつかむには状況変化を見逃さない「魚の目」，これら「３つの複眼」が欠かせません（2ページ）。

不正会計の異常点は必ず数字に表れます。某社で発覚した架空取引では，調査報告書に数字が羅列されていましたが，これをグラフ化してみればその異常性を容易に明確化できます。図は，基準時点（2010年）のデータから増減傾向を視覚化するため，変化率の推移を示す「ファンチャート」をエクセルで作図しました。売上高，売掛金，経常利益が右肩上がりで推移，対して現預金だけが減少傾向，「ワニの口」のように大きく開くという異常点が現れました。

「売上高が増えれば，現預金も増えるはずだ」

こうした仮説に立ち，データ分析する姿勢が異常点監査の基本です。

不正会計と対峙するには，数字をグラフ化する工夫も必要です（第７章）。

乖離を観る，ファンチャート

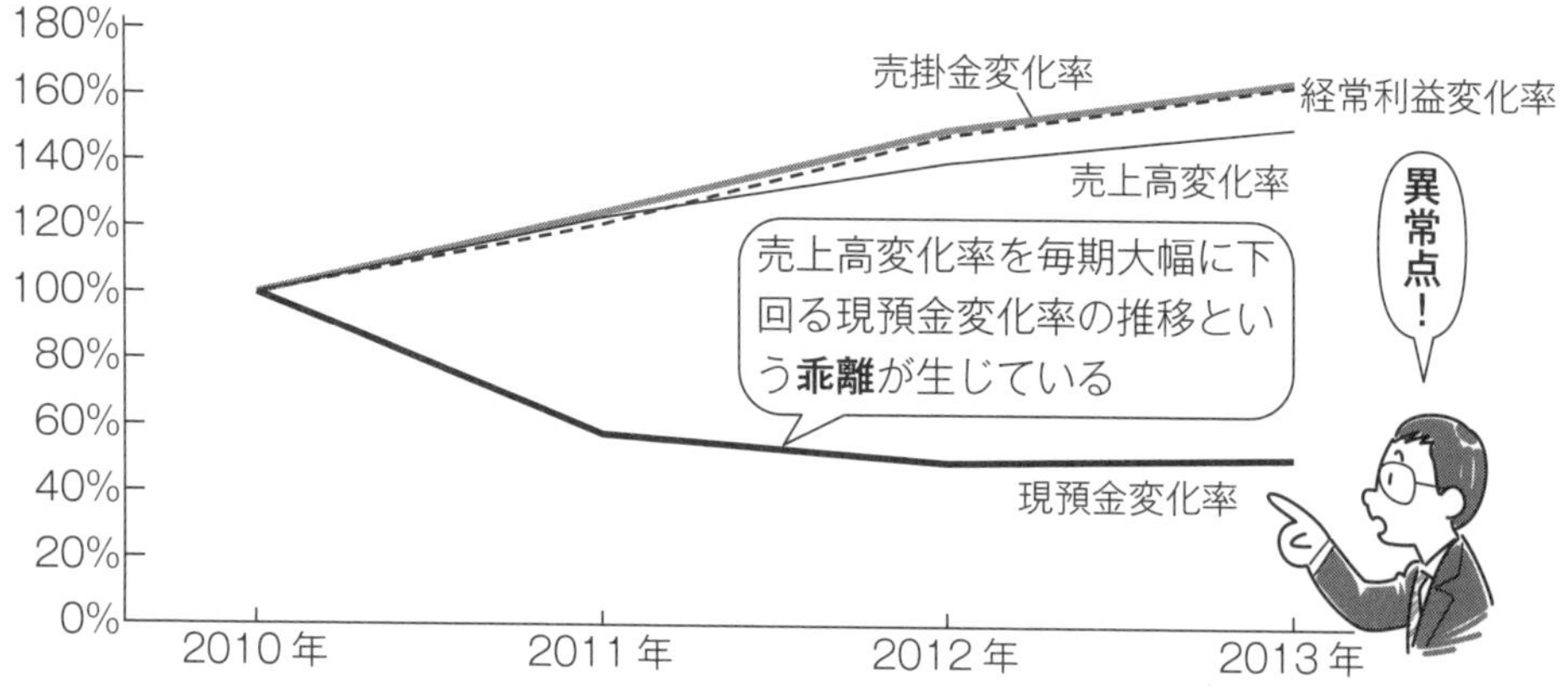

第4章

財務分析（経営実態の把握方法）

37 生産性

付加価値という生産性の基本を高めるには、財務・非財務の「数字」への理解も必要

●付加価値経営の巧拙を決める要因

生産性分析の基本に付加価値があります。付加価値とは、会社が生み出した新たな価値です。

付加価値＝売上高－外部購入価値

アウトプットされた「売上高」からインプットした「仕入高」を引いたものに相当します。

売上原価が7万円、顧客に10万円で売り上げる事例から、業種による付加価値の違いを理解しましょう。

「仕入れて、売る」という商業の場合、商品を7万円で仕入れ、顧客に10万円で売るので、付加価値3（＝売上高10－仕入原価7）万円。

「購入し、加工して、売る」という工業の場合、原材料を3万円で購入し、加工作業を施すために、工員の賃金や機械のリース料などの労務費や経費が4万円かかる場合、売上原価7（＝3＋4）万円。このうち外部から購入したのは原材料3万円のみです。労務費や経費は、人件費や賃借料などとして「分配」されるので、工業の付加価値は、売上高10－材料費3（外注費があれば加える）＝付加価値7万円。

こうした文脈で考えると、販売単価を高め、仕入価格を引き下げ、利益率を上げ、「売上を最大に」「経費を最小に」すれば、理論的には付加価値を上げられます。ただ、現実は甘くなく、取引の前提にある顧客を無視していては、付加価値経営はままなりません。

高付加価値化するには、顧客の意図をくみ上げるしくみも必要です。しかし、「数字」をちょっとかじった人ほど「販売単価を上げる必要がある」「コスト削減！」「利益率を上げろ」と財務の指標ばかり気にしすぎて、上手くいかないことがよくあります。

財務指標を見ることはもちろん必要ですが、非財務指標への配慮も、顧客の意図をくみ上げるには大切です。財務指標と非財務指標をバランスよく見るバランスト・スコアカード（134ページ）というツールも経営管理では有効なツールです。

付加価値の計算法（加算法）

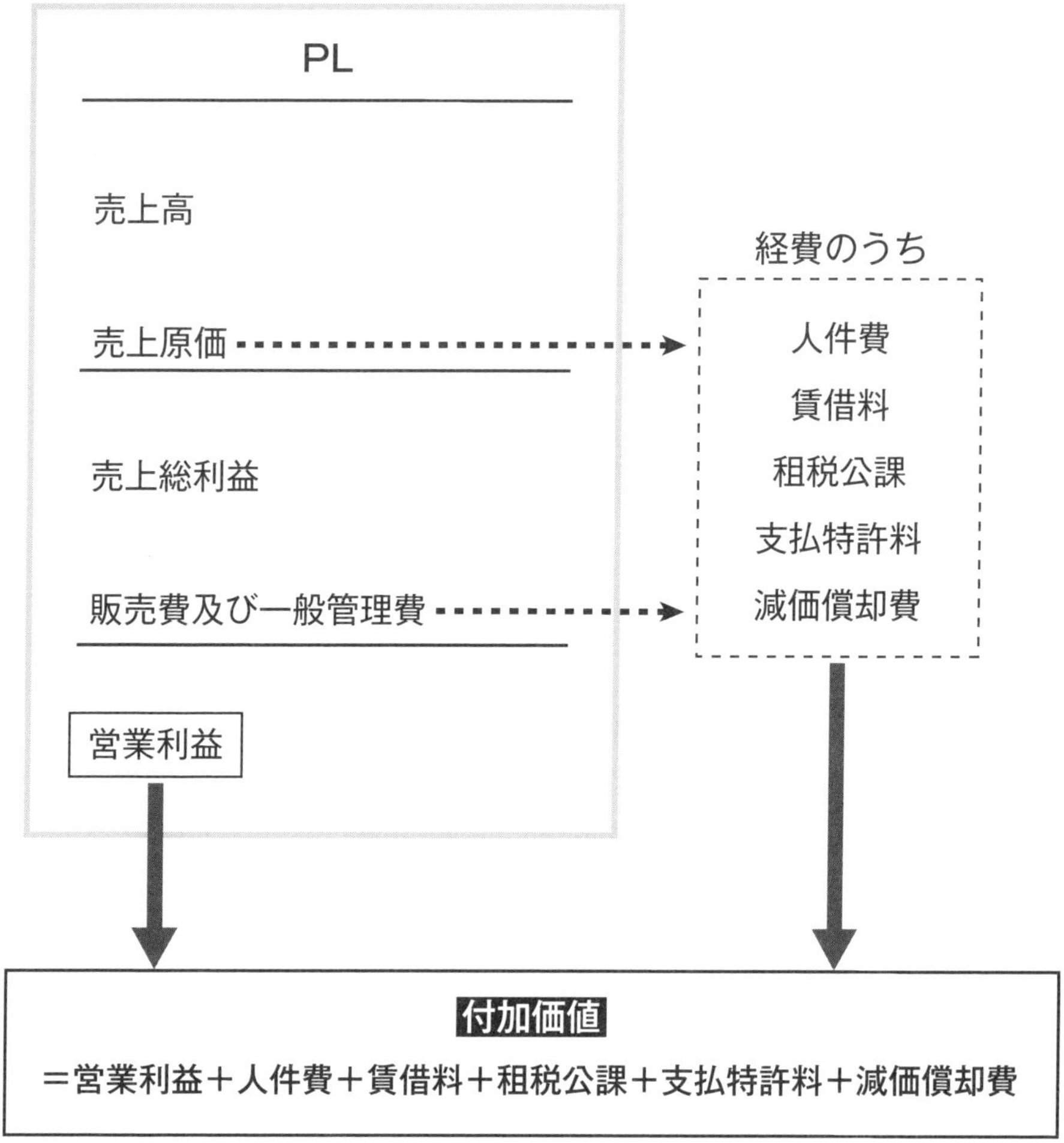

このほか，中小企業庁方式という**控除法による付加価値（＝生産高－（直接材料費＋買入部品費＋外注加工費＋間接材料費））**等の付加価値の計算方法があります。いずれも企業が新たに生み出し付け加えた価値を**付加価値**としています。

38 収益性

利益を生み出す構造を知ることは経営管理の基本

●段階利益と収益性分析

ＰＬ（Profit and Loss statement、損益計算書《そんえきけいさんしょ》）は、段階的に利益＝**段階利益**を計算し、経営成績を表現する決算書です（10ページ）。段階利益を売上高で割って算出する、**売上総利益率**（＝売上総利益÷売上高）、**営業利益率**（＝営業利益÷売上高）、**経常利益率**（＝経常利益÷売上高）、**当期純利益率**（＝当期純利益÷売上高）等の利益率は、高ければ収益性が良いとみます。収益性分析では、ＲＯＥとＲＯＡの理解も必要です（90ページ）。

●ＥＢＩＴＤＡ

ＥＢＩＴＤＡ《いーびっだー》（Earnings Before Interest, Taxes, Depreciation and Amortization）は、ファイナンスの定番指標です。**金利と税金と償却費を差し引く前の利益**のことで、各国の税率や金利の違いを排除し、キャッシュ流出をともなわない償却費を加味した、広義の営業キャッシュ・フローとしてＥＢＩＴＤＡは有用とされます。本業の状況を知ることができると考えられているＥＢＩＴＤＡは、経済環境の異なる企業間の経営成績を国際的に比較する場合に用いられます。

ＥＢＩＴＤＡの特徴の1つが、設備投資を前向きに捉える点です。設備投資をすれば、償却費が発生し、短期的な利益圧迫要因となりますが、設備投資は成長ドライバーです。「設備投資をする会社は、潜在的な収益力がある」と考え、ＥＢＩＴＤＡの算式に償却費を戻し入れるのです。なお、ＥＢＩＴＤＡは上述のように単独で用いることもあれば、次のように応用もできます。

売上高利益率のように収益性を見るのであれば、**ＥＢＩＴＤＡマージン**（＝ＥＢＩＴＤＡ÷売上高）を算出してみましょう。ＲＯＡ総資本利益率のように使うのであれば、**総資本ＥＢＩＴＤＡ率**（＝ＥＢＩＴＤＡ÷総資本）が便利です。安全性を見たければ、**Ｄ／ＥＢＩＴＤＡレシオ**（＝有利子負債÷ＥＢＩＴＤＡ）という指標があります。

なお、ＤはDebtの略称、負債の意味です。

EBITDA を用いた分析

PL

売上高	10,000
売上原価	2,000
売上総利益	8,000
販売費及び一般管理費	
①償却費	1,000
償却費以外の経費	4,000
営業利益	3,000
営業外損益項目	
②支払利息	1,000
経常利益	2,000
特別損益項目	0
③税引前当期純利益	2,000
法人税等（実効税率 30%）	600
当期純利益	1,400

EBITDA＝①＋②＋③	4,000

BS

資産（総資産＝総資本） 8,000	負債　3,000 （うち，有利子負債　1,800）
	純資産　5,000

$$\text{EBITDA マージン}\quad 40\% = \frac{\text{EBITDA}\ 4{,}000}{\text{売上高}\ 10{,}000}$$

$$\text{総資本 EBITDA 率}\quad 50\% = \frac{\text{EBITDA}\ 4{,}000}{\text{総資本}\ 8{,}000}$$

$$\text{D／EBITDA 率}\quad 45\% = \frac{\text{有利子負債}\ 1{,}800}{\text{EBITDA}\ 4{,}000}$$

（※）類似指標の EBIT（Earnings Before Interest and Taxes，支払利息控除前税引前利益）は，減価償却 Depreciation and Amortization を戻し入れません。

39 安全性

安定経営に必要な資金的余裕度、支払能力を示す財務健全性を指し、流動性ともいう

●安全性分析

BSで短期支払能力を把握する安全性の基本指標が**流動比率**（＝流動資産÷流動負債）、200％以上が目安。引き算で表す、**正味運転資本**（＝流動資産－流動負債）。流動比率が高く＝正味運転資本が多い、一見して安全性に問題なさそうでも、算式中の流動資産には不良債権や滞留在庫なども含まれ、資産回転率（118ページ）などの分析も必要です。

次のような安全性指標もあります。

自己資本比率（＝純資産÷総資本）

総資本（＝総資産）に対する自己資本の割合を示す指標。高いほど、他人資本（＝負債）に頼らず経営ができていることを示します。

D／Eレシオ（＝有利子負債÷純資産（又は株主資本））

有利子負債（借入金や社債、リース債務など。88ページ）が資本でどれだけカバーできているかを示す指標で、上述の自己資本比率と表裏の関係にあり、**負債比率・ギアリング比率・借入金依存度**ともいわれます。借金という他人資本は返済が必要です。財務リスクを抱える点だけを見れば、D／Eレシオは低い方が良いといえます。ただ、安全性と成長性は二律背反。安全性を重視し過ぎ、D／Eレシオを低めすぎれば、成長性の阻害要因にもなります。

固定比率（＝固定資産÷自己資本）

返済不要な自己資本の範囲内で、固定資産への投資が行われているか判断する指標。100％以内が目安。将来のキャッシュ・フローを見込んで投資する場合、100％を超えることもあるので、3年程度の推移を見る必要も。

固定長期適合率、長期固定適合率（＝固定資産÷（固定負債＋自己資本））

長期資金（＝固定負債＋自己資本）の範囲内で固定資産への投資が行われていることを判断する指標。100％以内が絶対条件。分母の固定負債は、長期借入金や社債などの長期資金に限る方が現実的といえます。

安全性分析

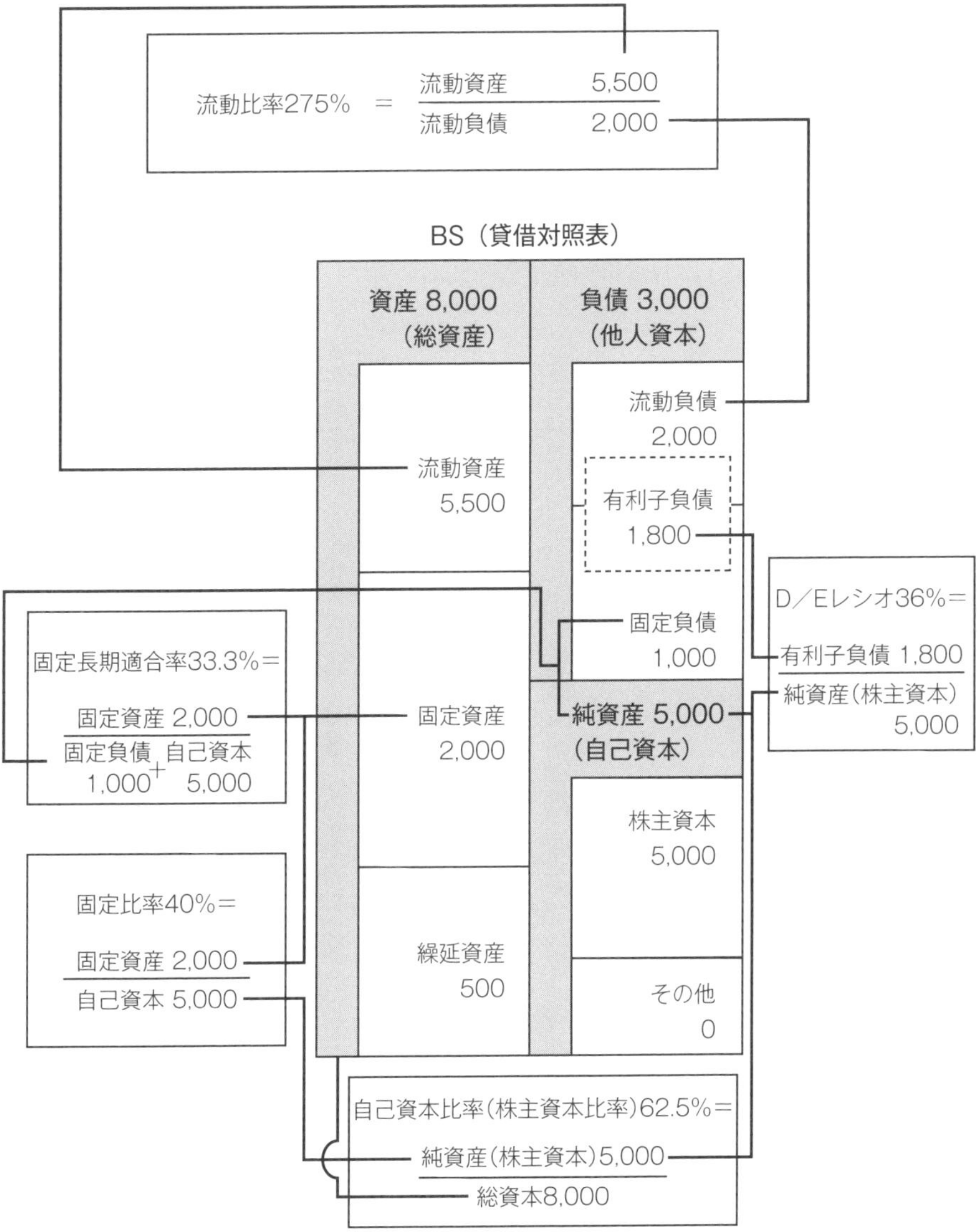
流動比率275% ＝ 流動資産 5,500 / 流動負債 2,000
BS（貸借対照表）
資産 8,000
（総資産）
負債 3,000
（他人資本）
流動負債
2,000
流動資産
5,500
有利子負債
1,800
固定負債
1,000
固定資産
2,000
純資産 5,000
（自己資本）
株主資本
5,000
繰延資産
500
その他
0
D／Eレシオ36%＝
有利子負債 1,800
純資産（株主資本）
5,000
固定長期適合率33.3%＝
固定資産 2,000
固定負債 1,000 ＋ 自己資本 5,000
固定比率40%＝
固定資産 2,000
自己資本 5,000
自己資本比率（株主資本比率）62.5%＝
純資産（株主資本）5,000
総資本8,000

40 運転資金

資金管理のポイントは「社長は出る資金にだけ注意しておけば、会社が潰れることはない」

●運転資金の把握が経営の基本

たとえば、商品を仕入れて支払うまでに30日、この商品を20日で現金売りすれば、支払よりも先に回収があるので、差引10日分の余剰資金が生まれます。これを**回転差資金**といいます。

反対に、支払が先で回収が後、というケースが一般的です。商品を仕入れて支払うまでに30日、商品を売って資金回収するまでに掛取引などを通じ80日ほどかかることもザラです。そうすると、差引50日分の資金が必要になります。この「マイナスの回転差資金」が**運転資金**です。不動産開発のように、長期・大規模な事業であるほど顕著に現れます。支払はドンドン発生、売り上げて資金回収するには時間がかかる、こうした状況で資金の流れを見誤れば、どんなに黒字でも倒産してしまいます。

だから、経営では、**マイナスの回転差資金＝運転資金**を把握しなければいけません。図表で示されるように、次の点に留意が必要です。

①在庫（棚卸資産）を圧縮する
②売上債権（売掛金等の債権）を圧縮する
③仕入債務（買掛金等の債務）の期日管理を行い、できれば支払延長を依頼する

こうした①から③の方策で「運転資金」を圧縮することが健全経営には欠かせません。

●キャッシュ・コンバージョン・サイクル（CCC）

運転資金の構成要素である、棚卸資産・売上債権・仕入債務からそれぞれの回転期間（118ページ）を求め、キャッシュを回収するスピードを把握する指標が**CCC**です。コンバージョン＝変換、つまり、キャッシュに変換＝現金を回収するまでにかかる日数を表す指標が**キャッシュ・コンバージョン・サイクル**です。CCCが小さく、短期であるほど、キャッシュ創出力が高く、競争力があると判断します。

回転差資金と運転資金

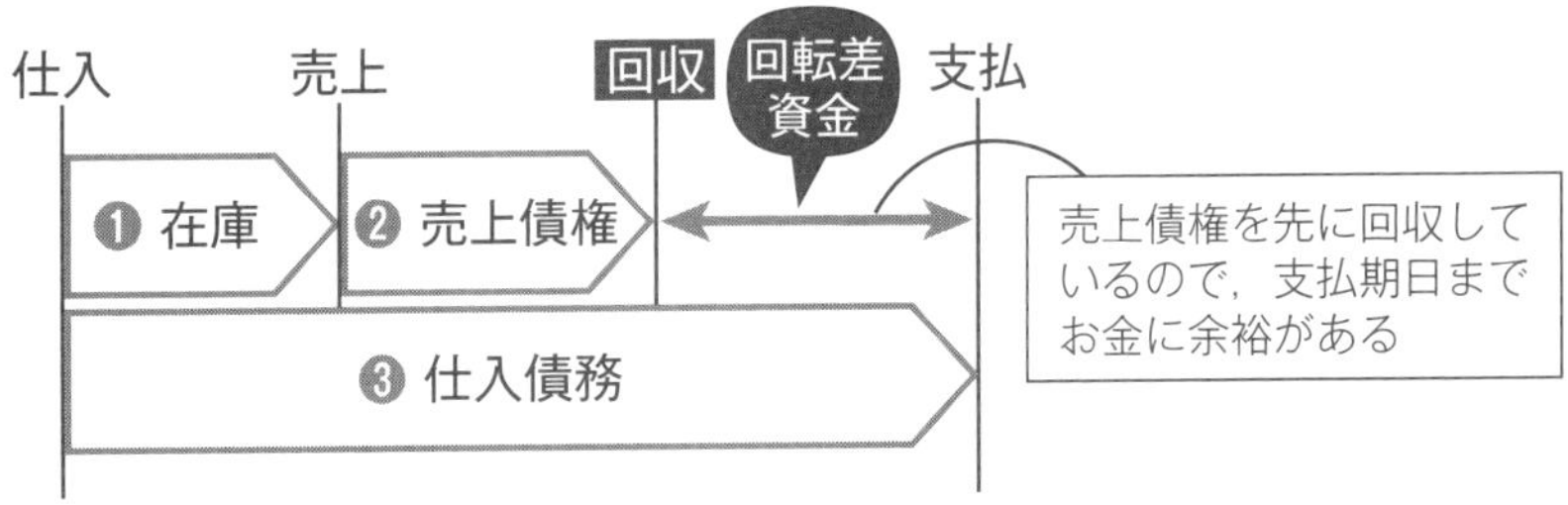

売上債権を先に回収しているので，支払期日までお金に余裕がある

キャッシュ・コンバージョン・サイクル（CCC）

現金を回収するまでにかかる日数を表す

＝

売上債権回転期間　$\dfrac{\text{売上債権}}{\text{月商}^{※}}$

＋

棚卸資産回転期間　$\dfrac{\text{棚卸資産}}{\text{月商}^{※}}$

－

仕入債務回転期間　$\dfrac{\text{仕入債務}}{\text{月商}^{※}}$

※月商＝売上高 ÷12カ月

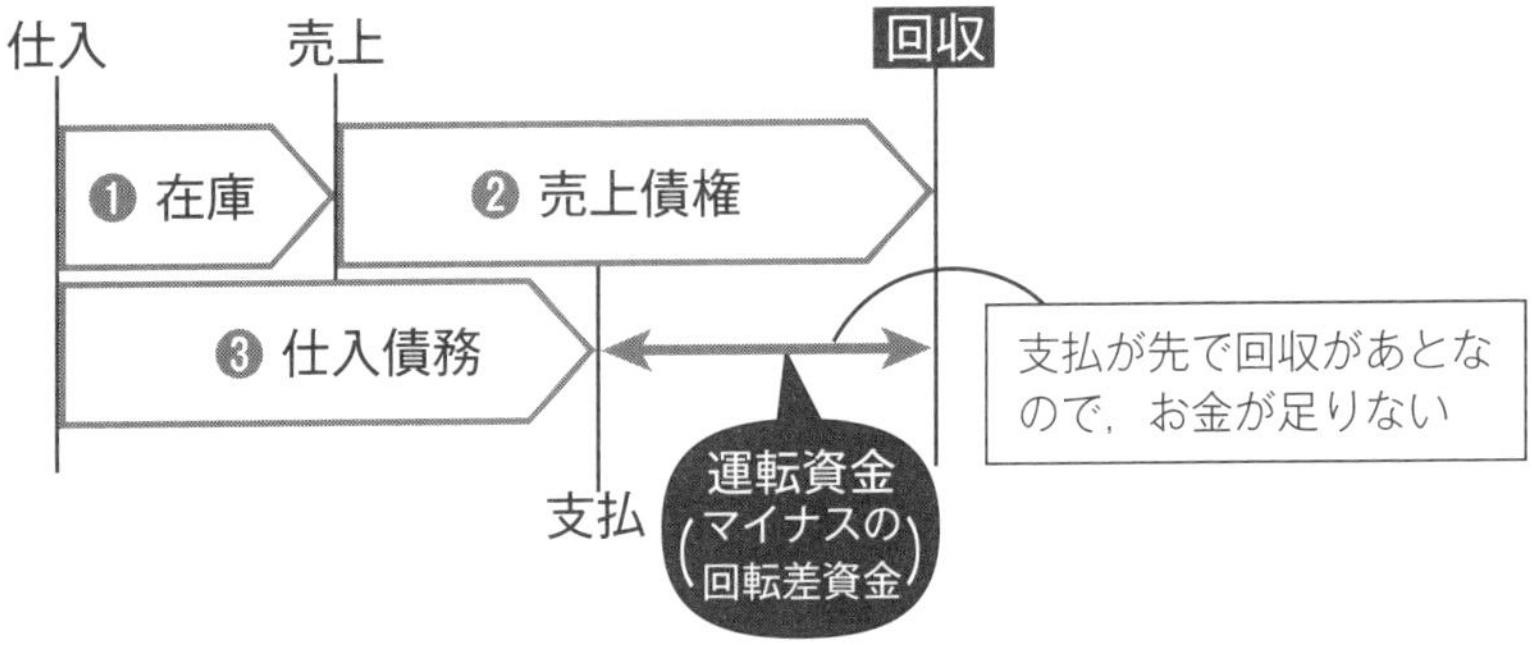

運転資金 ＝ ❶ 在庫 ＋ ❷ 売上債権 － ❸ 仕入債務

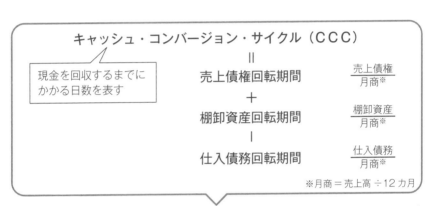

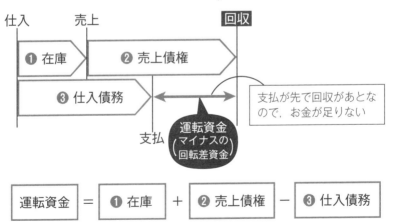

41 有利子負債

借金は少ない方が良いイメージがあるが、先行投資には必要

●返済義務のある・なし

借入金や社債、リース債務など利払いを伴う負債を**有利子負債**といい、一般的に割引手形は含めません。

そもそも、主な資金の調達源泉には**融資**と**増資**があり、この**資金調達**の残高はBS右側＝貸方に、融資は負債（**他人資本**＝返済義務あり）、増資の結果の資本金は純資産（**自己資本**＝返済義務なし）に計上されます。

この調達した資金を、キャッシュそのもの、なるもの、うむもの、いずれかで運用します。**運用状況**をBS左側＝借方で表します（4、8ページ）。

●有利子負債営業CF倍率（＝有利子負債÷営業CF）

有利子負債営業キャッシュ・フロー（CF）倍率は、営業キャッシュ・フロー（儲け）を、すべて有利子負債（借金）の返済にまわすと、何年で返済できるか（**債務返済能力・債務償還年数**）を見る指標で、目安は10倍以内＝10年分の儲けで返済可能か。営業CFの代わりに「税引後の経常利益」で代用することもあります。

●有利子負債比率（＝有利子負債÷純資産）

有利子負債比率（**D／Eレシオ、ギアリング比率**）は、有利子負債が資本（純資産）でどれだけカバーできているかという財務安全性を示す指標です。

他人からの借金（他人資本）は返済が必要で財務リスクを抱えるため、有利子負債比率は低い方が良く、安全性が高いといえます。安全性の目安は100％以内。100％超は元手以上に負債があることを示します。

安全性を重視するばかりにD／Eレシオを低めすぎると成長性を害する原因にもなります。安全性と成長性は二律背反、勝負にでるときはD／Eレシオが高くなります。

●格付会社で用いられる指標

・純有利子負債＝有利子負債－直ちに返済充当できる現金預金・短期有価証券

・純有利子負債構成比（ネットD／Eレシオ）＝純有利子負債÷（純有利子負債＋自己資本）

有利子負債営業 CF 倍率とD／Eレシオ

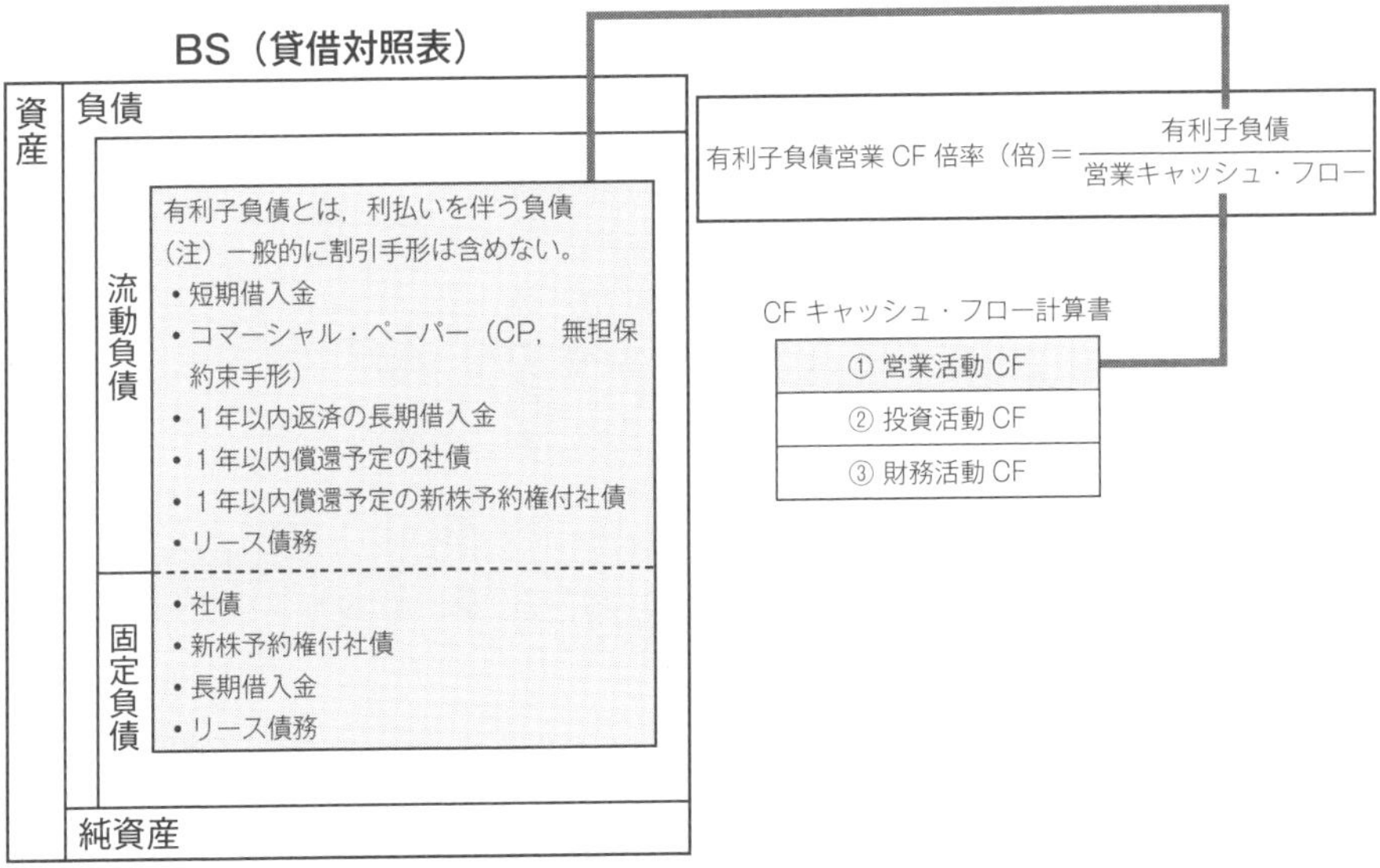
BS（貸借対照表）
資産
負債
流動負債
有利子負債とは，利払いを伴う負債
（注）一般的に割引手形は含めない。
• 短期借入金
• コマーシャル・ペーパー（CP，無担保約束手形）
• 1年以内返済の長期借入金
• 1年以内償還予定の社債
• 1年以内償還予定の新株予約権付社債
• リース債務
固定負債
• 社債
• 新株予約権付社債
• 長期借入金
• リース債務
純資産
有利子負債営業 CF 倍率（倍）＝ 有利子負債 ／ 営業キャッシュ・フロー
CF キャッシュ・フロー計算書
① 営業活動 CF
② 投資活動 CF
③ 財務活動 CF

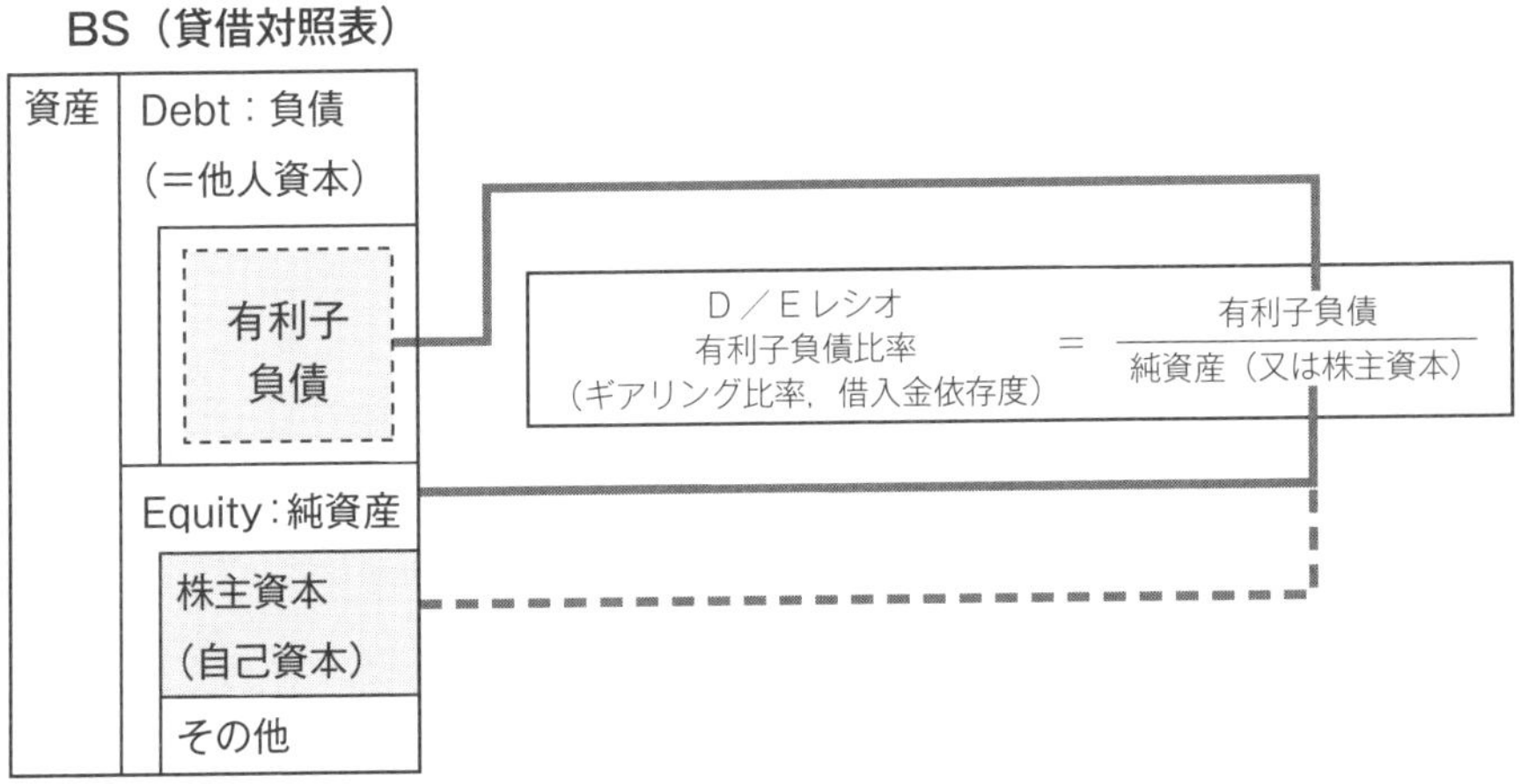
BS（貸借対照表）
資産
Debt：負債
（＝他人資本）
有利子負債
Equity：純資産
株主資本
（自己資本）
その他
D／E レシオ
有利子負債比率
（ギアリング比率，借入金依存度）
＝ 有利子負債 ／ 純資産（又は株主資本）

42 自己資本利益率ROEと総資産利益率ROA

総合指標といわれるROEとROAの意義、弱点、留意点

●ROEとROAの意義

自己資本を活用しどれだけ稼げたか、株主のお金で何%の利益《リターン》が得られたかを見る指標がROE《あーるおーいー》（Return On Equity、**株主〈自己〉資本利益率**＝利益÷株主資本）で、5%以上が目安です（92ページ）。ROEは、売上高と総資本を用いて、①財務レバレッジ×②総資本回転率×③当期利益率という3つの指標に分解できます。

①**財務レバレッジ**（＝総資本÷自己資本）は、安全性の指標である自己資本比率（＝自己資本÷総資本）の分母・分子を逆にした逆数を示します。

②**総資本回転率**（＝売上高÷総資本）は、BSとPL双方の関係性から総資本（＝総資産）をいかに効率的に使って売り上げているかを見る効率性の指標です。

③**当期利益率**（＝当期純利益÷売上高）は、PLから収益性を分析します。

このように、BS・PLという主要財務2表の関係を表す**ROEは総合指標**といえます。

ROEと並び注目される指標が、利益《リターン》と資産《アセット》の関係を見るROA《あーるおーえー》（Return On Assets、**総資産利益率**＝利益÷総資産）で、調達した資本（総資本＝総資産）を活用してどれだけ稼げたか見る指標です。

ROAを売上高で分解すれば、ROEの要素②総資本回転率と③当期（純）利益率、2つに分解できます。

つまり「**ROE＝自己資本比率の逆数×ROA**」と表せ、自己資本比率の逆数＝財務レバレッジはROEを高める要素ですが、歯止めと捉えるべきといえます。

●ROEやROAの弱点と留意点

ROAは、分母の総資本の内訳＝負債と資本の構成割合を考慮していません。ROEは、負債という要素を全然考慮していません。こうした欠点があるので、ROAやROEを単独で用いるべきではありません。

財務健全性の観点から「**ROEは、ROAの2倍以下**」「**ROAは、WACC超**」が必要で、他の指標とともに総合的に判断する必要もあります。

ROEとROA

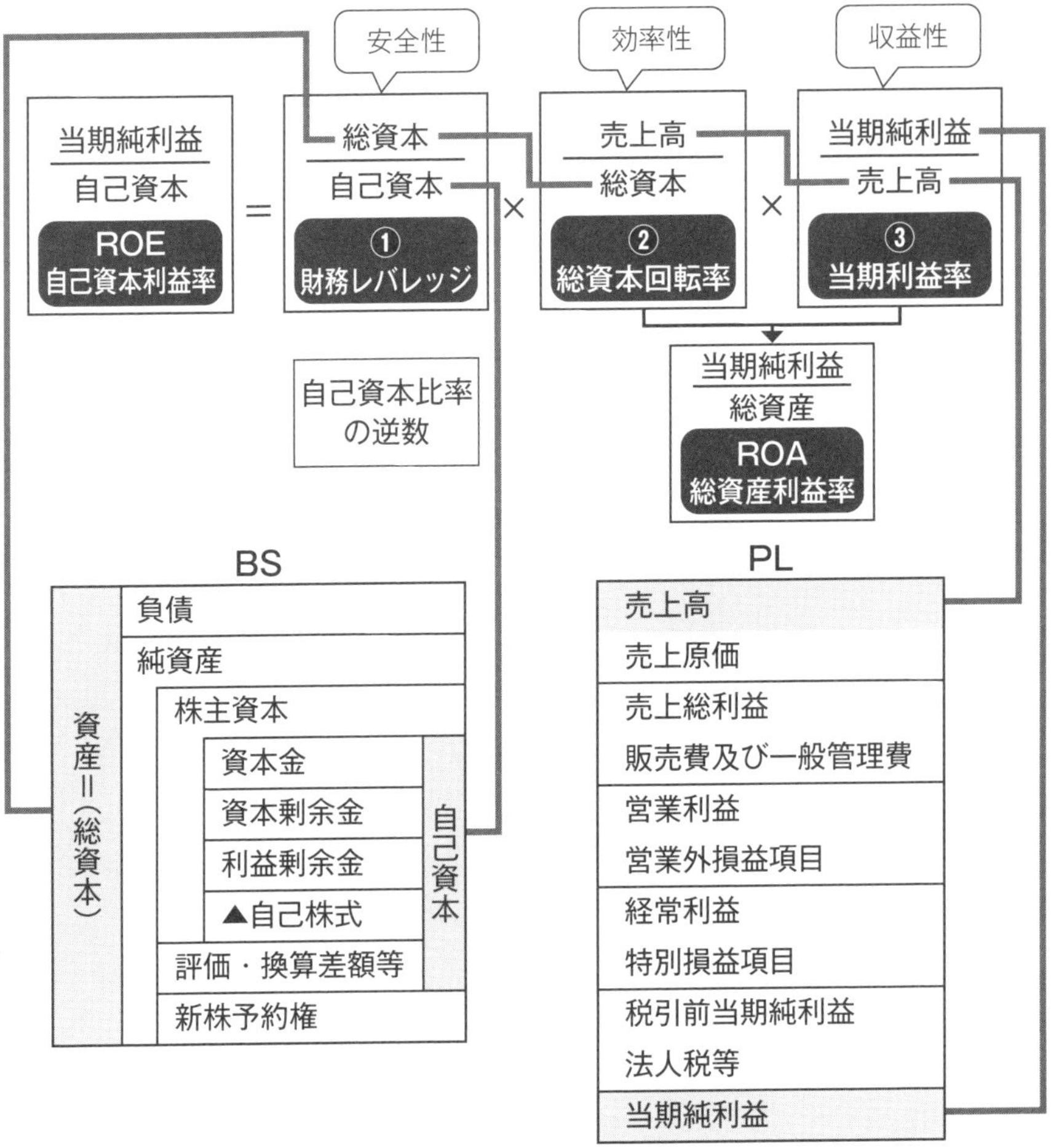

自己資本

＝株主資本（＝資本金＋資本剰余金＋利益剰余金−自己株式）

＋評価・換算差額等（連結上「その他の包括利益累計額」）

総資産（＝総資本）利益率 ROA ＞ 加重平均資本コスト WACC（98ページ）も必要

43 ROE経営

経済産業省公表の通称『伊藤レポート』が示すROE経営の本質

●ROEは最低5%、目標8%とする根拠

「過去5期の平均の自己資本利益率（ROE）が5%を下回る企業は資本生産性が低い」「企業年金連合会がかつて3年連続ROE8%を下回る企業に対し、その後の事業計画や資本政策について説明を求める方針を示した」という指摘が『伊藤レポート』にあります。

●ROEを高める方策（その1）

ROE＝❶当期純利益÷❷自己資本（90ページ）なので「売上を最大に、経費を最小にすれば、儲けが生まれる」の文脈から、❶当期純利益を即高めるには、①儲かっている会社の買収で「売上を最大に、儲けを生む」ことが可能、②リストラで「経費を最小にする」が可能。しかし、①M&Aで違う企業文化を抱え組織がギクシャク、②リストラで有能な人材が流出、など新たなリスクも生じます。よって経営は長期的な視野で、③「儲けを生み出す」ための**将来リスク対応コスト＝投資で荒天に備える**必要もあります。「経費削減は利益につながる」と考えがちですが、「今日の経費削減は、今日の利益につながる」だけで、必ずしも「明日の利益につながる」わけではないことを理解しておく必要もあります。

一方、❷自己資本を減らせばROE向上の視点に立てば、④配当還元、⑤自己株式買い入れなどの策が浮かびます。ともに現金支出を伴い、相対的に高まる**負債比率**（＝負債÷自己資本）など安全性の配慮も必要です。

●ROEを高める方策（その2）

ROE＝財務レバレッジ×総資本回転率×当期利益率（90ページ）に分解できるので、各々を高めればROEが高まる、という文脈もあります。このうち、**財務レバレッジ**は借入金や社債などをてこ（レバレッジ）に、総資産が自己資本の何倍となるか示す指標で、財務レバレッジが高いほど、借入金依存度が高まり財務リスクも増えます。よって、ROEの一種の歯止めとして財務レバレッジを捉える必要があります（利益率と回転率を高める策については、94ページ、ROIC参照）。

経済産業省が示す，ROE ツリー

- ROE
  - 純利益率
    - 税前利益率
      - 売上高粗利率
        - 限界利益率
        - 単価（売価）
        - 数量効果
        - ロイヤリティ収入
      - 売上高原価率
        - 売上高減価償却費率
        - 単価（原価）
        - 数量効果
        - 稼働率
        - 価格ヘッジ（原材料，燃料，為替等）
      - 売上高販管費率
        - 営業費用・管理費用
          - 一人当たり売上高
          - 一人当たり営業利益
          - 販促費
          - 広告宣伝費
          - 契約更新率（継続率）
          - 外部委託（アウトソース）
        - 研究開発費
          - インライセンシング
          - ライセンスアウト
      - 営業利益率
      - EBITマージン
      - EBITDAマージン
    - 法人実効税率
  - 売上高資産回転率
    - 売上高流動資産回転率
      - 在庫回転日数
        - リードタイム
        - 日販
        - 既存店売上
        - 受注残
        - 在庫処分，廃棄
      - 現金回収サイクル
        - 売掛金回転日数
        - 買掛金回転日数
    - 売上高固定資産回転率
      - 稼働率
      - 歩溜り
      - 設備投資（能力増強，メンテナンス）
      - 床面積当たり売上高
  - 財務レバレッジ
    - 有利子負債比率
    - 有利子負債／EBITDA
    - インタレスト・カバレッジ・レシオ
    - コア Tier1 比率
    - 外貨調達

（出典）『持続的成長への競争力とインセンティブ～企業と投資家の望ましい関係構築～』プロジェクト（伊藤レポート）最終報告書，経済産業省
http://www.meti.go.jp/press/2014/08/20140806002/20140806002.html
『ISS 議決権行使助言方針（ポリシー）改定の正式決定について』，Institutional Shareholder Services 日本リサーチ，
http://www.issgovernance.com/file/policy/iss-policy-update-announcement_japanese.pdf

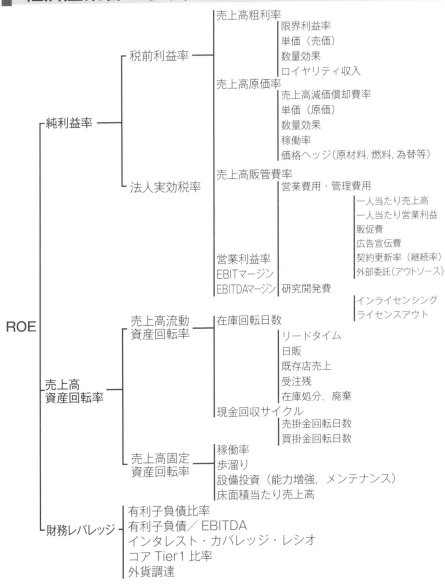

44 投下資本利益率ROIC

どれだけ投資し、どれだけ利益を上げたか？

●ROICの意義

投下資本利益率（Return On Invested Capital, ROIC《ろいっく》=利益÷投下資本）は、どれだけ投資し、どれだけ利益を上げるか、資産の運用効率を見る指標です。

ROICの基本はROE同様「利益率×回転率」です。ROIC12%を目指すとき、利益率の上限が6%であれば、回転率は2回必要になります。他方、回転率の上限が1.2回であれば、利益率を10%にする必要があります。このように、事業特性を踏まえてROIC達成を考える必要があります。

ROIC=（みなし）税引後営業利益÷投下資本

このROICは、売上高で2つの指標に分解できます。ROIC=（税引後営業利益÷売上高）×（売上高÷投下資本）となり、次のように表せます。

ROIC=税引後営業利益率×投下資本回転率

ROICを高めるには、「税引後営業利益率」を高めるか、「投下資本回転率」を高めればよいわけです。

ROIC 投下資本利益率＝ 11.84%
　　＝①税引後営業利益 2,579.5 ÷②投下資本 21,785
　　＝③税引後営業利益率 6.78%×④投下資本回転率 1.75 回

① ROS（Return on Sales）税引後営業利益＝ 2,579.5
　　＝営業利益 3,685 ×（1 －実効税率 30%）
②投下資本＝ 21,785
　❶【運用】＝ 21,785
　　＝※運転資金 2,159 ＋固定資産 19,626
　　※運転資金（86 ページ）
　　＝⑴在庫 302 ＋⑵売上債権 2,412 －⑶仕入債務 555 ＝ 2,159
　　　⑴在庫＝ 302 ＝商品＋製品＋仕掛品＋原材料
　　　⑵売上債権＝ 2,412 ＝売掛金＋受取手形＋電子記録債権－前受金
　　　⑶仕入（購買）債務＝ 555 ＝買掛金＋支払手形＋電子記録債務
　❷【調達】＝ 21,785
　　＝有利子負債（88 ページ）2,001 ＋自己資本（91 ページ）19,784

③税引後（売上高）営業利益率＝ 6.78%
　　＝①税引後営業利益 2,579.5 ÷売上高 38,043
④投下資本回転率＝ 1.75 回
　　＝売上高 38,043 ÷②投下資本 21,785

ROICは、現場で用いるKPIと親和性があります（KPIとの関連については136ページ参照）。

●みなし税引後営業利益

ROICの計算式で用いる利益は、本業による儲けを示すPLの営業利益から、税額分を差し引きます。

（みなし）税引後営業利益＝営業利益×（1－実効税率）

NOPLAT《のーぷらっと》（Net Operating Profit Less Adjusted Tax）や、**NOPAT**《のーぱっと》（Net Operating Profit After Tax）と呼ぶこともあります。

●投下資本

ROICの計算式で用いる**投下資本**には、運用と調達、2つの考え方があります。

BS借方（左側）の「運用」に着目⬇

投下資本＝運転資金＋固定資産

BS貸方（右側）の「調達」に注目⬇

投下資本＝有利子負債＋自己資本＋非支配株主持分

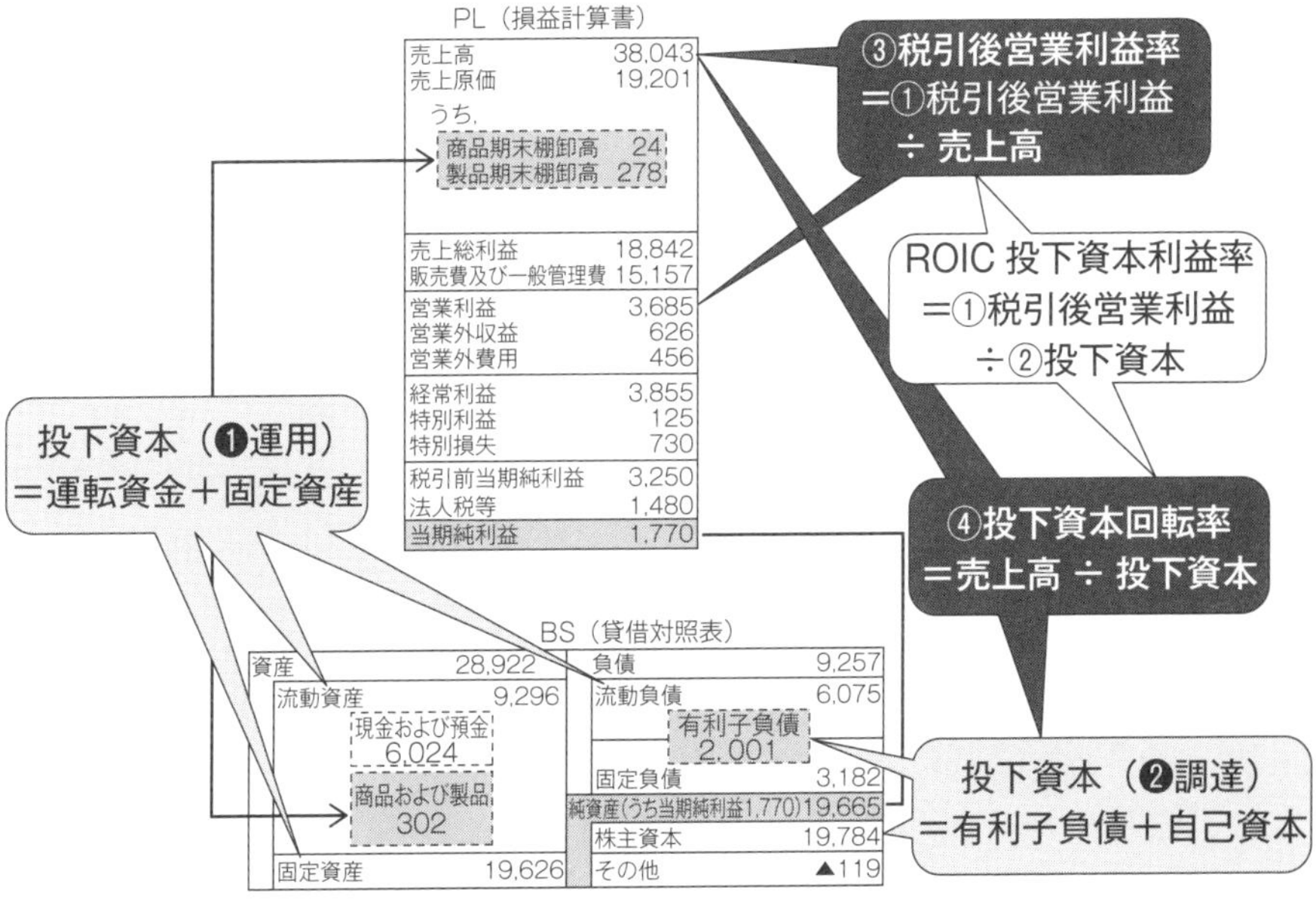

売上高	38,043
売上原価	19,201
うち、	
商品期末棚卸高	24
製品期末棚卸高	278
売上総利益	18,842
販売費及び一般管理費	15,157
営業利益	3,685
営業外収益	626
営業外費用	456
経常利益	3,855
特別利益	125
特別損失	730
税引前当期純利益	3,250
法人税等	1,480
当期純利益	1,770

BS（貸借対照表）

資産	28,922	負債	9,257
流動資産	9,296	流動負債	6,075
現金および預金 6,024		有利子負債 2,001	
商品および製品 302		固定負債	3,182
		純資産(うち当期純利益1,770)19,665	
		株主資本	19,784
固定資産	19,626	その他	▲119

45 投資の経済性計算

投資効果を事前想定しておくＤＣＦ法などの手法

●短期の回収期間を有利と判断する単純回収期間法

単純回収期間法は、毎年のキャッシュ・フローで投資額を回収することに着目し、その**回収期間**（＝投資額÷毎年のキャッシュ・フロー）の短いほうが有利と投資判断する分析手法です。

投資効果で経費削減など毎年４０００万円のキャッシュ・フロー収入がある場合、投資額８０００万円÷毎年のキャッシュ・フロー４０００万円＝２年でこの投資額を回収できると考えるのが単純回収期間法です。

この投資案とは別に、回収期間が3年の代替案がある場合、3年－2年＝1年だけ図の投資案のほうが短く回収でき、単純回収期間法では図の投資案が有利と判断できます。

単純回収期間法の良い点は、計算が簡単、回収期間の短いほど有利と評価するので結果がわかりやすい点です。他方、時間価値や投資回収後（3年目以降）のキャッシュ・フローが考慮されない、という弱点もあります。

●正味現在価値で評価するＤＣＦ法

正味現在価値（Net Present Value、**ＮＰＶ**）で評価する**ＤＣＦ法（Discounted Cash Flow）**の基本は「今日の１００円と明日の１００円は利息分だけ違う」というように**時間価値**を考慮する点にあります。

金利5％のとき、現在の１００円は1年後に１００円×5％＝5円の利息がつき１０５円。つまり、現在の１００円は1年後の１０５円と同じ。この関係に着目し、1年後の１００円が現在いくらなのか計算するのが**ＤＣＦ法**。1年後の１００円÷（1＋0.05）≒現在価値95円、将来のキャッシュ・フローを現在価値に割り引く際の金利5％（0.05）を**資本コスト**と呼びます。

図のように、1年後の４０００万円は、資本コスト5％のとき、現在価値3809万円（＝４０００万円÷〈1＋資本コスト0.05〉）。以降1年経過するごとに（1＋0.05）で割る回数を増やせば**複利**で現在価値が求まる、これがＤＣＦ法の基本的なしくみです。

単純回収期間法とＤＣＦ法

投資額	8,000 万円			
耐用年数	４年			
最終年度４年目の資産売却予定収入	投資金額の 10%			
最終年度の資産売却収入以外のキャッシュ・フロー（CF）	１年目	２年目	３年目	４年目
	4,000万円	4,000万円	4,000万円	4,000万円

単純回収期間法

		累計
１年目のキャッシュ・フロー（投資回収額）	4,000 万円	4,000 万円
２年目のキャッシュ・フロー（投資回収額）	4,000 万円	8,000 万円

この提案は，２年で投資額 8,000 万円を回収できると判断できます。

正味現在価値法（DCF 法）

１年後に得られるキャッシュ・フローの正味現在価値	3,809 万円	≒4,000 万円 ÷（1 +0.05）
２年後 〃	3,628 万円	≒4,000 万円 ÷（1 +0.05）^{2}
３年後 〃	3,455 万円	≒4,000 万円 ÷（1 +0.05）^{3}
４年後 〃	3,290 万円	≒4,000 万円 ÷（1 +0.05）^{4}
４年後の残存価額の正味現在価値	658 万円	≒投資額 8,000 万円 × 残存価値10%÷（1 +0.05）^{4}
小計	14,841 万円	
投資額	8,000 万円	
差引＝この投資案の正味現在価値	6,841 万円	

この提案では，8,000 万円の投資により 6,841 万円の正味現在価値，つまり儲けを得られると判断できます。

46 資本コストWACC

WACC（Weighted Average Cost of Capital）と、これを支えるCAPM理論

●融資と出資の加重平均資本コストがWACC

資金調達には、①借入金（融資）や社債発行という他人資本（負債）による調達と、②出資を募る自己資本（純資産）、2通りの方法があります。この①負債コストと②株主資本コストを加重平均するのが**WACC《わっく》（加重平均資本コスト）**です。投資の経済性計算（96ページ）等の評価で用いる資本コストは、このWACCを指します。

①負債コストRd（社債の期待収益率＝Rf＋（Rd－Rf）＝支払利息÷有利子負債の平均残高）

②株主資本コストRe（株式の期待収益率＝Rf＋β（Rm－Rf））

・無リスク金利（10年国債の利回り、Rf）

・市場ポートフォリオの期待収益率（Rm）

・β値（個別株価のTOPIXに対する感応度）

これらから、①は実効税率を考慮後、①②を加重平均してWACCを求めます（図）。

WACC＝①負債コスト×（1－実効税率）×（有利子負債D÷（D＋株主資本E））＋②株主資本コスト×（E÷（D＋E））

●CAPM理論の特殊性

WACCには数式のような仮定が入っています。つまり、仮定が崩れれば結果に影響が出てしまうわけです。

このWACCを支えるCAPM《きゃっぷえむ》理論でノーベル賞を受賞した本人たちが、疑問を投げかけています。※

ウィリアム・シャープ「CAPMはまったく特殊ケースだ」「まったく極端な仮定だ」

ハリー・マーコヴィッツ「CAPMは、地球に大気がないとしたならばという仮定のもとで地球上の物体の運動を研究するようなものだ」

現実にCAPM理論が評価手法で多用されるのは、計算の平易性や利便性からでしょう。ノーベル賞という権威が安心感を生み出しもしますが、限界を知った上で、数字を上手に利用する。わからない数字は、その意味を確かめる。こうした姿勢が求められます。

※『アルファを求める男たち～金融理論を投資戦略に進化させた１７人の物語』ピーター・L・バーンスタイン，東洋経済新報社

WACC の計算（例）

BS

資産	10,000	負債 有利子負債平残（D） 4,000	①Rd＝ 4.95%
		純資産 株主資本（E） 6,000	②Re＝ 6.02%

有利子負債

前年	3,900
当年	4,100
平残（D）	4,000

PL

支払利息	198
実効税率	30%
当期純利益	800

計算要素	内容・数式	値
①負債コスト（Rd）	支払利息 ÷ 有利子負債の平均残高	4.95%
②株主資本コスト（Re）	Rf ＋ β × （Rm－Rf）	6.02%
無リスク金利（Rf）	10 年国債の利回り	0.10%
β値	個別株価の TOPIX に対する感応度	1.6
市場ポートフォリオの期待収益率（Rm）	TOPIX の場合，3 ～ 6%	3.80%
WACC	Rd×（1－実効税率）×D／（D+E）+Re×E／（D+E）	5.00%
ROA	当期純利益 ÷ 総資産	8.00%

WAAC の計算と ROA との比較結果は次のとおりです。

- ①負債コスト（Rd）と②株主資本コスト（Re）の加重平均資本コストが WACC
- ①Rd×（1 －実効税率）とするのは，税引後の支払利息を計算するため
- WACC（5.00%）<ROA（8.00%），よって健全

47 財務制限条項と財務比率

与信・ランク分け・格付けで用いられる財務指標の基本

●与信≒ランク分け≒格付けで用いる「数字」

現金商売が基本のビジネスも、取引相手に返済能力・資質・担保があり、信用できると判断できれば、信用を与え＝与信を付与し、現金取引の代わりに掛取引などを認めることがあります。

金融機関でも、融資枠の設定時、融資後の回収可能性を検討する自己査定など、数字によるランク分けが行われます。金融商品などの信用力を一定の基準に基づき「AAA」のように評価する格付会社でも、財務指標が格付けの元になります。こうした与信・ランク分け・格付けで用いられる財務指標も、本書で取り上げる「数字」と基本的に変わりがありません。次のような数字を「財務制限条項」の根拠としています。

総資本事業利益率（＝事業利益÷総資本※）

この指標は、90ページに登場するROA（総資産利益率＝当期純利益÷総資産）とほぼ同じです。

（※）事業利益＝営業利益＋受取利息＋受取配当金

純有利子負債構成比（＝純有利子負債※÷（純有利子負債※＋自己資本））

この指標は、84ページの自己資本比率の親戚のようなものです。

（※）純有利子負債＝有利子負債－直ちに返済充当できる現金預金

有利子負債営業キャッシュ・フロー倍率（＝有利子負債÷営業CF）

儲けを示す営業キャッシュ・フロー（CF）をすべて借金（有利子負債）の返済にまわすと何年で返済できるか、返済能力を見る指標。営業CFの代わりに「税引後の経常利益」で代用することも。目安は10倍以内。

インタレスト・カバレッジ・レシオ（＝事業利益÷（支払利息＋割引料））

金利負担能力をチェックする指標。この指標が1倍ならばすべての事業利益が利払いに回り、1倍以下ならば事業利益だけでは利払いできない状態。

2つのインタレスト・カバレッジ・レシオ

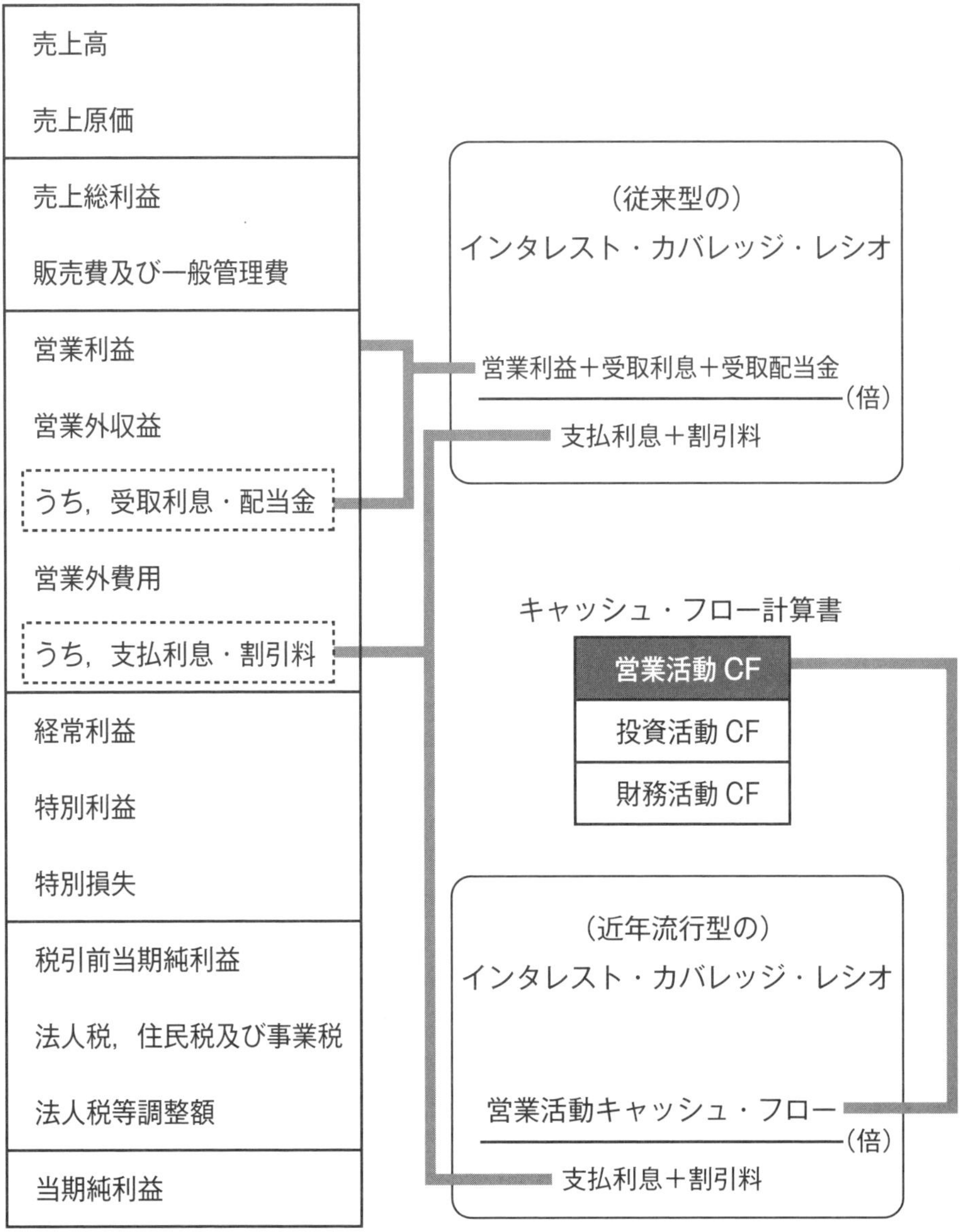
売上高
売上原価
売上総利益
販売費及び一般管理費
営業利益
営業外収益
うち，受取利息・配当金
営業外費用
うち，支払利息・割引料
経常利益
特別利益
特別損失
税引前当期純利益
法人税，住民税及び事業税
法人税等調整額
当期純利益
（従来型の）
インタレスト・カバレッジ・レシオ
営業利益＋受取利息＋受取配当金
支払利息＋割引料
（倍）
キャッシュ・フロー計算書
営業活動 CF
投資活動 CF
財務活動 CF
（近年流行型の）
インタレスト・カバレッジ・レシオ
営業活動キャッシュ・フロー
支払利息＋割引料
（倍）

column コラム

数字を紐解く８つの目線

経営実態を把握する財務分析には，**収益性**（82 ページ），**安全性**（84 ページ），**生産性**（80 ページ），**成長性**（売上高や総資産の増加率･成長率（＝増加額÷基準年度額）を見る）などの分析手法があります。

各指標は単独で用いるものではなく，財務指標だけを対象にするものでもなく，非財務指標も織り交ぜ，バランスよく分析することも大切です。この点を**バランスト・スコアカード**（134 ページ）などが説明しています。

ビジネスの「オモテ×ウラ」を見るには，**財務指標**だけではなく**非財務指標**にも目配りする必要があります。そして，数字と漢字の塊にしか見えない決算書を解きほぐすには８つの視点が必要となります。

① **鳥・虫・魚の目**　数字はザックリと，必要に応じ詳細に，流れも見る
② **フローとストック**　PL 項目のみならず，決算書は全体で把握
③ **バランスとスピード**　BS 項目で財務安全性を見ることも大事
④ **キャッシュとプロフィット**　利益が回収されてこそ本当の儲け
⑤ **単体と連結**　組織力を見るには，個別（単体）とともに連結も重視
⑥ **P × Q**　勘定科目は，Price（単価）× Quantity（数量）に分解可能
⑦ **IN ＝ OUT**　非財務指標も含め，入ったものは必ず出る点に留意
⑧ **VC と FC**　変動費（Variable Cost）と固定費（Fixed Cost）が管理の基本

データは、必ずしも数字で表現しなければいけないわけではありません。
「経営ダッシュボード」という**データビジュアライズ（データの可視化）**を理解できると、データ分析やその表現に幅が広がり、データの真の姿に迫ることができるようになります（164 ページ）。

第5章

管理会計（プラスの管理会計）

48 企業価値経営と７つのルール
49 残高管理
50 残高管理の技術
51 債権管理
52 在庫管理
53 実地棚卸
54 ＡＢＣ分析
55 回転分析
56 損益分岐点分析
57 利益感度分析
58 マネジメント専用の数字
59 原価計算
60 予算制度
61 セグメント情報
62 ＳＷＯＴ分析
63 バランスト・スコアカードＢＳＣ
64 重要業績評価指標ＫＰＩ
65 事業再生と会計

48 企業価値経営と7つのルール

「売上を最大に、経費を最小にすれば、儲けが生まれる」に欠かせない7つのルール

●経営を行う「数字の極意」

世の中には、売上高や利益で2番手以降を大きく引き離す、ダントツ経営を行う会社があります。理由の1つに「数字の極意」があります。自社にとって大切な数字は何かを肌身で知り、自社にかかわる数字をよく見ている経営管理者は、日々の売上・利益などの**財務指標**のみならず、裏に隠された**非財務指標**も駆使し、数字を自社の経営指標としてフルに活用しています。数字を見て、異常を感じたらすぐに対策を考え、手を打つ。だから、強い経営ができる。ポイントは拙著『経営を強くする会計7つのルール』(ダイヤモンド社)で示すように「数字」を経営に活かす7つのルールにあります。

ルール1　客単価をつり上げる
ルール2　顧客数を増やす
ルール3　優良顧客を見極める
ルール4　ビジネスを高回転させる
ルール5　好調品に集中特化する
ルール6　ダラリを排除する
ルール7　プロセスを複眼で観る

7つのルールは、経営全体を俯瞰するVBM(Value Based Management、**企業価値経営**)というマネジメント手法に由来し、経営を強くする定石といえます。

●75%のCEOが非財務指標へ不満を持つ

アメリカ公認会計士協会は「75%の最高経営責任者は、非財務指標の測定に改善余地がある」という調査結果を公表しました。

これは、ほとんどの会社で数字の見方、特に非財務指標の取扱いに不満を持っていることを示します。いい換えれば、売上高のような財務指標だけではなく、非財務指標にも目を配る必要性を示唆していて、一見すると売上高に無関係な「全員、年間読書数100冊目標」のような非財務の数字を経営管理指標として測定してみることが意外な強みの発揮につながるかもしれない、という大事な視点を私たちに与えているとも解釈できます。

経営を強くする会計７つのルール

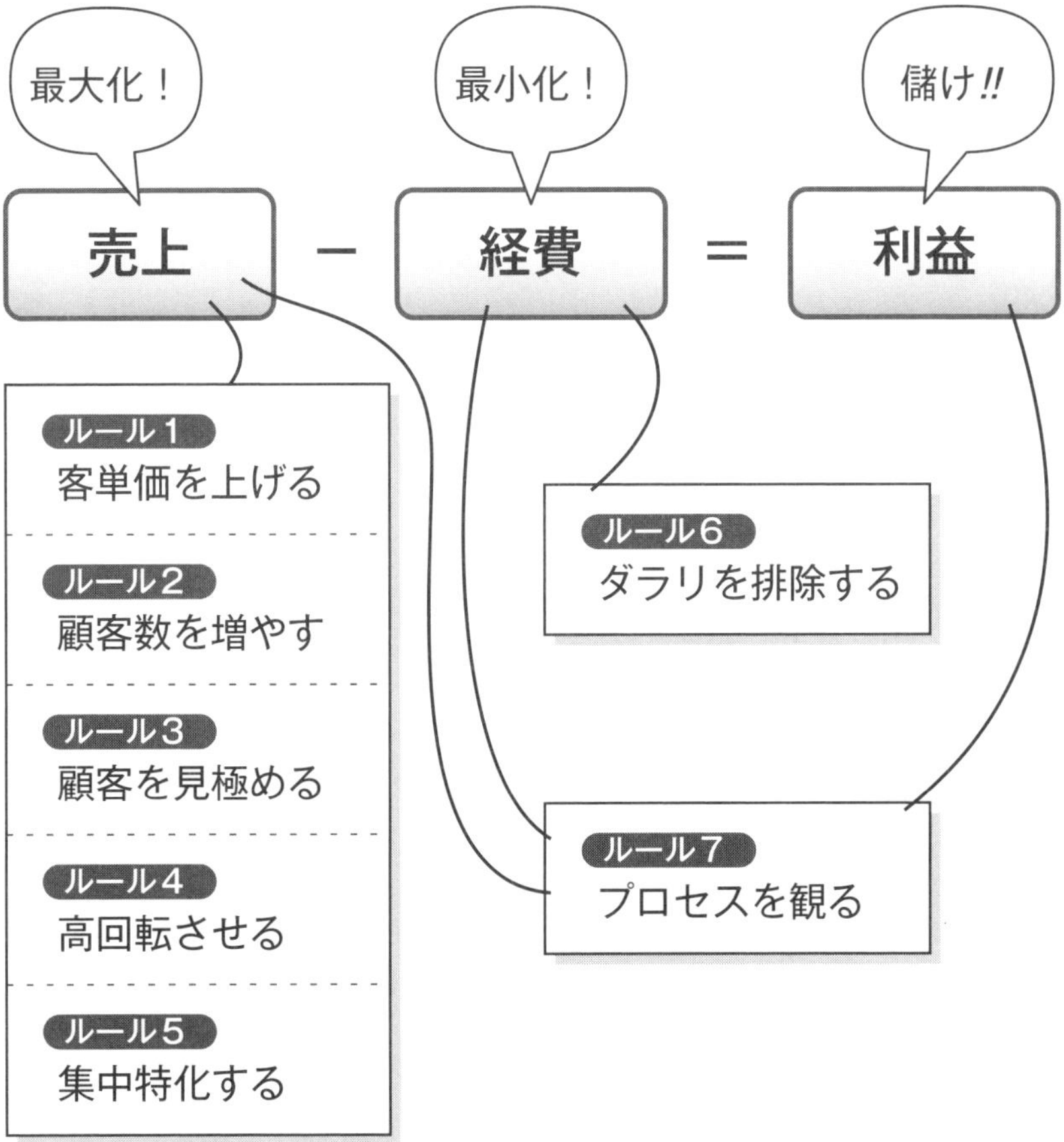

強い経営の極意

「売上を最大に，
経費を最小にすれば，
儲けが生まれる」

京セラ創業者　稲盛和夫氏

49 残高管理

「P×Q」に分解し、「入・出・残」で残高を把握する

●業務プロセスを理解し、「P単価×Q数量」で管理

「数値で管理すべきは、結果よりプロセス」といわれもするように、プロセス途中の「残高」管理も大切です。

そもそも売上高という「結果」は、販売単価（Price単価）1万円のものを1万個（Quantity 数量）販売している、つまりP単価×Q数量＝売上高1億円なのです。

これは他の損益計算書項目でも同じことです。アルバイトの賃金＝P時間給×Q作業時間。光熱費＝P電力単価×Q使用時間。やはり「P単価×Q数量」です。

貸借対照表項目も同様に、現金を実査（現金のような実物を数える調査）をして1万円札が5枚あれば、P金種単価1万円×Q実査数量5枚＝現金の手許残高5万円。未払地代の計上額＝P地代×Q未払月数。資本金の増資額＝P1口当たり増資額×Q増資口数。

実際の決算書では「P単価×Q数量」の結果しか見えていませんが、**その裏に「P×Q」がある**、このことに気づくと数字の見方が変わります。

●「P×Q」で「入・出・残」を管理する

残高管理のポイントは、「入る」「出る」「残る」の見極めにあります。たとえば、当期末の売掛金残高は、次のように計算しています。

- 当期に販売され、売掛金の増加があって「入る」
- 当期に現金入金回収され、クレーム等で返品され、貸倒れで回収できず、先方の要請に応じ値引き、これらによる売掛金の減少で「出る」
- この「入る」を期首の売掛金残高（＝前期末の売掛金残高「残る」）に足し、「出る」を差し引き、当期末の売掛金残高として「残る」

しかも、これら「入る」「出る」「残る」は「P×Q」で表現できます。

- 「入る」＝販売単価P×販売数量Q
- 「出る」＝回収・返品・貸倒れ・値引き等の単価P
  ×それぞれの数量Q
- 「残る」＝未回収の販売単価P×未回収の販売数量Q

残高管理は「入」「出」「残」の把握がポイント

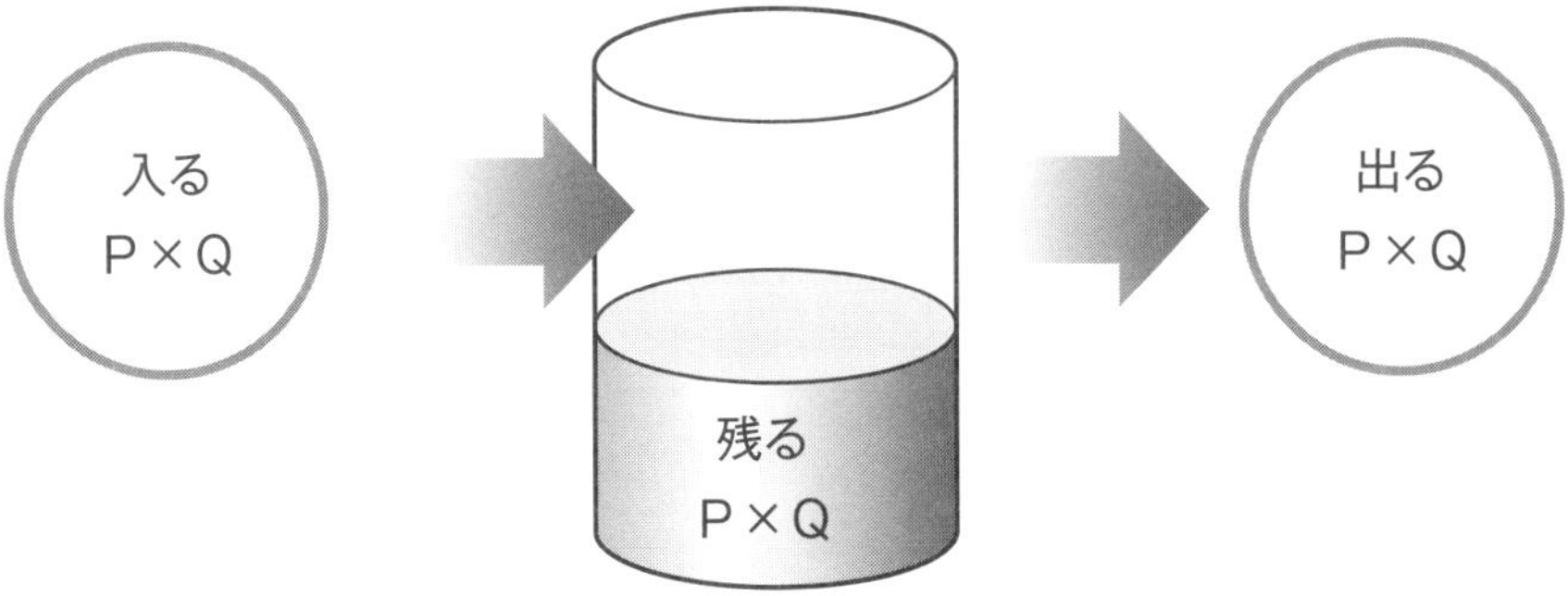

残高科目は「入る」「出る」「残る」を管理する

　　期首の売掛金残高
＋　当期の売掛金増加額〔販売額＝売上高〕
－　当期の売掛金減少額〔回収，返品，貸倒れ，値引き等〕

＝　期末の売掛金残高

記帳は　Price（単価）×Quantity（数量）を念頭に置く

たとえば，「売上高＝P販売単価 ×Q販売数量」です。
この売上高の元になる商製品の仕入や在庫の残高も同様に，「P×Q」で考えます。

P単価は，「実地棚卸」状況を把握することで，**評価の妥当性**を検証可能です。保管状態が悪く破損等があれば，在庫評価に影響するからです。

Q数量は，「実地棚卸」数量を把握し，帳簿数量と比較することで，**物量の実在性**を検証することが可能です。

このように，**「実地棚卸」**という手続きは，単に倉庫で商品等をカウントするというQ物量の実在性を検証するだけではなく，P単価の側面から在庫評価の妥当性を把握するという，経理実務において非常に重要な意味を持ち合わせています。

50 残高管理の技術

業務プロセスを把握し、勘定分析、実査、確認などの技術を用いて経営管理

●残高管理に業務プロセスの理解は不可欠

「結果」にしろ、「残高」にしろ、**痕跡は帳簿に記録**されるので、各勘定科目の記録を分析する必要もあります。**勘定分析**を行う際、雑勘定には留意してください。不正実行者の立場で考えれば、売掛金や買掛金のような主要科目では不正の痕跡が見つかりやすく、普段使わない雑多な勘定科目の方が痕跡を隠しやすくなり、仮払金や仮受金という雑勘定の内容を把握するのはポイントです。

また、勘定分析する際に「その他」のようにまとめられる残高にも留意が必要です。単なる差額としている場合や、不正の隠蔽策として利用されている場合などもあるので、「その他」の内容を把握する必要もあります。

現物管理も重要な経営管理ポイントです。これは、現物の定期的な**実査（実地調査）**が基本になります。現金があれば、現金実査は必須。商品や製品のような在庫という棚卸資産であれば、実地棚卸（実棚）が必要です。

機械や車両などの有形固定資産であれば、新規購入・除却・売却・減価償却などを通じ増減もしますので、資産が実在するか、定期的に実査して検証する必要もあります。中でも、検査機器のような小さく、高額なものは紛失・横領リスクもあるので、連番が付された管理シールの貼付、保管場所・数量が明記された台帳整備などもポイントです。

そもそも残高管理の過程で重要なのは**「確かに残高がある」という点を検証する**ことにあります。

売掛金などの売上債権、銀行預金、保管倉庫に預けている在庫、買掛金や借入金など主要な残高項目は、得意先・金融機関・業者・仕入先・債務者等に対し残高確認書への回答を求める**残高確認**を行う必要もあります。想定と違う回答であれば、調査が必要です。

また、企業と第三者との間の合意、契約又は取引に係る条件や付帯契約のような一定の条件の有無や取引額を検証する目的で確認が実施されることもあります。

業務の流れ図㊥

事業Aに係る卸売販売プロセス

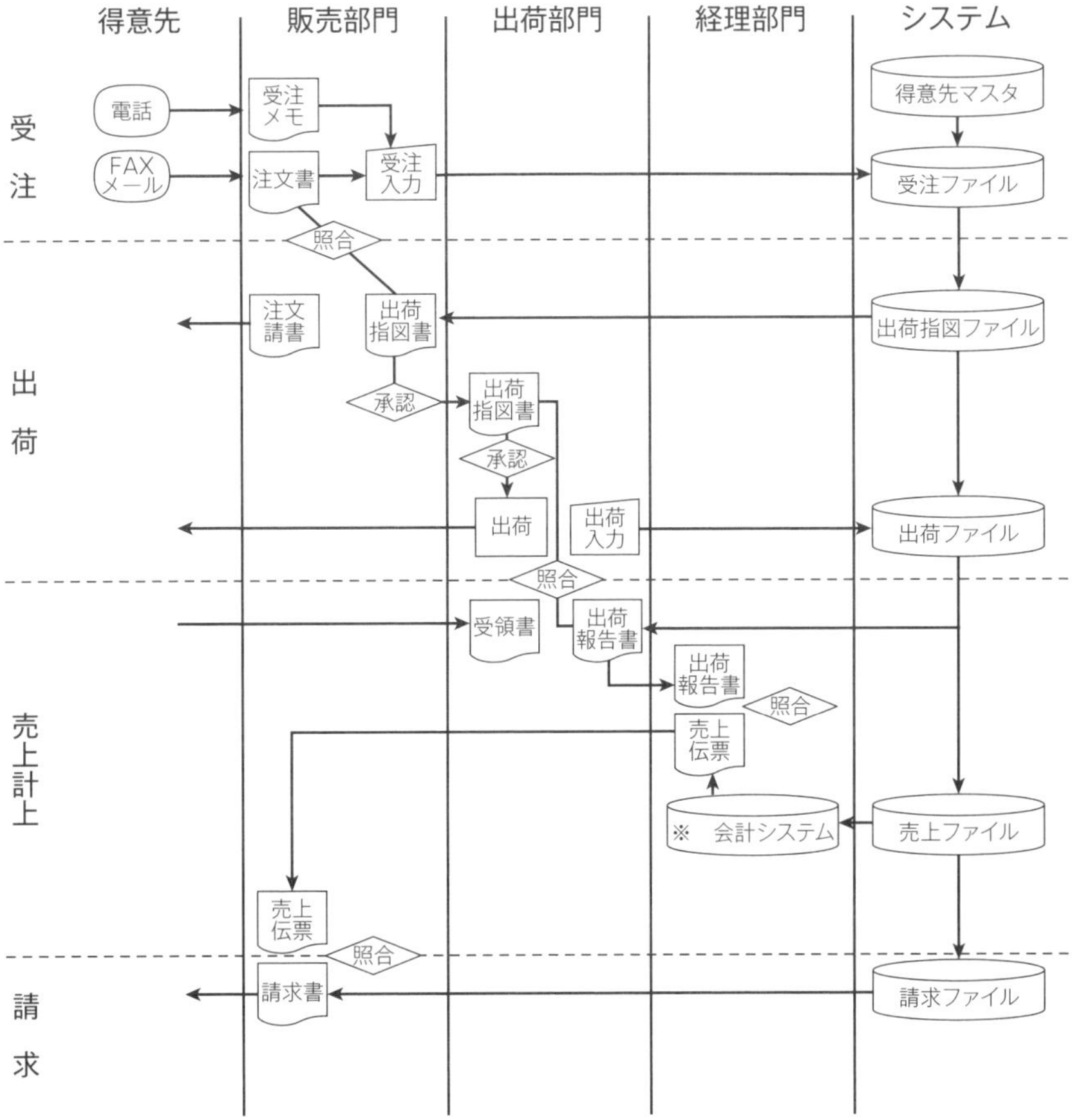

この図は『財務報告に係る内部統制の評価及び監査の基準』が示す「業務の流れ図」です。「経営者は，評価対象となる業務プロセスにおける取引の開始，承認，記録，処理，報告を含め，取引の流れを把握し，取引の発生から集計，記帳といった会計処理の過程を理解する。」と指摘し，業務フローを図で示し，業務の承認などがどこで行われるか理解することの重要性を説いています。なお，右下※「会計システム」から決算書が作成されます。

51 債権管理

得意先元帳の見方は、サイトと残高の関係に注目し「入・出・残」の問題をつかむことにある

●与信管理の基本

売上高は、現金売りと掛売り（手形売上等を含む）に大別されます。現金売りであれば売上金は回収済ですが、問題は掛売りです。掛売りでは、売掛金という未回収の売上代金を回収する必要があるので、得意先元帳で売上代金の計上・回収・残高、**つまり「入・出・残」を、得意先ごと・発生月ごとに管理**します。

この得意先元帳で注目したいのは、**残高とサイトの関係**です。サイトとは、ツケが回収されるまでの標準的な日数をいいます。30日なら1か月分は残ってよく、これが年齢調べ（ワンポイント参照）の基本形になります。

●「入・出」の異常が「残」の異常となって現れる

B社 次ページ表を見ると、B社のサイトは60日、つまり2か月分の残高があってよいことになります。6月末の残高は438万円、これは当月6月計上230万円と前月5月計上208万円の2か月分が残置しており、特に異常点は見当たりません。5月以前の残高も同様です。

A社 「出」が問題。A社のサイトは30日で1か月分しか残高は持たないはずですが、6月計上150万円に対し、残高は250万円です。しかも、回収は毎月100万円。

このように常に一定金額だけの回収、キリのよい回収を**団子消し**といいます。これは、得意先の資金繰りに赤信号が点灯している可能性を示します。このような危険な兆候のある得意先との取引は、「サイトを短縮する」「現金売りのみにする」「取引停止」という与信（＝ツケの条件）の見直しが必要です。

C社 「入」が問題。C社のサイトは30日で1か月分は残ってよいはずですが、6月末残高は250万円、本来6月計上160万円のみが残るはず。4月までは残高1か月分で滞留もなく、一見すると異常点は見当たりません。

C社の問題は、取引の計上額にあります。当初は5万円、半年後の6月の取引額は160万円。当初しっかり払っている風を装い、段々と取引額をつり上げ、最後に払わず逃げる、典型的な**取り込み詐欺**です。

債権管理の基本

A社は「団子消し」が問題。ある時払いとなっている可能性大。与信の見直し（取引の縮小，停止）を要検討

B社はサイトどおりの残高なので問題なし

（単位：万円）

得意先	サイト	区分	1月	2月	3月	4月	5月	6月
A社	30日	計上	100	110	120	130	140	150
		回収	0	100	100	100	100	100
		残高	100	110	130	160	200	250
B社	60日	計上	200	210	205	220	208	230
		回収	0	0	200	210	205	220
		残高	200	410	415	425	428	438
C社	30日	計上	5	10	20	40	80	160
		回収	5	0	10	20	30	0
		残高	0	10	20	40	90	250

元帳ではサイト（資金化までの期間）と残高の関係を注視しよう

C社は「取り込み詐欺」の可能性大。取引当初は順調に回収，徐々に売上規模拡大，最後に回収が滞る，典型的な詐欺パターン

購買債務も同様にチェック！

支払条件と残高の関係をみておかしな残高の動きがある場合，不正会計の影響がある場合もあるので要注意！

> **ワンポイント　年齢調べ**
> 売掛金残高を，1つひとつの発生日を調べて時期別に分類し，長期滞留などの不良債権の有無を確認する売掛金の管理手法

52 在庫管理

「在庫」を「罪庫」から「財庫」へ変貌させるには「情物一致」が不可欠

●罪庫と財庫

在庫はキャッシュが滞留している状態ですので、売って、キャッシュを回収、これも経営課題の1つです。

生産量∨販売量

売れ残った在庫の山を前に、**在庫処分**を考える必要があります。100万円分の在庫を1万円で処分となれば、99万円分の無駄が発生、PLに在庫処分損を計上しなければなりません。在庫処分が常態化すれば「もう少し購入を待てば、安くなる」と顧客に思われ、適正価格を維持できなくなります。

生産量∧販売量

反対に、在庫の抑制し過ぎは、別の問題が生じます。つまり供給量∧需要量となれば、**機会損失=チャンスロス**が発生します。想定外に売上が伸び、売り切れとなれば、「売上を最大に」できなくなります。

あり過ぎは罪庫《ざいこ》、なさ過ぎは財庫《ざいこ》切れ。適正在庫の管理も、会計が分かれば解決策を見いだせます。

●情物一致の原則

罪庫が倉庫に山のようにある、逆に倉庫には何もなく帳簿に在庫の数字だけが残っている、こうしたことが経営状況の悪い会社でよく見かけます。これは、在庫の情報と現物が整合していない**情物不一致**から生じます。

①日付管理・鮮度管理の不徹底
②システムに反映しないサンプル出荷等の存在
③不適当な出庫や誤記による在庫過不足
④不良品・返品の管理規定が未整備で現場任せ
⑤液体の蒸発、生き物の増減

こうしたことが「情物不一致」の主因です。

在庫の情報と現物に齟齬《そご》が生じれば、信頼性のない数字が在庫管理システムに計上されてしまいます。そうなると、失注を恐れ適正在庫より多めの発注、仕様変更にともなう仕入部品の余剰在庫の発生、こうした罪庫問題が山積し、最悪粉飾にもつながってしまいます。

情物一致は必須です。

経済的発注量（EOQ：Economic Order Quantity）

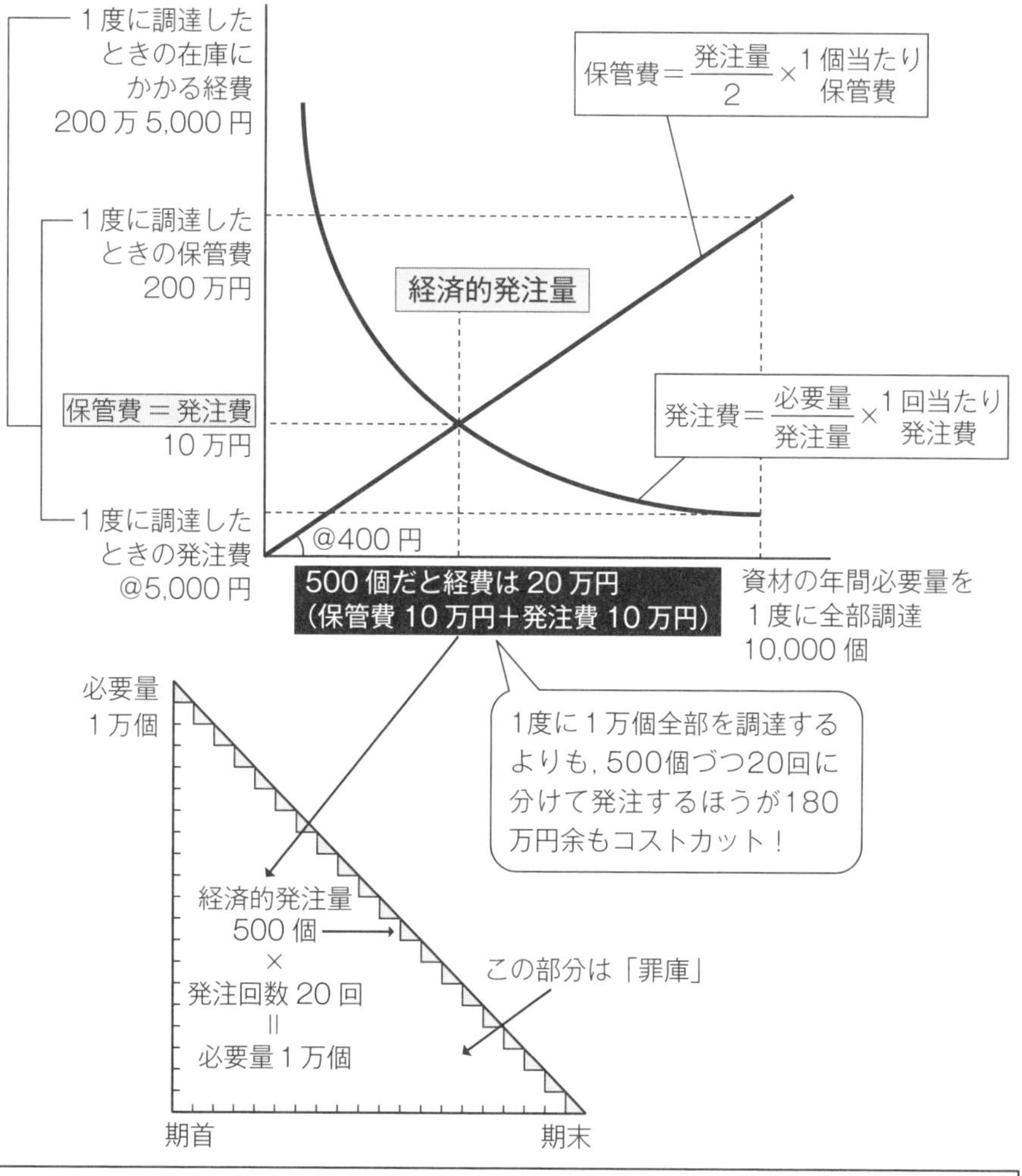

年間必要量10,000個，1個当たり保管費400円，1回当たり発注費5,000円の条件で，保管費＝発注費となる経済的発注量を計算する。

保管費＝1回当たり発注量÷2×1個当たり保管費400円
発注費＝年間必要量10,000個÷1回当たり発注量×1回当たり発注費5,000円
1回当たり発注量×200＝50,000,000÷1回当たり発注量
∴ 1回当たり発注量＝500個。保管費＝発注費＝100,000円，合計200,000円。

53 実地棚卸

現物管理の重要性を意識することが肝心

●実地棚卸の意義

実地棚卸は、倉庫に出向き現物をカウントし、帳簿と突合する作業です。資産があるか実際にカウントすることで資産の**実在性**を検証するとともに、ほこりのかぶり具合や梱包状態から、長期滞留品《デッドストック》の有無や故障等の使用可能性にも着目し、正常品とそうでないものに区別して在庫を評価する、大事な手続きです。

●実地棚卸のポイント

棚卸資産が不正会計の端緒となることもあり、実地棚卸の基本は理解しておく必要があります。

実地棚卸の現場では、次の点に留意してください。

①棚卸実施状況の的確な把握（特に、不良品・簿外品・預け品・預り品などの有無）

②棚卸指示書に基づく実地棚卸の徹底（棚札・棚卸表の連番管理やメーター校正の検証などにも留意）

③実地棚卸と帳簿棚卸の突合（差異分析は必須）

こうした視点で実地棚卸を的確に行います。

●情物一致に欠かせない実地棚卸

在庫管理がしっかりしていて、在庫の情報と倉庫の現物が、常に情物一致している、内部統制がしっかりした組織の場合、**実地棚卸は年1回**程度行えば十分です。

他方、在庫管理の内部統制が不十分な場合、正常な状態にもっていくことが先決です。内部統制が不十分であれば、過剰在庫は罪庫に、財庫切れになればチャンスロスも生じるからです（112ページ）。

大量の在庫を抱え、内部統制が不十分な事例では、数か月間かけて実地棚卸の精度を上げる工夫が必要です。倉庫をいくつかのブロックに分け、今月は第一倉庫、来月は第二倉庫、のように場所別に棚卸作業を行う**循環棚卸**は有効な手段です。その際、A部品は必ず第一倉庫、B部品は第二倉庫という具合に、モノの住所を決めて管理することも重要です。

業務フローの見直しも必要です。たとえば、バッチ処理が原因で、現物の入出荷とデータのタイミング差が生じ、情物不一致となってしまうことがあります。**バッチ処理**とは、一日の入出荷データを夕方などに一括してシステム投入することです。朝8時に10個あった部品が7個出荷、その後2個入荷されたとすれば、倉庫には5個あります。しかし、バッチ処理ではこうした日中のデータの動きがシステムに反映されません。データ上はバッチ処理前の10個のままとなってしまいます。

そこで情物一致を目指した業務フロー改善が必要となりますが、情物不一致な組織にはシステム変更に必要なキャッシュがないのが一般的です。この場合、可能な限りリアルタイムで情報共有できることを目的に、できるだけお金をかけずにシステム変更する必要もあります。

筆者の経験した事例では、前日の在庫表をシステムから打ち出し、当日の入出荷データを随時手書きで書き留める工夫と、半年間、毎月、合計6回程度の継続的な棚卸作業で情物一致を図ることで、在庫管理を機能させることに成功した事例があります。

●実地棚卸のタイミング

一般的に期末日前後に実地棚卸が行われます。置かれた状況や業種・業態により、期末日以外に実地棚卸が行われることもあります。

①一斉棚卸	通常，期末時に行う。棚卸方法として最も一般的。四半期・中間に行う場合もある
②循環棚卸	週·月等の区分で，定期的に行う。多品種·少量，多量・少額の物品を扱うコンビニ等で活用される
③最少量時棚卸	1年で在庫量が最少になるときに行う。製鉄業など，野積み，バラ積みの多量の原材料などで活用される
④臨時棚卸	不正・誤謬《ごびゅう》の発見，デッドストック（流行遅れ品や不良品）の把握など，特殊調査として臨時に実施される

54 ABC分析

在庫管理を徹底するには、情物一致（112ページ）させ、ABC分析のような工夫も必要

●在庫管理に当たりを付ける、ABC分析

在庫管理では次のようなポイントがあります。

①適正在庫の当たりを付けるため情報の収集をする
②収集した情報の分析で在庫管理の効率性を考える
③ムダ・ムラ・ムリのない適正在庫確保に欠かせない情報の活用をする

このとき有効なのが、**ABC分析**です。

在庫を一品ずつ管理すれば、情物一致ができるなどメリットもありますが、そもそも在庫は何種類もあり、管理に手間もお金も掛かります。「経費を最小に」を考えれば、すべての在庫を一律に管理するのは、コストパフォーマンスの観点から得策とはいえず、メリハリをつけた管理も必要です。

そこで、**パレート最適**の概念によるABC分析。パレート最適とは「2割の商製品が、8割の売上をつくる」という**「2：8の法則」**です。売上高の高いもの順にAランク、Bランク、Cランクと区別し、重要性の高いAランクを重点的に在庫管理して、Bランクは中程度、Cランクは重要性も低いのでそれなりにという具合で在庫管理の方針を決める、これがABC分析です。

ABC分析は、エクセルで可能です。商製品別に売上高順に並び替えて集計し、累計売上高を計算して累計構成比で、全体の売上高の80％程度をグループA、90％前後のグループをB、それ以外をCとして区分してあげればよいだけです。さらに、製品別の売上高順に並び替えて棒グラフで表示し、累計売上高を折れ線グラフで表示すれば、分かりやすいグラフが描けます。

図表では、売上高累計82％を占めるAグループのバナナ、イチゴ、ブドウを徹底的にマークして在庫管理する必要があるでしょう。

なお、売上高順のほか、売上原価順、粗利順でABC分析を行うこともあります。

実情にあった在庫管理法を選択することがポイントです。

ABC分析図

売上高順にA・B・Cにグルーピング。この場合Aグループが売上の８割を占めています。

グループ	順位	製品名	売上高(万円)	構成比(%)	累計売上高(万円)	累計構成比(%)
A	1	バナナ	3,500	35.0	3,500	35.0
	2	イチゴ	3,200	32.0	6,700	67.0
	3	ブドウ	1,500	15.0	8,200	82.0
B	4	カキ	850	8.5	9,050	90.5
	5	ミカン	300	3.0	9,350	93.5
	6	ビワ	200	2.0	9,550	95.5
C	7	アンズ	150	1.5	9,700	97.0
	8	クリ	120	1.2	9,820	98.2
	9	キュウリ	100	1.0	9,920	99.2
	10	トマト	80	0.8	10,000	100.0
合計			10,000	100.0		

この表をグラフ化したものが，**ABC分析図**です。

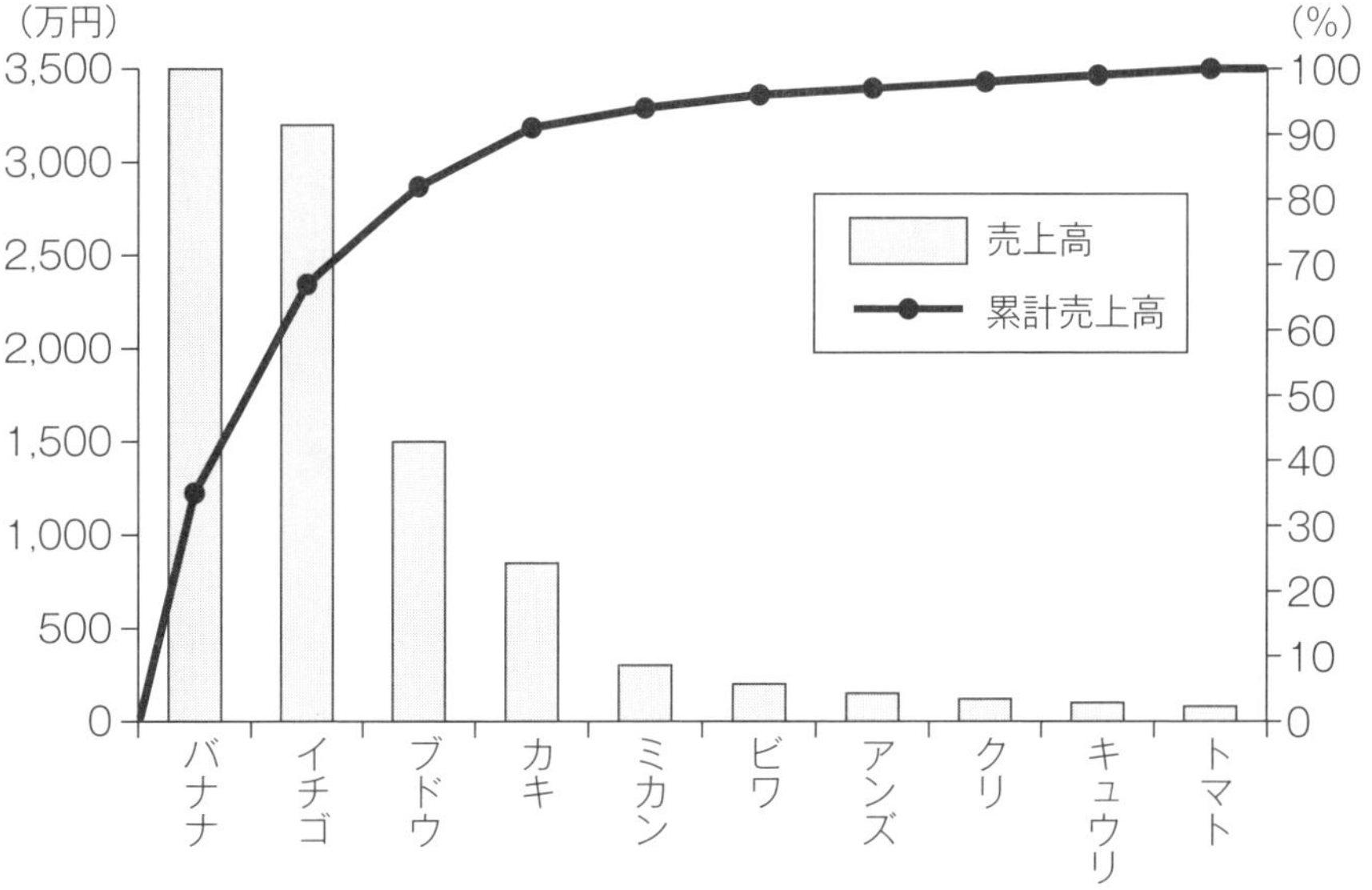

55 回転分析

効率性がわかる回転分析。交叉比率や製作・調達日数との関係にも注目

●在庫回転率と交叉比率

ABC分析（116ページ）で適正在庫のカギを握る商製品が判明したら、次は重要度の高いAグループの在庫がどのくらいのスピード（＝回転）で新旧入れ替わりしているかを把握します。商品の年間売上高が2，400万円で、在庫残高が年度の初め＝期首に190万円、年度の終わり＝期末に210万円あったとき、この商製品の仕入から売上にいたるまでの回転スピードは12回（＝売上高2，400万円÷（期首在庫190万円＋期末在庫210万円）÷2）と計算できます。これは、この商品が1年間に12回売れたことを示します。

在庫回転率＝売上高÷（期首在庫＋期末在庫）÷2

算式で（期首在庫＋期末在庫）÷2としているのは、1年間を通じて平均的に在庫があったと計算上仮定しているわけです。これを、**平均残《へいざん》高**と呼びます。

この回転率を取っ掛かりに、在庫管理を行います。「売上を最大に」ということを考えれば、回転率は高い方がよいわけです。回転率の低い商品がある場合、効率の悪い商売をしている可能性がありますので、販売促進を考え、場合によっては生産抑制や撤退なども視野に入れなければいけません。

この回転率で在庫管理を深掘りするのが、**交叉《こうさ》比率（＝回転率×粗利率）**という指標です。商品の粗利率が25％であるとき、回転率12回×粗利率25％＝交叉比率3と計算できます。この数字は、在庫1円当たり3円の粗利を稼ぎ出す力を表します。

そもそも、販売量が増える＝回転率が高いのが商売的に必ずしも良いとばかりはいい切れません。というのも、販売量が増えるほど、買い手側から「値引きして」とボリュームディスカウントなどを要求され粗利率が低くなる傾向があるからです。そこで、交叉比率を用いて儲けへの貢献度合いを見る必要もあるわけです。

●回転期間と製作日数の関係

回転分析には、**回転期間**という指標もあります。

回転期間＝平均残高÷月商

月商は、月平均売上高（＝年間の売上高÷12）です。

事例では、平均残高200万円÷（売上高2，400万円÷12）＝回転期間1.0カ月＝30日、と計算できますが、これは上述の回転率の逆数で、表現の違いに過ぎません。

回転期間は、在庫が売れてなくなるまでの期間。事例では、平均して30日（＝1.0カ月×30日＝365日÷回転率12回）前後で商品がなくなることを示します。

この回転期間で新旧入れ替えスピードを計算し、商品であれば調達日数、製品であれば製作日数と比較すれば、適正な在庫数を把握でき、生産・仕入調整を的確に判断できる、新たな視点も生まれます。

製作日数＜回転期間⬇罪庫　製作日数27日、回転期間30日の場合、差引3日分の罪庫を生み出してしまう。

調達日数＞回転期間⬇チャンスロス　調達日数32日で、回転期間30日よりも長ければ、差引2日分の財庫を余分に持っていないと、販売機会が失われてしまう。

回転分析

〈前提条件〉 年商（年間売上高）2,400 年間売上原価 1,500 商品残高　期首 190，期末 210		回転率	回転期間
		1期間に商品が何回新旧入れ替わるか	商品が1回入れ替わるために何カ月かかるか
分析の着眼点	売上高 ＝収益の発生	❶ 売上高（年）2,400÷ 商品平残 200※1 ＝回転率 12.0 回	❷ 商品平残 200※1÷ 売上高（月）200※2 ＝回転期間（月商倍率）1.0 カ月
	費消額 ＝費用の発生	❸ 売上原価（年）1,500÷ 商品平残 200※1 ＝回転率 7.5 回	❹ 商品平残 200※2÷ 売上原価（月）125※3 ＝回転期間 1.6 カ月

※1　商品平残＝(期首 190＋期末 210）÷2＝200
※2　売上高（月)＝年間商品売上高 2,400÷12 カ月＝月商 200
※3　売上原価（月)＝年間商品売上原価 1,500÷12 カ月＝125

売上ベース　12 カ月 ÷ ❶12.0 回 ＝ ❷1.0 カ月
費用ベース　12 カ月 ÷ ❸7.5 回 ＝ ❹1.6 カ月

4つの「回転」はどれも同じ意味合い

1年間当たり　1回転当たり

56 損益分岐点分析

「売上を最大に、経費は最小に」を徹底するには、決算書をえぐることも必要

●強い会社の儲けの公式＝CVP分析

「強い」といわれる組織には「儲けの公式」が必ず隠されていますが、その秘密は、決算書を〝えぐれば〟見えてきます。

経費を、家賃のような売上高の増減に関係なく発生する**固定費（Fixed Cost）**と、売上原価のような売上高に連動して発生する**変動費（Variable Cost）**に、固変分解（図参照）し決算書をえぐる、これが経営管理のポイントです。

売上高から変動費を引けば、新たに**限界利益**という売上高に連動する利益、商売人の感覚にマッチした本当の粗利を算出できます。この限界利益は「これ以下で売ったらアカン、限界ギリギリの利益」と理解してください。

限界利益から固定費を差し引いて営業利益等を求め、経費（Cost）、売上高（Volume）、利益（Profit）の関係から採算を管理するのが、その頭文字を冠した**CVP・損益分岐点分析**というツールです。強い会社では、「売上を最大に、経費を最小に」という採算意識を高めるため、CVPの関係に着目しています。このCVPを使った損益分岐点分析の本質は、とてもシンプル。採算が合う、損益トントンとなる**損益分岐点（Brake Even Point）**は目標利益がゼロの点、つまり**固定費＝限界利益**となるときの売上高です。これが**BEP（損益分岐点売上高＝固定費÷限界利益率※）**です。

（※）限界利益率＝限界利益÷売上高

●固変分解の方法

限界利益を求めるには、経費を固定費と変動費に分ける**固変分解**が必要です。

固変分解には、図表のような勘定科目を見て機械的に固変分解する**勘定科目精査法**のほか、多数のデータから一番高い点と低い点を一本の線で結び固変分解する**高低点法**や、統計学的に処理する回帰分析を使った**最小二乗法**などがあります。最小二乗法はエクセルの近似曲線という機能を使えば簡単に計算できます。

固変分解の基本

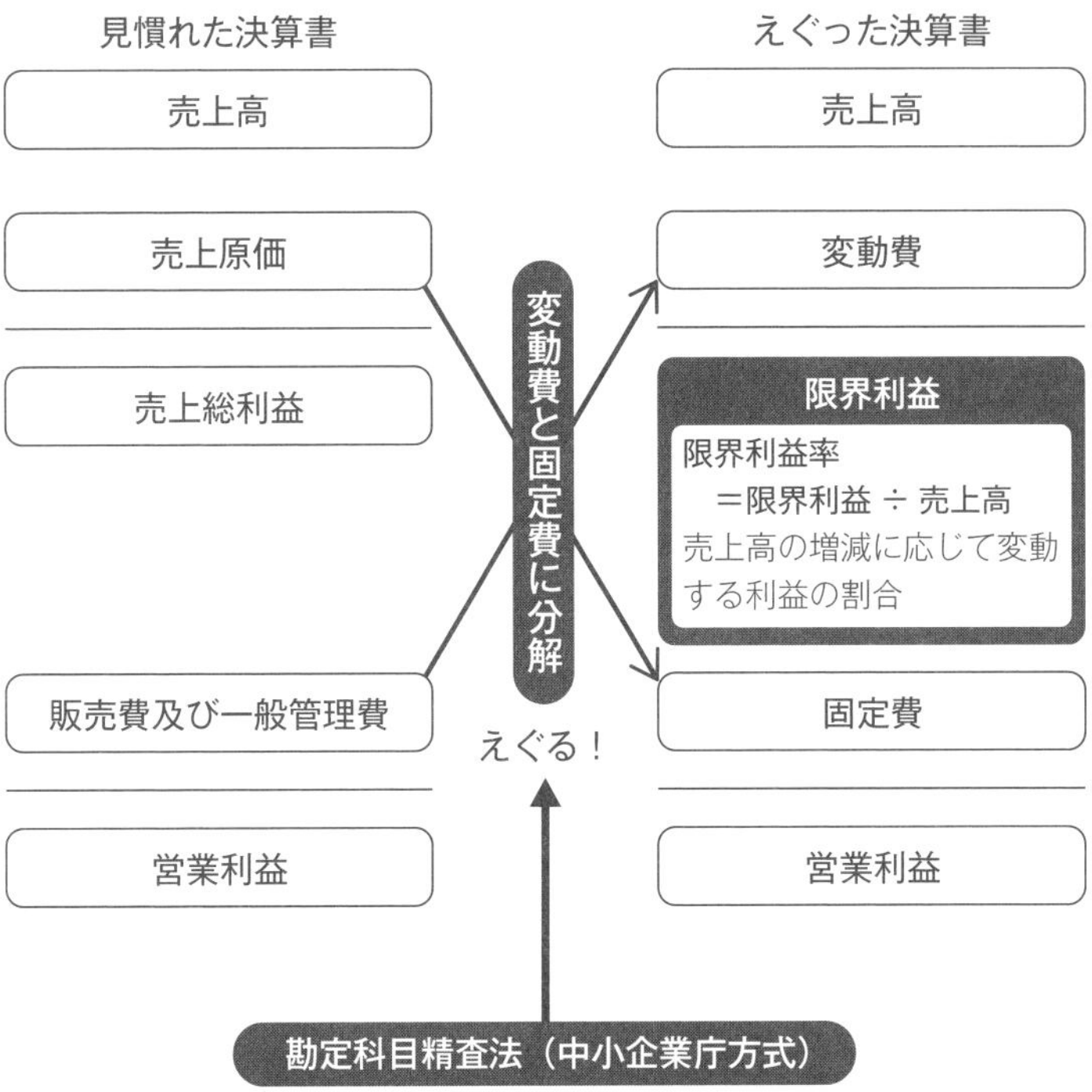

	変動費 売上高に連動する費用	固定費 売上高に関係なく発生する費用
製造業	直接材料費，間接材料費，当期製品仕入原価，買入部品費，その他直接経費，外注加工費，期首製品棚卸高－期末製品棚卸高，重油等燃料費，酒税	変動費以外 給与手当，通信費，広告宣伝費，旅費交通費，水道光熱費，修繕費，保険料，貸借料，接待交際費，支払利息割引料，租税公課，研究開発費，減価償却費など
卸売業 小売業	売上原価，支払保管料，支払運賃，支払荷造費，保険料*，車両修理費*，車両燃料費* （＊卸売業の場合 50%）	

＊営業外収益と営業外費用の差額を，固定費に加えて計算することもある。

（出所）中小企業庁編「中小企業の原価指標」をもとに作成。

57 利益感度分析

売上高と同じ割合で利益が伸びるわけではない

●損益分岐点による営業レバレッジ

「売上高が10%＝100万円増える場合、営業利益率10%だと、100万円×10%＝10万円増益になる」こうした勘違いが多いです。これは、売上高や利益率を単純に見て、2種類の経費の存在を無視するから起こります。

損益分岐点による**利益感度分析**の理解が必要です。上図では、変動費率（変動費÷売上高）40%と固定費500万円は売上高が増減しても変化なし、売上高が10%増えれば営業利益が60%増えるのがわかります。逆に売上高が10%減れば営業利益が60%減少します。この、売上高の変化が営業利益の変化に何倍影響するか表す指標を**営業レバレッジ**といいます。

これは、売上高に連動し発生する仕入原価のような**変動費**、売上高の増減にかかわらず一定額が発生する家賃のような**固定費**、2種類の経費に由来します。売上高が増減すれば、変動費は増減、しかし固定費は変化なし。この関係性の理解で、基本的なマネジメントは行えます。

●事業撤退の判断基準は限界利益

松下幸之助氏は「利益を上げるためには仕入れ値以上の価格で売る」と説きました。これは、100円で仕入れたものを100円以上で売り、仕入原価のような変動費を回収しなければ事業は成り立たない、という商売の基本を説いたと解釈できます。こう考えると、売上高から変動費を引いて求める**限界利益がゼロ以下であれば、その事業は撤退を考える必要がある**といえます。

下図は、AからCまで主な3事業があり、BとCは赤字。このうちCは、松下氏が指摘した「仕入れ値以上の価格で売る」ことができず、限界利益の段階ですでに赤字なので、事業撤退を視野に入れる必要があります。

一方、Bはまだ限界利益で黒字。Bに代わるものがなければ、Bで固定費全額は回収できないものの20だけは回収できるので継続したほうが良いと判断できます。そのうえで固定費削減など施策を考えるべきといえます。**損益分岐点の考えは、会計思考の基本**です。

営業レバレッジ

売上高が 10%減ると…　⇦　現状　⇨　売上高が 10%増えると…

売上高が10%減ると…			現状			売上高が10%増えると…	
売上高	900	▲10%	売上高	1,000	+10%	売上高	1,100
変動費	360		変動費	400		変動費	440
限界利益	540		限界利益	600		限界利益	660
固定費	500		固定費	500		固定費	500
営業利益	40	▲60%	営業利益	100	+60%	営業利益	160

変動費率 40%，限界利益率 60%，固定費 500 は不変として考える
1－変動費率＝限界利益率も覚えておこう！

営業レバレッジ（限界利益の変化率 ÷ 営業利益の変化率）6倍とは，売上高の変化が，営業利益の変化に6倍影響があることを示す

事業の集中と選択の見極め

事業	A	B	C	その他	合計
売上高	800	500	400	400	2,100
変動費	600	480	420	300	1,800
限界利益	200	20	▲20	100	300
(限界利益率)	25%	4%	▲5%	25%	14%
固定費	40	30	20	20	110
営業利益	160	▲10	▲40	80	190
(営業利益率)	20%	▲2%	▲10%	2%	9%

事業セグメント別のほか，顧客や販売地域なども検証対象になる

Bは固定費が限界利益を上回っているので，固定費を削減する等，Bの存続を検討すべき

限界利益率0以下は出血状態。Cは事業中止を検討すべき

58 マネジメント専用の数字

公表用の決算書は必須だが、経営管理を行うにはマネジメント専用の数字も必要

●見えていない数字を補う

決算書は、経営者のほか、株主や金融機関、税務署や債権者など、実にさまざまな利害関係者のニーズをとらえるために一定の書式で公表されます。総花的であるがゆえ、必ずしも経営に必要な情報が盛り込まれているわけではありません。

そこで、経営管理に欠かせない**「見えていない指標・数値」**を盛り込んだ決算書をマネジメント専用に用意する必要があります。顧客目線のマーケットインを意識したセグメント単位で、限界利益のほか、部門長の評価指標となる**管理可能利益**、部門の評価指標となる**セグメント利益**などの数字を観察することが、強い経営に欠かせません。

この辺のしくみがうまく機能している代表例が、京セラの「アメーバ経営」です。アメーバという最小組織単位（最も小さなセグメント）で経営に必要な「数字」を把握し、機動的な経営を行うというしくみです。

反対に、損益を全社一括で管理するしくみを採用していたのがグーグルです。従来、収益のほとんどがオンライン広告から得られていたので、セグメントに分けず数字を把握する方が理に適っていました。その後、事業環境の変化で、2020年からサービス（オンライン広告など）とクラウド（データプラットフォームなど）の2つのセグメントに分けて報告しています。

利益管理をどのように把握すべきか、これは事業を取り巻く環境変化も踏まえた経営ポリシーに依存します。

●見えなくなる数字を補う

国際財務報告基準IFRSと従来の日本基準の大きな違いの1つが売上高の捉え方にあります。従来の日本基準では総額（たとえば、取扱高100）で売上高を表示するのに対し、IFRSでは純額（同、手数料5）となります。この取扱高のような**「見えなくなる数字」**をマネジメント用の決算書に盛り込むことで、**従来使われてきた「数字」の継続性を確保**できるようになります。

マネジメントに役立つ数字(例)

各セグメントの数字を把握し，顧客目線「マーケットイン」を重視する

	Aセグメント	Bセグメント	Cセグメント
取扱高	XXX	XXX	XXX
売上高	XXX	XXX	XXX
変動費	XXX	XXX	XXX
限界利益	XXX	XXX	XXX
管理可能個別固定費	XXX	XXX	XXX
管理可能利益	XXX	XXX	XXX
管理不能個別固定費	XXX	XXX	XXX
セグメント利益	XXX	XXX	XXX
共通固定費配賦額	XXX	XXX	XXX
営業利益	XXX	XXX	XXX
利息収益	XXX	XXX	XXX
その他営業外収益	XXX	XXX	XXX
利息費用	XXX	XXX	XXX
その他営業外費用	XXX	XXX	XXX
経常利益	XXX	XXX	XXX

資産	XXX	XXX	XXX
負債	XXX	XXX	XXX

取扱高：総額ベース（従来の売上高情報）

売上高：純額ベース（IFRS）

変動費～営業利益：マネジメントに役立つえぐった利益指向型PL
- 顧客目線のセグメント別
- 管理可能性を加味

元々見えない指標は補う

取扱高～経常利益：見えなくなる指標は補完

利息収益・利息費用・資産・負債：セグメント情報の開示項目（IFRS）

見えない指標を補い，見えるものを活かし，マネジメントに役立つ様式にする（財務・非財務指標の活用）

59 原価計算

製造コスト管理のしくみは「I N＝O U T」の関係に注目

●原価計算の本質

A液1ℓ100円、B部品1箱100円、C粉1kg100円、これらを製造工程に投入し、グルグルッと混ぜ合わせ、製品10個が完成→（100円＋100円＋100円）÷完成品10個＝製品1個当たり製造単価30円と算出する、これが**原価計算**の本質です。ℓ・箱・kgのような異なる度量衡《どりょうこう》（単位）を、「製品・1個」という決まった単位に置き換える、主に製造業で見られる会計のしくみが原価計算です。

●原価は3ステップで集計

T字勘定が連なる図を見れば、左から右に製造コストが段階を経て、製品そして売上原価に集計されていくのがわかります。第1段階で、A液などの**材料費**、作業員の賃金といった**労務費**、材料費・労務費以外の水道光熱費のような**経費**に原価要素を区分し、これらを製品製造との関連性から直接費と間接費に区分して費目別計算を行います。第2段階で、製造部門・補助部門別に部門別計算をします（図では省略）。第3段階で、製品1単位

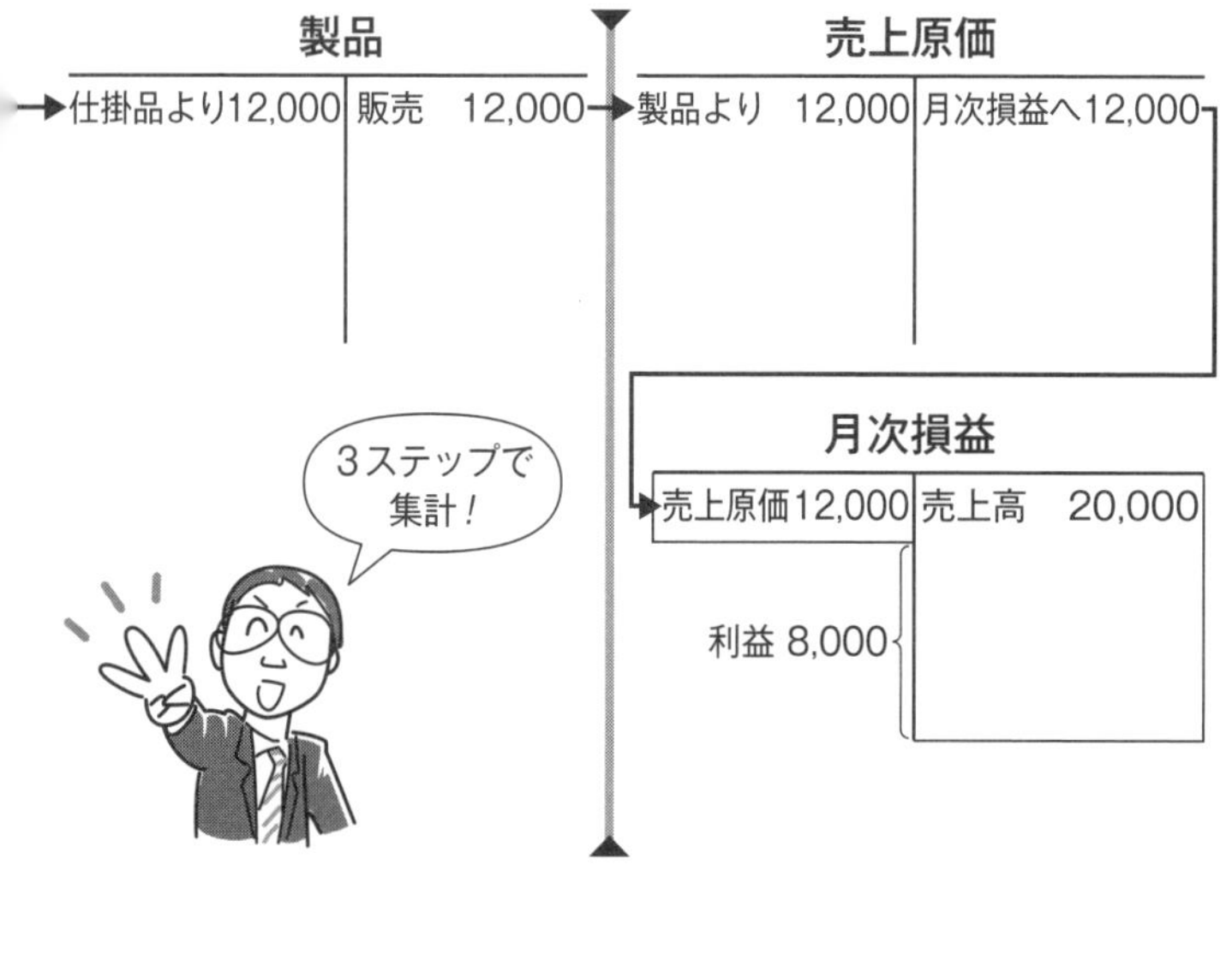

当たりの製造原価を算出する製品別計算を行います。このように、**費目別・部門別・製品別の3ステップで製造コストを集計**することになります。

ここで、勘定連絡図の▼▲の中にある製造間接費・仕掛品・製品の3つのT字勘定を隠して見てください。

期首・期末で、売れ残った製品や製造途中の仕掛品等が存在せず、当期発生した材料費5,000・労務費4,000・経費3,000が製造原価に集計され、すべて販売される事例では、売上原価12,000と売上高20,000が対比され、差引8,000の利益が計上されます。

材料費・労務費・経費を、製造工程にインプットし、製品としてアウトプット＝**「インプットされたものは必ずアウトプットされる」**ことに着目して、製品単価というアウトプット情報を得るのが原価計算です。

いい換えると、会計は、金額であれ数量であれ、**左右・貸借は「バランス」する**のです。

原価計算の勘定連絡図（T字勘定）

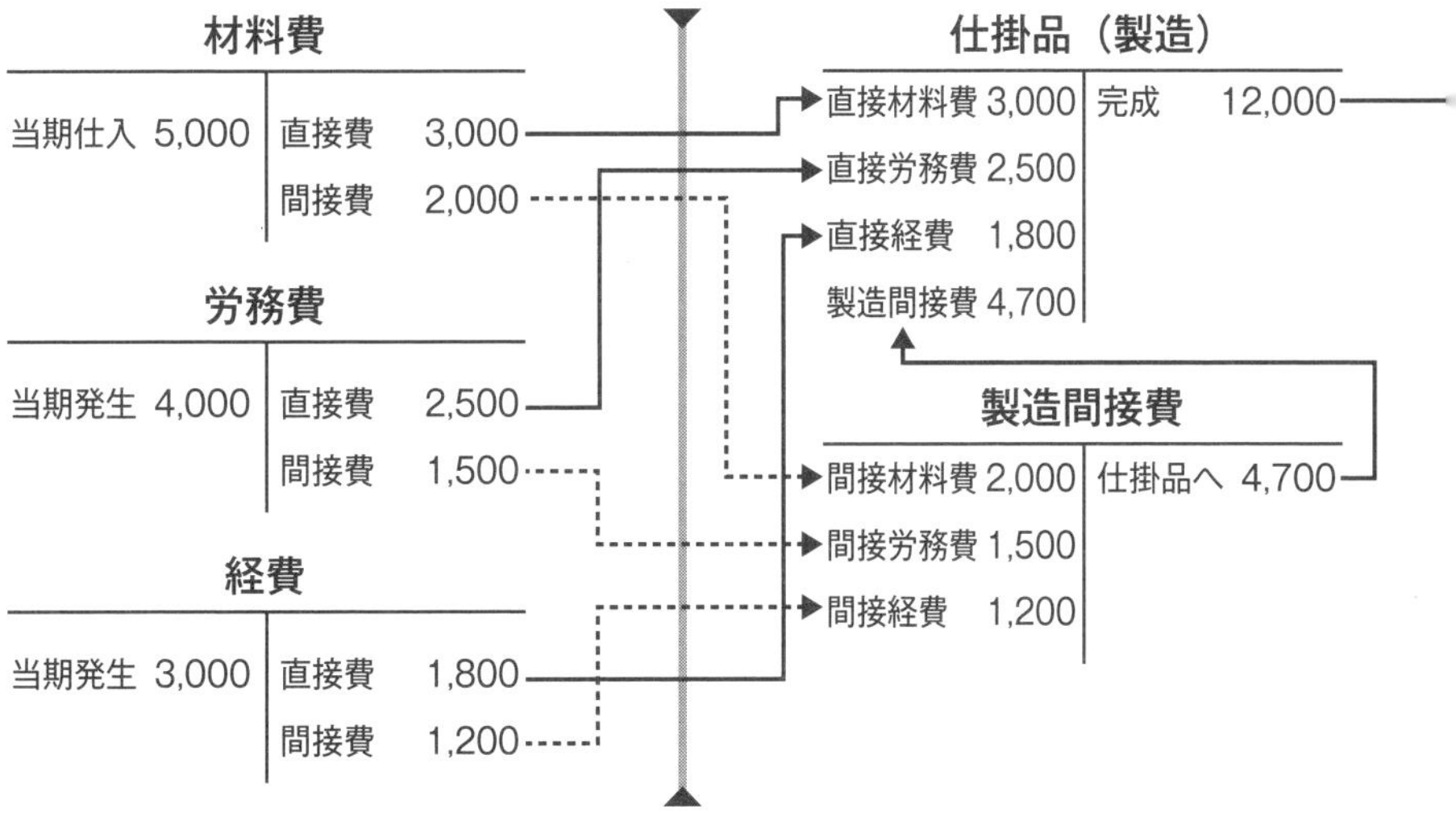

60 予算制度

予算編成・統制のしくみと、予算の弊害と対策

●予算制度の意義

「売上を最大に、経費を最小にすれば、儲けが生まれる」よう仕向けるには目標も大切。経営理念《ビジョン》という普遍的な目標や、年度予算のような短期的目標もあります。

予算編成では、予算期間における利益目標を指示し、各業務分野の諸活動を調整しながら、具体的な計画を貨幣的に表示します。一般的に、①売上・原価・販管費・研究開発・営業外損益の各「損益予算」、②営業収支・営業外収支から成る「資金予算」、③設備投資・投融資に係る「資本予算」、これら各予算の整合性を総合的に取りつつ、総合予算が編成・作成されます。

予算編成後、計画を実行に移し、実績と比較分析します。分析に経営ダッシュボード（164ページ）を活用するのも有効です。分析の結果、目標達成に必要な戦略や戦術の修正が必要になることもあれば、目標や予算自体の修正が必要になることもあります。このような**予算統制**を実効性あるものにするには、予算編成時に管理責任や評価基準などを明確化しておく必要もあります。

●予算不要論

「数字」で管理するほど、間違いも起こりやすくなります。**非現実的な予算**が人間の行動や判断を狂わせ、**簡単に達成できてしまう予算**がダラリ経営にもつながり、予算ありきは不都合が多くなるのも事実です。

計画立案で満足し、絶対に計画を見直さず、管理責任が不明で、前提数値があいまい等、計画や予算は「使うばっかりで、入ってこない」ので「予算は不要だ」という、京セラ・稲盛和夫氏のような経営者もいるほどです。

代わりに、**プロセスを「数字」で管理する**しくみで役職員のモチベーションを高め、**当事者意識**を持たせることがROE（92ページ）のような財務指標につながる、BSC（134ページ）という経営管理の考えもあります。

楽天の三木谷浩史氏は「適切な目標がなければ改善しても意味はない」「当事者意識を持つと、モノゴトを俯瞰で眺められるようになるのだ。」と主張します。

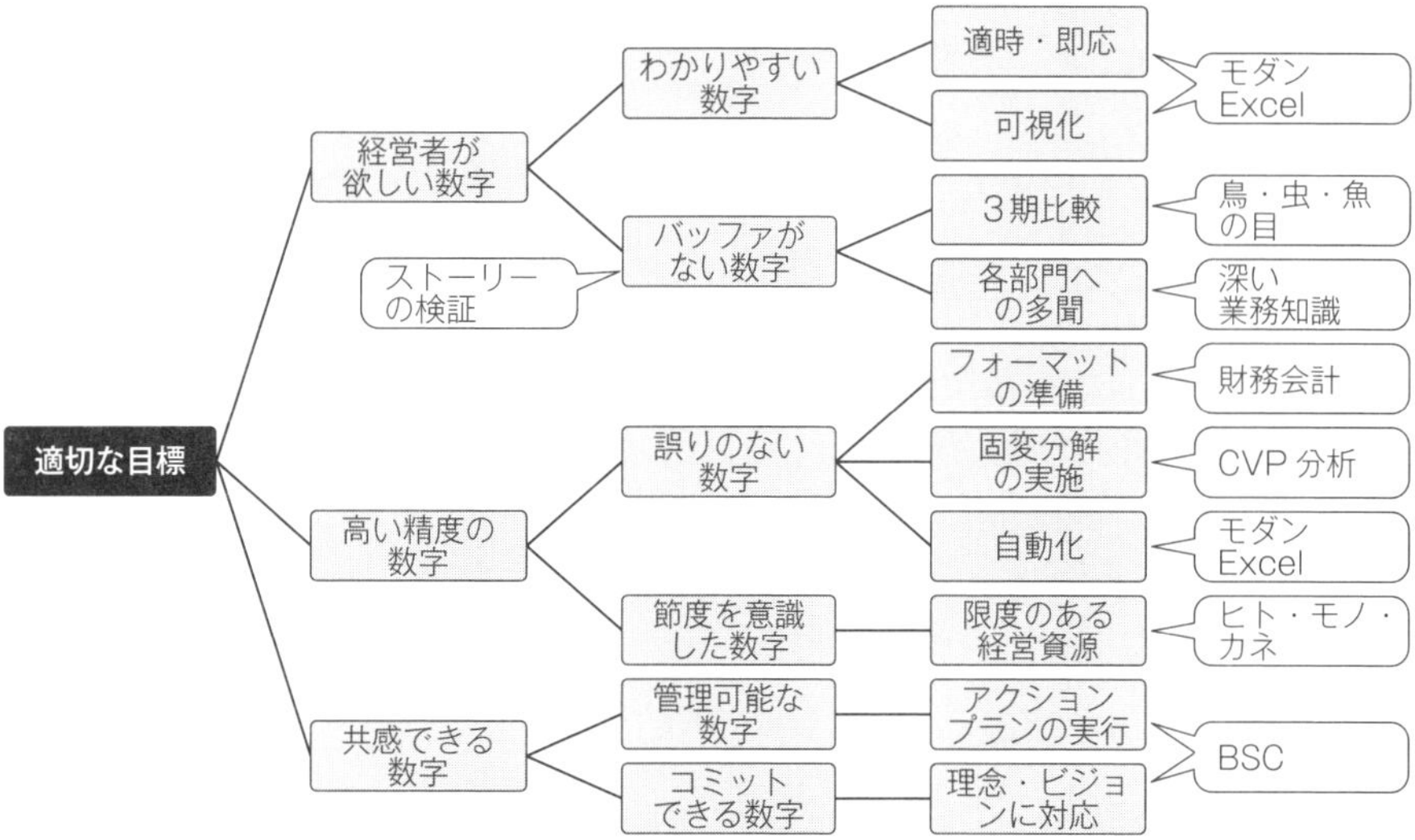

「適切な目標」の設定は，上記の観点を意識すると良いでしょう。
モダンExcelを使えば「ピボットテーブル」で予実管理を行えます。「スライサー」で対象部署を，「タイムライン」で期間を，各々変更すると自動計算できます。月の営業日の計算や，実績＋予算＝着地見込みも計算できるモダンExcelは便利です（下図）。

		2018				2019															
						Q1				Q2											
										07				08							
										23				19							
		予算額	実績額	差異	差異%	予算額	実績額	差異	差異%	予算額	実績額	差異	差異%	予算額	実績額	差異	差異%	全体の予算額	全体の実績額	全体の差異	全体の差
1 売上高		1,266	2,808	1,542	121.8%	969	705	-264	-27.2%	325	233	-92	-28.3%	326		-326	-100.0%	2,886	3,746	860	29.8%
2 変動費	売上原価	660	1,356	696	105.5%	330	342	12	3.6%	110	112	2	1.8%	110		-110	-100.0%	1,210	1,810	600	49.6%
3 限界利益		606	1,452	846	139.6%	639	363	-276	-43.2%	215	121	-94	-43.7%	216		-216	-100.0%	1,676	1,936	260	15.5%
4 個別固定費	人件費	120	276	156	130.0%	81	72	-9	-11.1%	27	23	-4	-14.8%	27		-27	-100.0%	255	371	116	45.5%
	水道光熱費	60	240	180	300.0%	33	67	34	103.0%	11	20	9	81.8%	11		-11	-100.0%	115	327	212	184.3%
5 貢献利益		426	936	510	119.7%	525	224	-301	-57.3%	177	78	-99	-55.9%	178		-178	-100.0%	1,306	1,238	-68	-5.2%
6 共通固定費	広告宣伝費	120	348	228	190.0%	75	87	12	16.0%	25	29	4	16.0%	25		-25	-100.0%	245	464	219	89.4%
7 営業利益		306	588	282	92.2%	450	137	-313	-69.6%	152	49	-103	-67.8%	153		-153	-100.0%	1,061	774	-287	-27.0%

着地見込み

		2018				2019								総計
						01	02	03	04	05	06	07	08	
		実績				実績	実績	実績	実績	実績	実績	実績	見込	
	営業日数	20	21	22	23	20	20	21	21	21	20	23	19	
1 売上高		111	341	222	337	111	111	111	234	235	236	233	326	2,608
2 変動費	売上原価	60	188	120	184	60	60	60	113	114	115	112	110	1,296
3 限界利益		51	153	102	153	51	51	51	121	121	121	121	216	1,312
4 個別固定費	人件費	10	30	20	30	10	10	10	25	24	23	23	27	242
	水道光熱費	7	21	14	21	7	7	7	20	20	27	20	11	182
5 貢献利益		34	102	68	102	34	34	34	76	77	71	78	178	888
6 共通固定費	広告宣伝費	11	33	22	33	11	11	11	29	29	29	29	25	273
7 営業利益		23	69	46	69	23	23	23	47	48	42	49	153	615

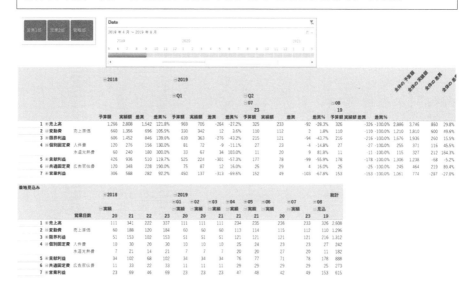

61 セグメント情報

どの事業で儲かっているか、類似性のある事業セグメントを束ねて開示する

●セグメント情報等の意義

部門や子会社などの構成単位を**セグメント**といい、セグメント単位で、財務諸表の利用者が企業の過去の業績を理解し、将来のキャッシュ・フローの予測を適切に評価できるよう**セグメント情報**を開示します。経営者が経営上の意思決定を行い、業績評価するために、企業を事業の構成単位に分別した方法を基礎とした**マネジメント・アプローチ**によりセグメント情報は開示されます。

●報告セグメント

開示報告の対象となる**報告セグメント**は、①収益・費用が発生する事業活動に関わるもので、②意思決定・業績評価の単位となり、③分離された情報を入手できる、**事業セグメント**になります。

複数の事業セグメントを、製品やサービスの内容、販売方法、販売する市場又は顧客の種類などの類似性による**集約基準**に基づき集約します。

集約された事業セグメントの中から、次の**量的基準**のいずれかを満たす事業セグメントを報告セグメントとして開示する必要があります。なお、この量的基準に満たない事業セグメントを開示するのは構いません。

（量的基準）

⑴売上高（事業セグメント間の内部売上高又は振替高を含む。）がすべての事業セグメントの売上高の合計額の10％以上であること（売上高には役務収益を含む。以下同じ。）

⑵利益又は損失の絶対値が、①利益の生じているすべての事業セグメントの利益の合計額、又は②損失の生じているすべての事業セグメントの損失の合計額の絶対値のいずれか大きい額の10％以上であること

⑶資産が、すべての事業セグメントの資産の合計額の10％以上であること

『セグメント情報等の開示に関する会計基準の適用指針』で示される開示例

報告セグメントの利益（又は損失），資産及び負債等に関する情報

（単位：百万円）

	自動車部品	船舶	ソフトウェア	電子	その他[注1]	調整額[注2]	連結財務諸表計上額[注3]
売上高							
外部顧客への売上高	3,000	5,000	9,500	12,000	1,000	—	30,500
セグメント間の内部売上高又は振替高	—	—	3,000	1,500	—	△4,500	—
計	3,000	5,000	12,500	13,500	1,000	△4,500	30,500
セグメント利益	200	70	900	2,300	100	△2,050	1,520
セグメント資産	2,000	5,000	3,000	12,000	2,000	500	24,500
セグメント負債	1,050	3,000	1,800	8,000	—	5,000	18,850
その他の項目							
減価償却費	200	100	50	1,000	50	50	1,450
有形固定資産及び無形固定資産の増加額	300	700	500	800	—	1,000	3,300

（注）1．その他には，不動産事業，電子機器レンタル事業，ソフトウェア・コンサルティング事業及び倉庫リース事業等を含んでいる。

2．調整額は以下のとおりである。

⑴　セグメント利益の調整額△2,050 百万円には，セグメント間取引消去△500 百万円，のれんの償却額△550 百万円，各報告セグメントに配分していない全社費用△950 百万円及び棚卸資産の調整額△30 百万円が含まれている。全社費用は，主に報告セグメントに帰属しない一般管理費及び技術試験費である。

⑵　セグメント資産の調整額 500 百万円には、本社管理部門に対する債権の相殺消去△900 百万円，各報告セグメントに配分していない全社資産 1,500 百万円及び棚卸資産の調整額△30 百万円が含まれている。

⑶　セグメント負債の調整額 5,000 百万円は，本社の長期借入金である。

⑷　有形固定資産及び無形固定資産の増加額の調整額 1,000 百万円は，本社建物の設備投資額である。

3．セグメント利益は，連結財務諸表の営業利益と調整を行っている。

（ワンポイント）

マネジメントは，セグメント情報の意義とともに，図表の「数字」の意味も理解しておく必要があります。いずれも，64 ページ以降の連結の基本がわかれば，理解できる内容です。

- 「外部顧客への売上高」は，外部の顧客へ売った，連結 PL の売上高
- 「セグメント間の内部売上高又は振替高」は，連結で消去される売上高
- 「セグメント利益」「資産」「負債」「その他の項目」は，各セグメントの PL・BS の主要項目の金額

62 SWOT分析

消費者が求める「ここにしかない価値」は自社の強み

●内外環境把握ツール

自社の**強み**（Strength。多様な人材など）、**弱み**（Weakness。高コスト構造など）の**内部環境**を知り、自社を取り巻く**機会**（Opportunity。技術革新など）、**脅威**（Threat。少子高齢化など）の**外部環境**を的確に把握するしくみも必要です。4つの頭文字を冠した内部・外部の環境分析ツールが**SWOT分析**です。

内部環境を把握するツールに**バリューチェーン分析**があります。業務プロセスを購買物流、製造、出荷物流、販売・マーケティング、サービスという**主要活動**と、全般管理、人的資源管理、技術開発、調達活動という**支援活動**の2つに大別し、各活動・機能を通じ、どのような付加価値《バリュー》が生み出されているか分析します。

外部環境の把握には、社会構造の変化という**マクロ環境**、マクロ環境に誘発され企業に直接影響を与える**ミクロ環境**、双方の理解には、政治的（Politics。増税など）、経済的（Economics。金利など）、社会的（Society。人口動態など）、技術的（Technology。AIなど）という視点が必要になります。これらの頭文字を取った外部環境分析ツールが**PEST分析**です。

●クロスSWOT

バリューチェーン分析やPEST分析などで内外環境を分析し、自社のSWOTを把握していきます。

経営改革の現場ではもう一歩進め、S×WやS×Oのように、SWOTの各要因を掛け算した**クロスSWOT分析**で、戦略目標を策定していくのが一般的です。

「売上を最大にする」には（クロス）SWOT分析を通じ、自社の事業構造をより深く理解し、自社に備わる「ここにしかない価値」が何かを再認識し、消費者に積極的にアピールする、こうした経営戦略が欠かせません。

あのドラッカーはいいます。「急激かつ予測不能な変化の時代にあっては、基本的なトレンドにのった戦略をもってしても、成功が保証されるわけではない。しかしそれなくしては、失敗が確実である。」

クロスSWOT（ある時のユニクロ事業を運営するファーストリテイリング社の事例）

			内部要因	
			強み（Strength）	弱み（Weakness）
			•実質無借金経営 •高品質低価格（商品開発がうまい） •在庫管理が上手 •優秀な店舗スタッフ •効果的な広告宣伝 •東アジア No.1 ブランド	•「柳井商店」（社長への高い依存度） •国内ユニクロ事業の不振 •天候に左右されがちな業績
外部要因	機会（Opportunity）	•海外市場に成長機会あり •異業種分野に成長機会あり •優秀な人材の流動化 •グローバルアンバサダーの活躍（錦織圭選手，アダム・スコット選手など）	**S×O**（「強み」による「機会」の活用策） •世界で唯一の Life Wear をめざす •世界各エリアで本格的な事業展開 •世界最適地で経営を極める •世界の主要都市で本格的な研究開発 •グローバル旗艦店の出店	**W×O**（「弱み」で「機会」を逃さない策） •「柳井商店」からの早期脱却（次期後継者の育成） •グローバル・ヘッドクォータ（世界本社）による経営 •リアルとバーチャルの融合した新産業の創出 •店舗スタッフ主役の個店経営へ進化
	脅威（Threat）	•国内市場の低迷 •ファストファッションへの飽き感 •外資系ファストファッションの国内進出 •ブラック企業への批判	**S×T**（「強み」による「脅威」の回避策） •世界最高水準のダイレクトビジネス（グローバル生産ネットワークの構築） •グローバル企業・団体との協業 •世界中で愛されるコア商品への進化（ヒートテックなどユニクロブランドの強化）	**W×T**（「弱み」と「脅威」の最悪回避策） •従業員満足度を高め，成長させる （働き方の多様化に対応） •CSR 活動への取組み強化（瀬戸内オリーブ募金など）

（出所）拙著『経営を強くする会計７つのルール』（ダイヤモンド社）より転載，一部追記。

63 バランスト・スコアカードBSC

財務・顧客・業務・成長の4つの視点を持つ戦略ツール

●経営に必要な、2つの数字

経営と数字は不可分。ただ数字を少しかじると、売上高など「結果を見る数字」、**財務指標**に目が奪われがち。

しかし、顧客との関係を重視するしくみ作りには満足度など**非財務指標**への配慮も必要で「過程《プロセス》を見る数字」も不可欠です。星野リゾートの星野佳路社長も「数値で管理すべきは結果よりプロセスだ」といっています。

●戦略ツールBSC（Balanced Score Cards）

「とにかく売ってこい!」の掛け声だけで業績回復すれば苦労もしません。やはり売上増加には、**具体的な目標《ゴール》**を定める必要があります。各自が何をすればよいかイメージできるよう、「顧客Aは〇〇、だから新商品は絶対売れる、営業プラン1で攻めよう!」と、勝率を高めチーム一丸となれる工夫も必要です。

成長戦略の要素を戦略マップで示す**バランスト・スコアカード（BSC）**がその役目を担います。

財務指標のみならず、非財務指標にも着目し、**4つの視点**（①**財務**＝収益と生産性の向上、②**顧客**＝価格・品質・短納期で顧客満足度向上、③**内部業務プロセス**＝新製品や新サービスで革新・顧客価値の向上管理・卓越した業務の達成・規制と環境の各プロセスで中から外を見る、④**学習と成長**＝動機付けられ予備教育された労働力の確保）で、いつ・どこで・だれが・だれに・なにを・どのように・いくらで、という明確な課題をメンバーに与える工夫、全体最適を図る戦略ツールがBSCです。

上位者がビジョンを語り、下位者がその達成に必要な課題を理解し、全社でゴール共有、これがBSCです。

●BSC導入の前提

BSCの考案者は、バランスト・スコアカードの理解には「顧客のセグメント化」「直接原価計算」「データベース・マーケティング」の学習が必要だといい（図）、スコアカードには、内部業務プロセスの視点で10個程度、それ以外の3つの視点で各5つ程度まで、「**合計20から25の尺度を設定するのが良い**」と主張します。

『バランスト・スコアカードを理解するために，従業員は顧客の**セグメント化，直接原価計算，データベース・マーケティング**について学習しなければならなかった。』

@キャプランとノートンの戦略バランスト・スコアカード（東洋経済新報社）

顧客のセグメント化

➡ ターゲットは誰？（すべてのセグメントを満足させることは複雑すぎて不可能。たとえば，収益性の高いセグメント）

➡ エクセル　バブルチャート，ピボットテーブル（158 ページ）

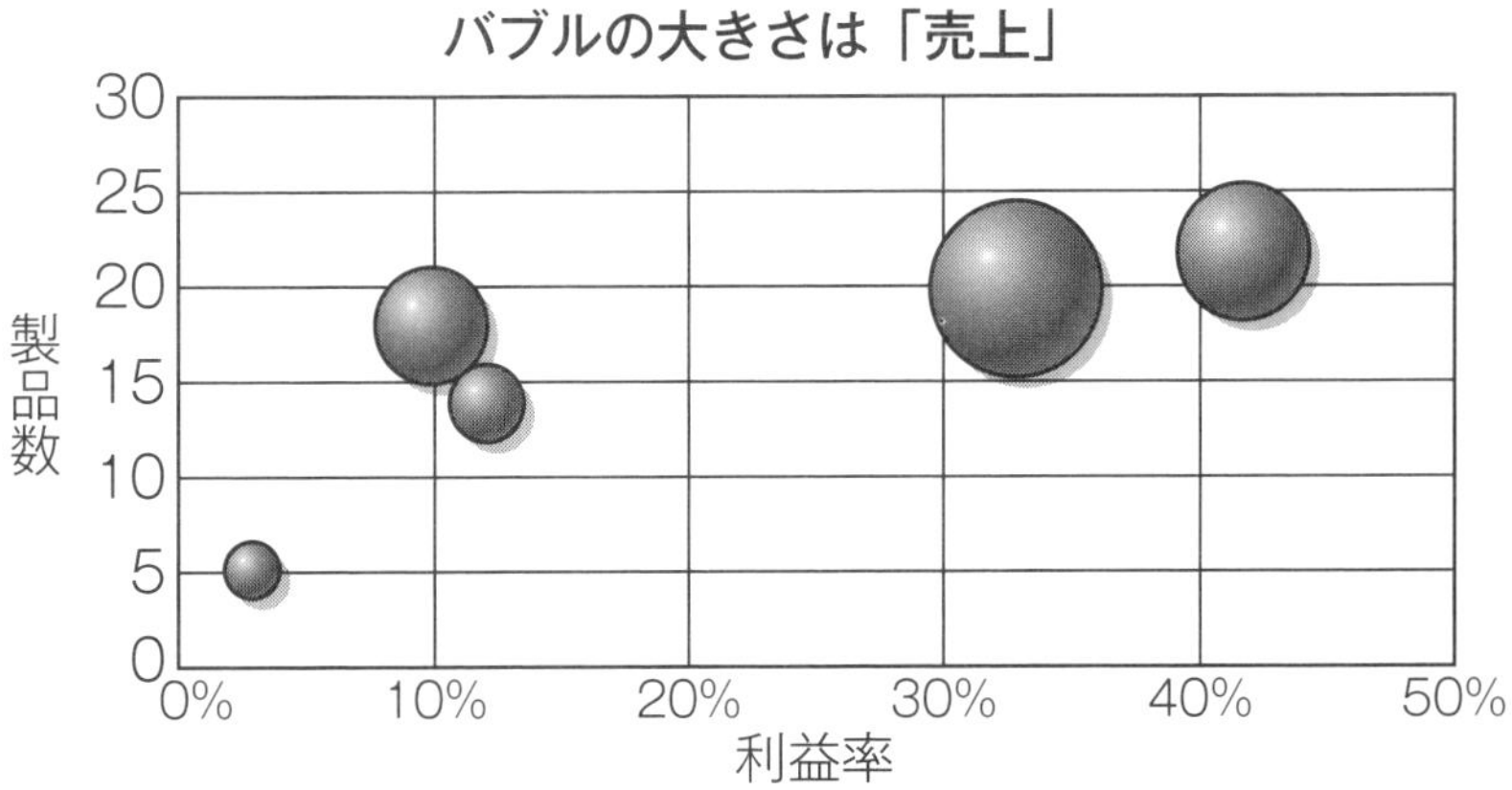

直接原価計算

➡ 真の粗利*の算出法を知る
（＊売上高に連動して「変動」する限界利益など）

➡ 損益分岐点分析（120 ページ）

データベース・マーケティング

➡ ×単なる数字（数字は数字の形である必要はない）
◎「青ー黄ー赤のわかりやすい信号方式」が大切

➡ エクセル　KPI（135 ページ），モダン Excel（164，168 ページ）

64 重要業績評価指標KPI

KPI（Key Performance Indicator）とROICの構造

●KPIの意義と非財務指標の重要性

某アンケート調査で、社長や幹部が重要と思う経営指標の多くは、売上高やROE（90ページ）など決算書で示される**財務指標**に関心が向けられます。ただ、これらは過去の結果を見る数字です。星野リゾート社長は「利益率などは毎月の決算報告で把握できるが、そこに満足度やノウハウの数字は出てこない。そのため、この部分の数値化は非常に大切だと感じている」と説きます。

KPI《けーぴーあい》の考案者、キャプランとノートンは「非財務尺度は単に**先行的**であるだけでなく、**持続的**でもある」と説き、財務指標だけでなく、むしろ離職率のような**非財務指標**の大切さを強調します。実際に、新入社員の3割超が3年以内に辞め、離職率を経営課題に挙げる会社が6割超という事実《ファクト》もあります。これに対し、社員の悩み相談専門部署の設置や、AIアプリで普段付き合いのない社員同士をつなぐこと等で、従業員満足度を高め、離職率を下げた事例もあります。

●ROIC経営の実践（94ページ参照）

特性の異なる複数事業を抱えるオムロンは、公平に評価できる観点から**ROIC経営**を中長期の経営判断基準に設定しています。これを支えるのが2つの柱です。

①ROIC逆ツリー展開　各事業の構造・課題に応じたROIC改善の強化項目《ドライバー》とそれらを強化・改善するためのアクションとKPIを設定。

②ポートフォリオマネジメント　4つの領域に区分し、それぞれに応じた投資強化や事業撤退の戦略を立案し、経営資源の配分を決定。

①②を用い、滞留している経営資源（モノ・カネ・時間。注 一般的な経営資源は、ヒト・モノ・カネ）を減らし、価値創造に必要な経営資源を果敢に投入し、顧客価値の増大を図る、これがオムロン流ROIC経営です。

上図を見ると、新商品売上や滞留債権額のような財務指標だけではなく、革新アプリ数や間接部門人員数などの非財務指標もKPIに採用しているのが特徴です。

ROIC 経営（オムロンの事例）

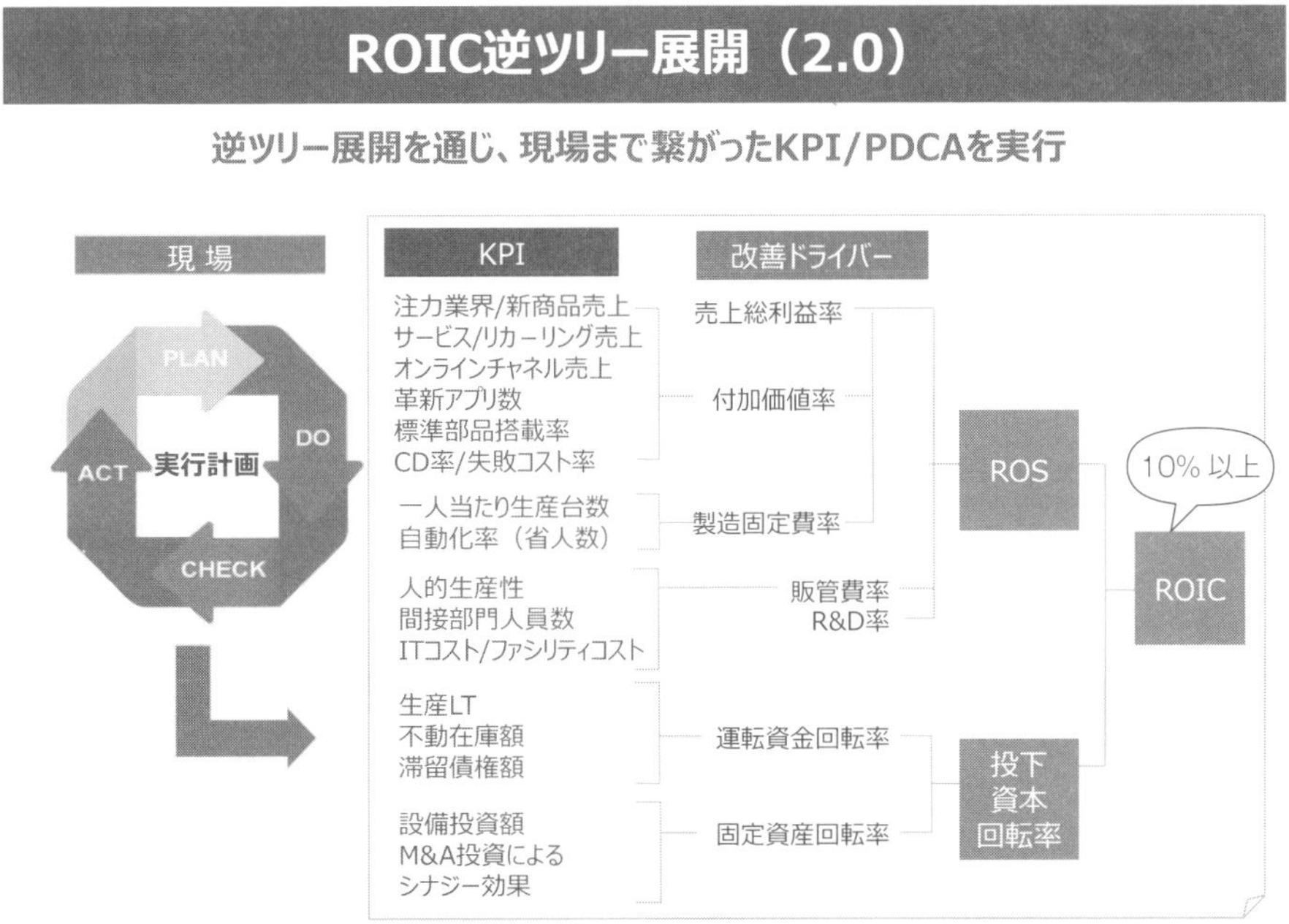

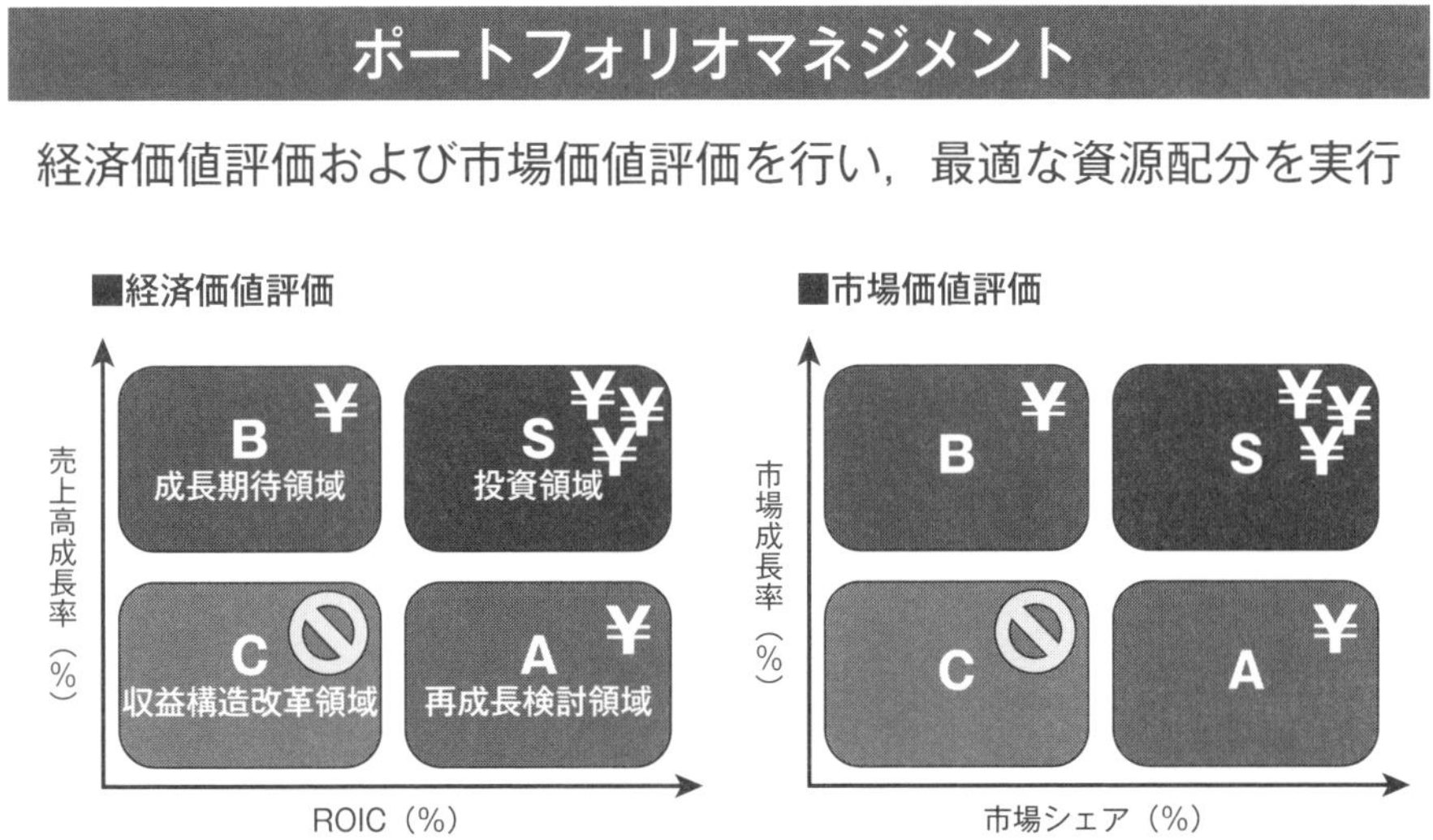

（出典）『オムロンの基本情報』

https://www.omron.com/jp/ja/ir/irlib/pdfs/202205_basic_j.pdf，一部加筆

65 事業再生と会計

資産超過、欠損金、債務超過という耳目を集める経済用語も3つの箱で理解

●経営改善ノウハウ

資産超過は、資産が負債よりも大きいBSの状態。**欠損金**は、資産と負債のバランスが悪く、かろうじて純資産が残っている状態。**債務超過**は、欠損金の状態がさらに進み、資産が負債よりも小さくなった状態。BSを3つの箱でイメージすれば理解しやすいでしょう。

この欠損金や債務超過でも、再生できる可能性は残されていることもあります。カギは財務体質を改善できるかです。ROA（90ページ）、D／Eレシオ（88ページ）、フリー・キャッシュ・フロー（22ページ）などで、他社比較、現状把握からはじめるのが基本になります。

その上で、収益性や財務健全性を図るために何をすべきか考えます。「売上を最大に」という文脈で、①売上UPを図るためにブランド化による販売単価の上昇や、薄利多売の回転率向上による販売数量の増加など、できることを考える。「経費を最小に」という点は、②原価低減＝コストリダクションを図るためにサプライチェーンマネジメントによる仕入単価の引下げや、ムダ・ムラ・ムリがないか検証しダラリを排除する。③不採算事業の洗い出しで、人件費の見直しや事業所の撤廃などコスト全般の見直しでリストラも視野に入れます。

そもそも事業再生にも難易度があります。手軽なところで、資産回転率などを取っ掛かりに、不要不急の資産処分からはじめます。株式交換を活用し子会社を親会社に統合する組織再編でダラリを排除することも可能です。

資産売却以外は難易度が高いですが、ポイントは1つ。財務体質が改善することを説明できること。金融機関などの債務者に債務弁済の支払条件を変更してもらうreschedule《リスケ》や、債務カットのお願い、債務を株式に変換するデット・エクイティ・スワップ（DES）の実行、不採算部門やシナジー効果を得られない事業部門の売却、これらにより財務体質改善を図るのも、**まずはどこに財務体質の問題があるか分析してみる**ことからはじめます。

事業再生の視点と枠組み

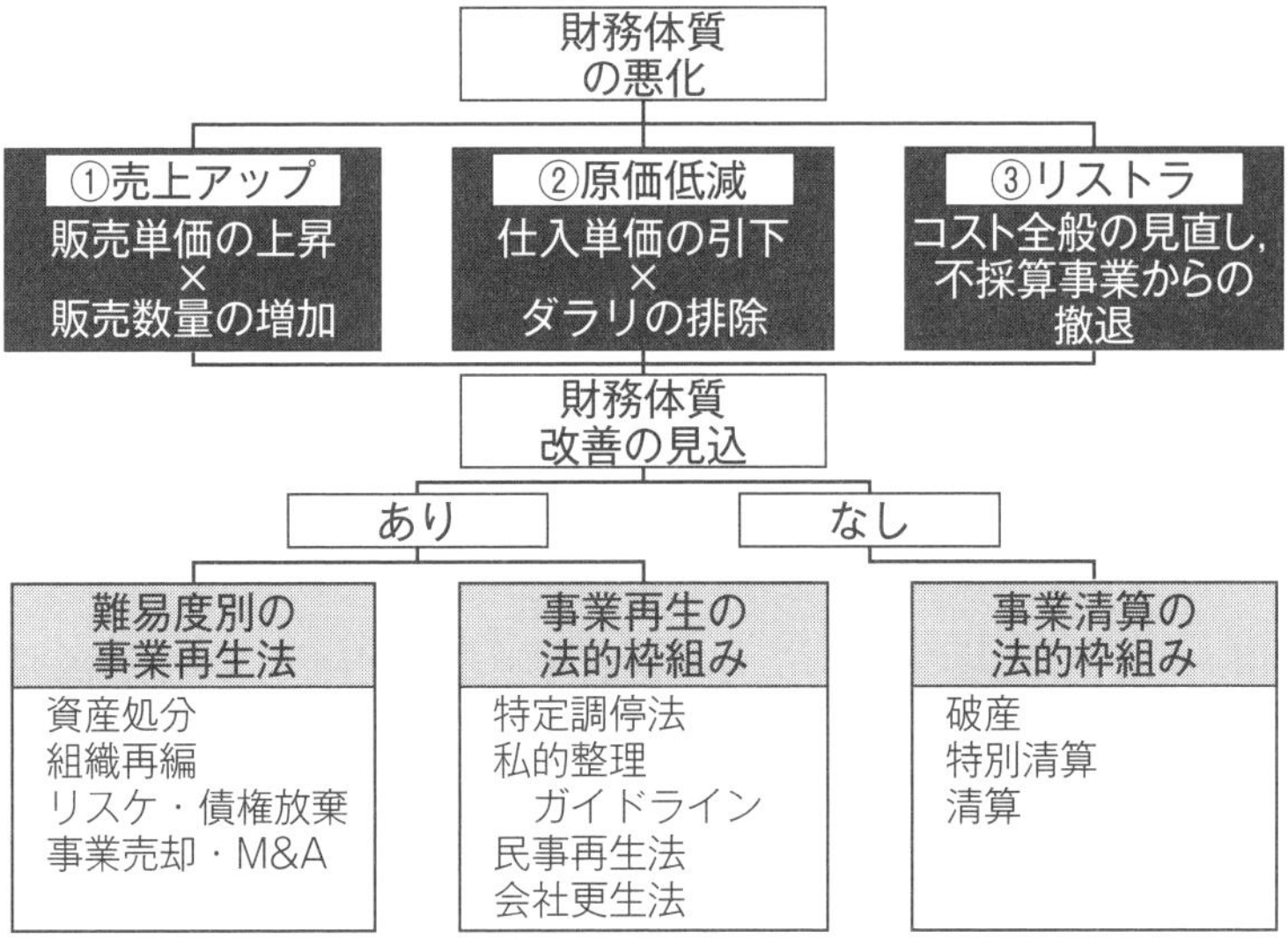

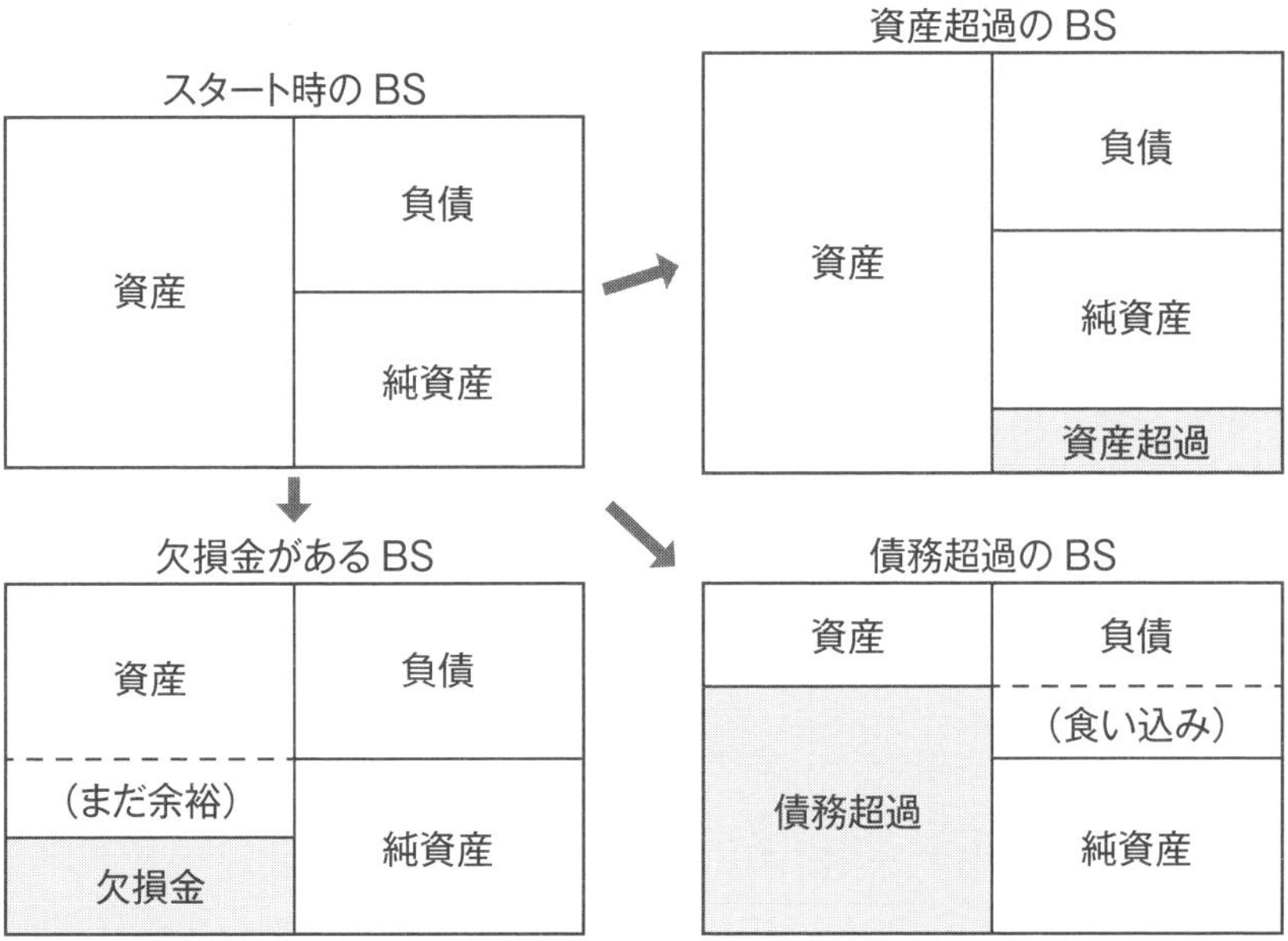

column コラム

会計の体系

会計は大別して２種類あります。会社法や金融商品取引（金商法）などのルールに基づき過去の業績報告などを目的とする**制度会計**（財務会計、税務会計など）と、経営管理者などのマネジメントに対して将来の業績改善などを目的とする**管理会計**の２つです。

過去　現在　将来

会計の種類	制度会計	管理会計
目的	アカウンタビリティ （過去の業績報告・評価）	マネジメント （将来の業績改善，投資）
利用者	社外 （株主，投資家，金融機関等）	社内 （経営者，幹部、管理者等）
ルールの有無	あり （会社法，金商法など）	原則，なし （開示目的の場合，あり）
用いられる数値の種類	過去の実績 財務数値	過去の実績，将来の予測・見積り財務数値，非財務数値
作成の頻度	四半期，半期，年次	常時，随時
事例	有価証券報告書，財務諸表（金商法） 計算書類（会社法）	損益分岐点分析、バランスト・スコアカード，設備投資の経済性計算，直接原価計算，予算

管理会計には、京セラ創業者の稲盛和夫氏が好んで使われた「売上を最大に、経費を最小にすれば、儲けが生まれる」の文脈から、商売の基本原理ともいえる**「プラスの管理会計」**が良く知られていますが、それと共に不正会計という**「マイナスの管理会計」**が存在することを知っておく必要もあります（第６章）。

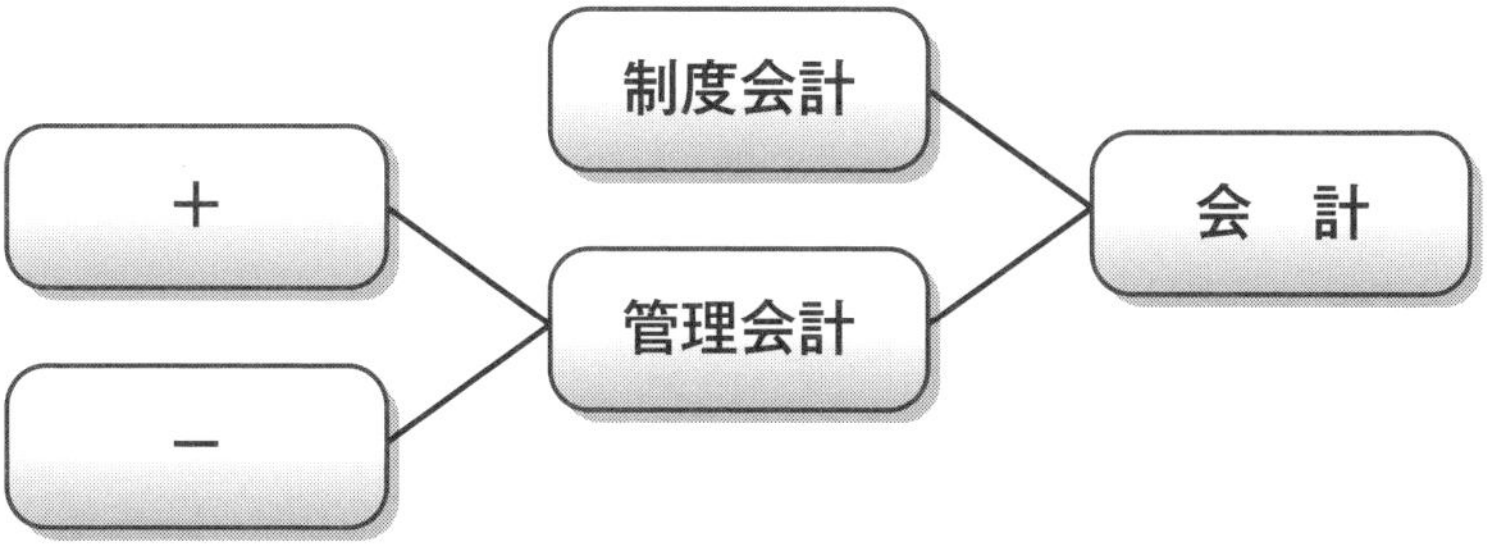

第6章

不正会計（マイナスの管理会計）

66 不正のトライアングルと９類型

67 内部統制

68 詐欺と承認

69 危ない兆候

70 循環取引

71 不祥事の予防と対応のプリンシプル

66 不正のトライアングルと9類型

「売上を最大に見せかけ、経費を最小にできれば、儲けが生まれる」、不正発生のメカニズム

●事件の裏に「不正のトライアングル」あり

不正会計とは、不正な財務報告「**粉飾**」と資産の流用「**横領**」を指し、自治体等との取引では「**贈収賄**」もあり、その根源には**不正のトライアングル**が必ずあります。

不正を実際に行う際の心理的なきっかけ①**動機・プレッシャー**や、不正を行おうとすれば簡単にできてしまう②**機会**が存在し、「このぐらいなら、いいか……」という倫理観や順法精神に欠けた自己の行為を正当化する③**姿勢・正当化**が不正を助長します。

そこで不正が行われないよう、いい換えれば「不正のトライアングル」が醸成されぬよう**内部統制**と呼ばれるしくみが必要になります。

米国エンロン社の不正会計事件を契機に、財務報告における内部統制の整備・運用に対する機運が高まり、企業改革法（SOX法）が立法化されます。わが国も日本版SOX（**J－SOX**）という内部統制強化が図られました。しかし現実に目を向ければ、内部統制が十分に機能せず、さまざまな組織で不正が行われている事実を目の当たりにもします。

●不正の9パターンと対処法としてのCAAT

①**手口の複雑化**、②**実行の長期化**、③**影響額の巨額化**という3つの傾向の不正会計事案が散見されます。多くは、単独ではなく共謀により不正が実行され、単独の場合に比べ不正が発見されにくい傾向もあります。

下図、縦軸に「経営への関与度」、横軸に「共謀の度合い」を示す9類型すべてに該当事例が存在します。こうした事実を直視し、2つある内部「統制」のうち、SOXが重視する不正が起こらないようにする「**予防統制**」だけではなく、もう1つの「**発見統制**」の視点も持つ必要性を改めて認識する必要があります。

不正会計の端緒、**異常点**は必ずあります。エクセル等により**CAAT（Computer Assisted Audit Techniques、コンピュータ利用監査技法）**で粉飾・横領等を発見する、**異常点監査技法**の理解も経営課題の1つです。

不正発生のメカニズム

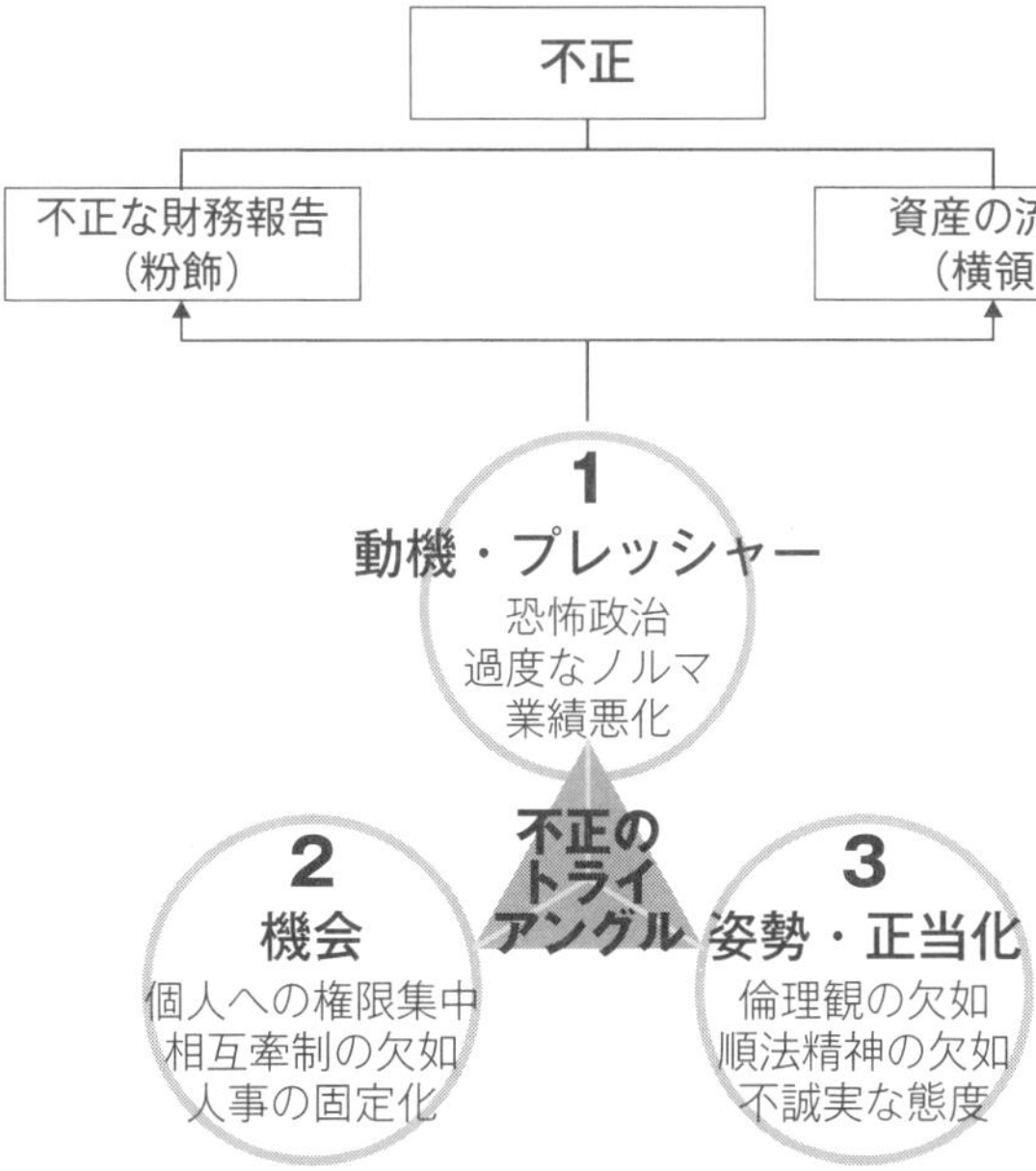

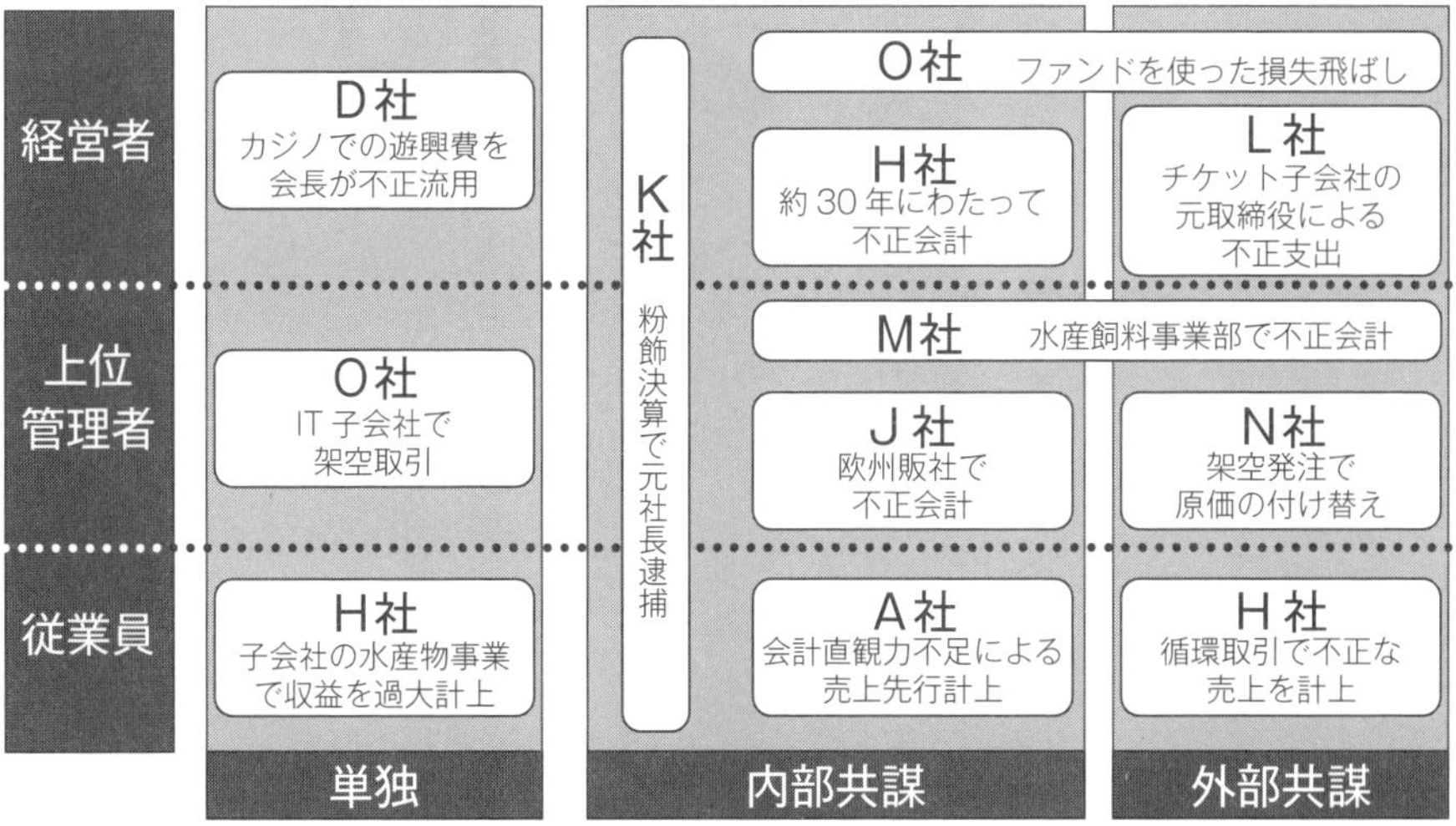

	単独	内部共謀		外部共謀
経営者	**D社** カジノでの遊興費を 会長が不正流用	**K社** 粉飾決算で元社長逮捕	**O社** ファンドを使った損失飛ばし **H社** 約30年にわたって 不正会計	**L社** チケット子会社の 元取締役による 不正支出
上位管理者	**O社** IT子会社で 架空取引		**M社** 水産飼料事業部で不正会計 **J社** 欧州販社で 不正会計	**N社** 架空発注で 原価の付け替え
従業員	**H社** 子会社の水産物事業 で収益を過大計上		**A社** 会計直観力不足による 売上先行計上	**H社** 循環取引で不正な 売上を計上

（注）企業はグループ会社含む。日本公認会計士協会「上場会社の不正調査に関する公表事例の分析」に加筆

67 内部統制

経営管理と内部統制は密接不可分

●内部統制の4つの目的と6つの基本的要素

『財務報告に係る内部統制の評価及び監査の基準』によれば、内部統制は**4つの目的**を達成するために業務に組み込まれたしくみです。①業務の有効性及び効率性、②報告の信頼性（非財務情報を含む）、③事業活動に関わる法令等の遵守、④資産の保全です。

これら4つの目的を達成するため、内部統制は**6つの基本的要素**で構成されます。①統制環境（組織の気風を決定する、倫理観や経営者の姿勢など）、②リスクの評価と対応（組織目標の達成を阻害する要因をリスクとして識別、分析及び評価し、適切な対応を行うプロセス）、③統制活動（経営者の命令及び指示が適切に実行されることを確保するために定める方針及び手続）、④情報と伝達（必要な情報が識別、把握、処理され、正しく伝えられることの確保）、⑤モニタリング（内部統制が有効に機能していることを継続的に評価するプロセス）、⑥ITへの対応（情報セキュリティの確保）です。

●内部統制のしくみ

内部統制には、不正を防止する**予防統制**と不正を発見する**発見統制**という2つの統制《コントロール》機能があり、**内部監査**（独立した立場で内部統制の改善事項を報告）と**内部牽制**（職務分掌、ダブルチェック等）が必要です。

●内部統制固有の限界と対応

判断の誤り、不注意、共謀、想定外の環境の変化、非定型的な取引、経営者不正等には内部統制の限界もあり、**3線《ライン》モデル**等も考慮し、内部統制、ガバナンス及び全組織的なリスク管理を常に見直す必要もあります。

●リスク・アプローチとの関係

内部統制は、リスクの重要度等に応じて実施する監査資源（監査の人員や時間等）の配分を調整する**リスク・アプローチ**とも関連します。認識した各リスクに対応する内部統制が有効であれば、最終的なリスクの重要度の評価は低くできますが、内部統制が有効でなければリスクは高まります。

内部統制の意義

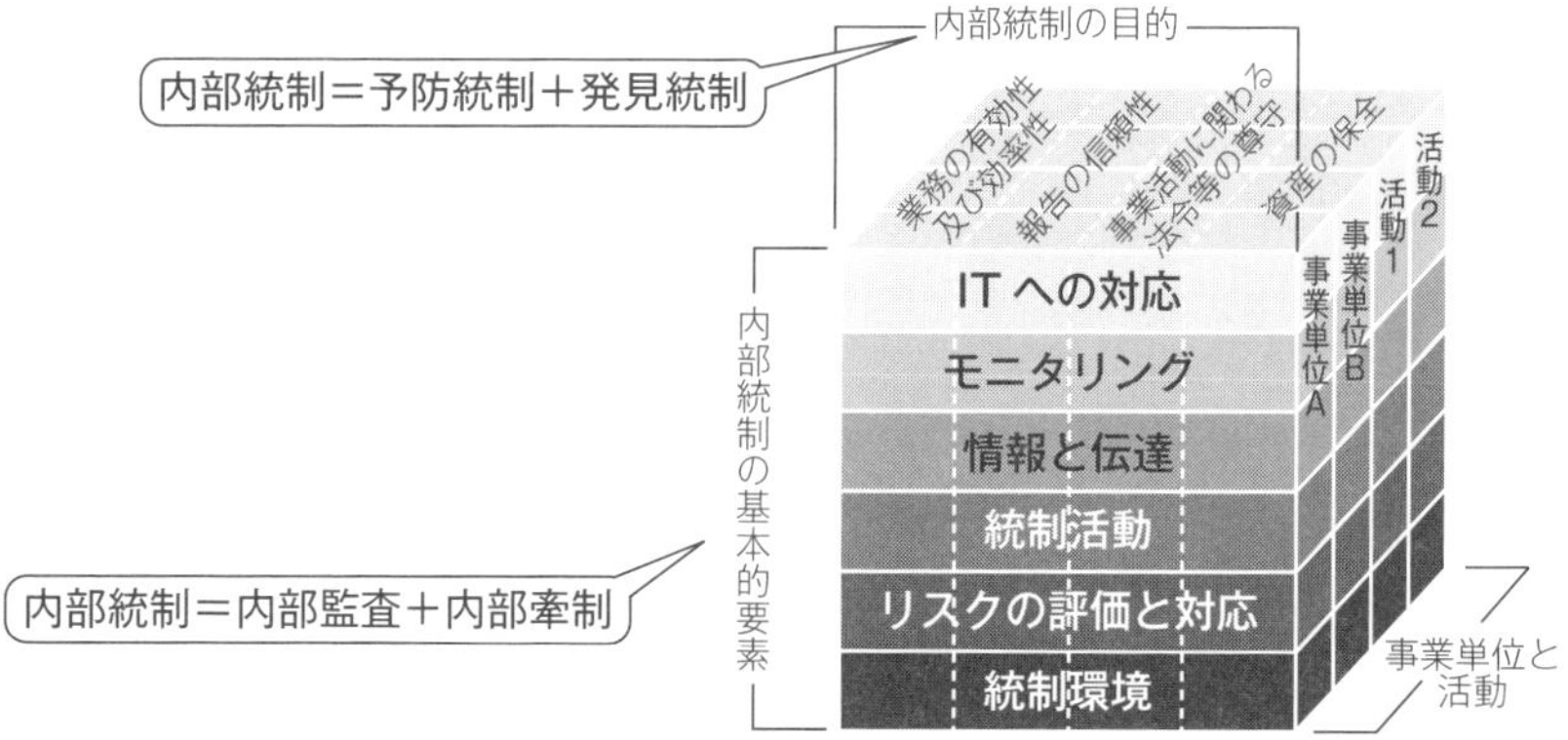

『財務報告に係る内部統制の評価及び監査の基準並びに財務報告に係る内部統制の評価及び監査に関する実施基準の改訂について（意見書）』が 2023 年 4 月 7 日に公表され，内部統制の４つの目的の１つ「財務報告の信頼性」が「報告の信頼性」に変更されました。従来の「財務報告」のみではなく「非財務報告」の「信頼性」も確保する必要性を踏まえての改定と思われます。今回の改定で，日本内部監査協会（IIA）が提唱する３つのディフェンスライン「３線《ライン》モデル」が示されています。

IIA の３線《ライン》モデル

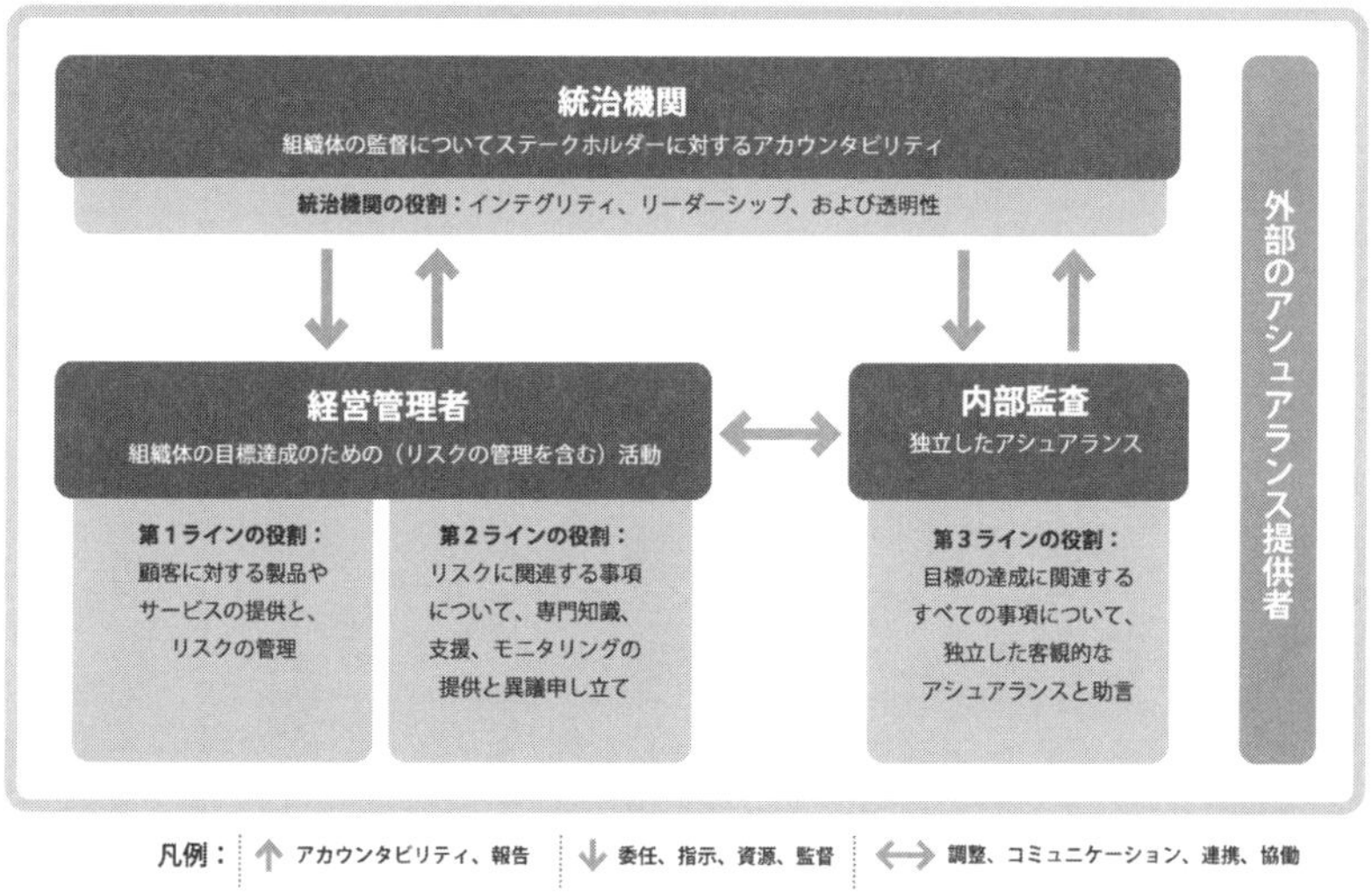

（出典）『ＩＩＡの３ラインモデル　３つのディフェンスラインの改訂』日本内部監査協会，
https://wsg.iiajapan.com/leg/pdf/data/iia/2020.07_1_Three-Lines-Model-Updated-Japanese.pdf

68 詐欺と承認

ビジネスメール詐欺BEC（Business E-mail Compromise）に注意

●なりすましメールによる詐欺

BECは、取引先や経営者等に成りすました詐欺の実行者が、偽の電子メールを組織・企業に送り付け、「振込先口座が変更になりました」「至急、振り込んで欲しい」などというメール内容で、従業員をだまし、送金させる詐欺の手口です。大企業だけでなく、小規模な組織での発覚事例もあり、注意が必要です。

被害者に聞くと、一見して偽物と判別できない精巧なメールアドレスだったといいます。それゆえ「本当に口座変更してよいか?」とそのメールに返信してしまい、「はい、変更よろしく!」との返信メールに納得し、詐欺にあったというのです。ありがちですが、来たメールに返信する、これが問題の本質です。では、どうするか?

●業務フローを意識する・させる

基本的な業務フローを念頭に置き、取引時の留意点を考える、これが「内部統制」の基本です。

BECの被害にあわないためのキーワードは**「承認」**です。そもそも、業務フローには「手」と「自動」の2つがあります。このうち「手」で多くの横領・粉飾・誤りが起こります。

BECは、なりすましメールで送金先の「変更依頼」があります。この送金口座の「変更登録」は「手」で行う必要があります。変更には当然、「変更承認」手続が必要です。その変更承認の可否を「判断」するには「証憑」も必要です。本件では、本物の取引先への「確認」の事実が必要で「電話」「ファックス」などにより本物の取引先に**「直接」**確認する必要があります。

●IPA情報処理推進機構が示すBEC対処法

被害に遭遇したら、速やかに対処してください。

・送金のキャンセル、組戻し手続きの実施
・証拠保全（状況把握と時系列記録など）
・暫定対応と原因調査
・社内外への注意喚起と情報共有

ビジネスメール詐欺 BEC の手口

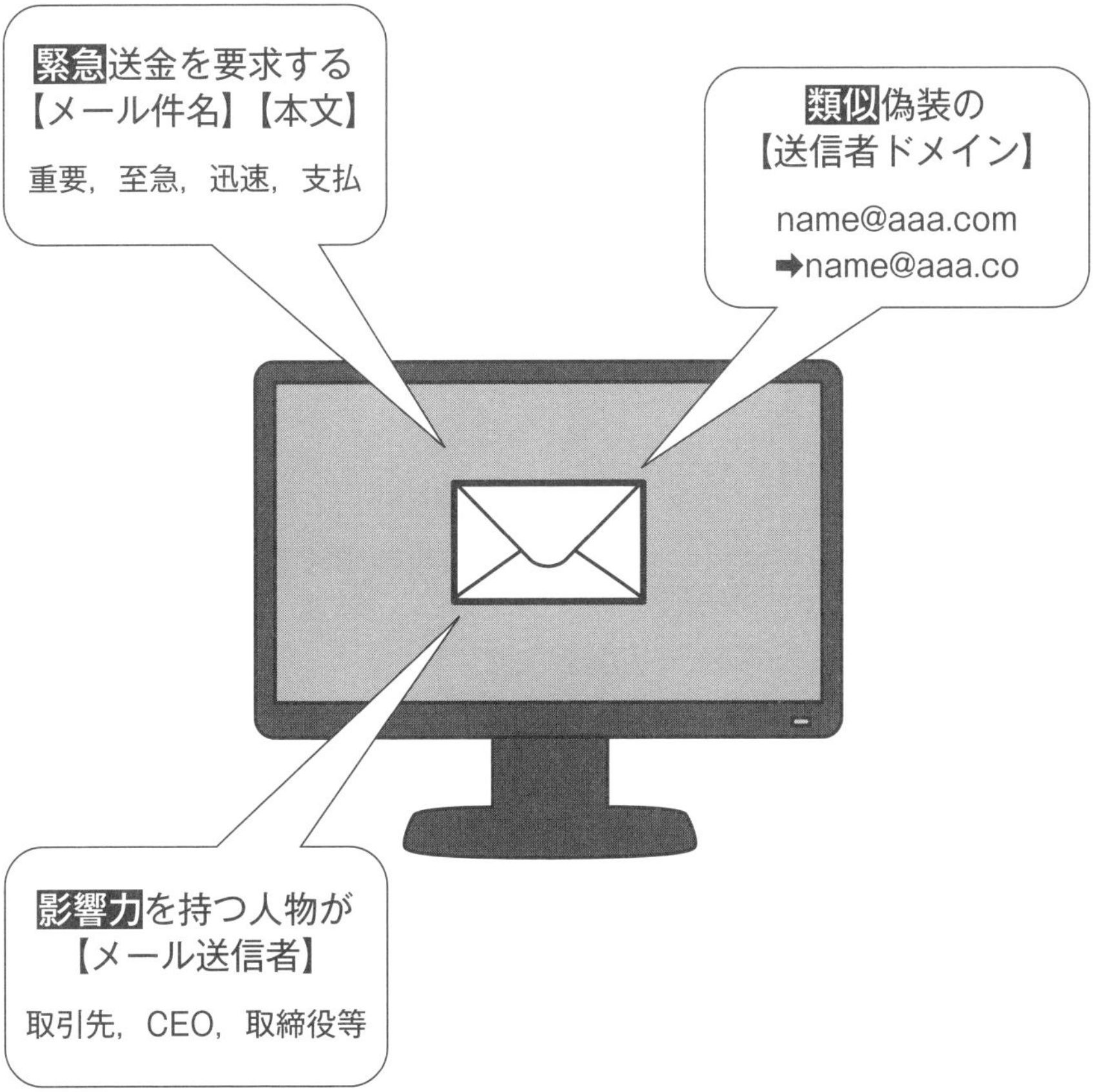

69 危ない兆候

不正会計の痕跡＝異常点は必ず残る

●典型的な架空売上の仕訳

架空売上などで業績を良く見せかけようとする**粉飾**は痕跡を残します。

①	（借方）	買掛金	100	（貸方）	現　金	100
②	（借方）	売掛金	100	（貸方）	売上高	100
③	（借方）	現　金	100	（貸方）	売掛金	100

①は買掛金が現金で決済された、②は掛け売上を計上した、③は売掛金を現金で回収した、という仕訳です。1つずつの仕訳に問題はありませんが、裏に架空売上を計上するカラクリが潜んでいます。

①②③の仕訳を同時に実行し、相殺《そうさい》すると残りは、①（借方）買掛金100、②（貸方）売上高100。これは架空売上の典型的な仕訳で、筆者も遭遇したことがあります。

痕跡を発見するには、**売上債権回転期間**（売上債権÷平均月商）や**仕入債務回転期間**（仕入債務÷平均月商）を、過去と比べるなど、異常点を把握できるだけの知識を身につける必要もあります。

●在庫が増えれば利益が増える

原材料や商品などの在庫は、横領と粉飾のどちらの不正会計の手口にも使われる、リスクの高い勘定科目なので注意が必要です。在庫は、倉庫から持ち出され、横流し＝**横領**されることがある一方、架空在庫で過大な利益を計上するという古典的な**粉飾**も後を絶ちません。

仕入（購入）＝販売（払出）となるのはまれで、図のように在庫（残高）があるのが一般的です。

この**「入出残」**の関係に着目し、数字を見る必要があります。なぜなら、不正会計の実行者は**「在庫を増やせば、利益が出る」**ことを知っているからです。

在庫20を計上すれば、購入100に対し「入出残」の関係に従い、差引の払い出し＝売上原価は80になり、在庫がない場合に比べ利益を20増やせます。PLとBSの財務2表は、一体理解しなければなりません。

急増する在庫は異常値です。在庫の実在性を検証するには、実地棚卸（114ページ）も必要です。

在庫を見なければ，本当の利益はわからない

在庫残高がない場合

商品			
購入	100	払出	100

売上高	300
経費	100
利益	200

チャレンジ！

在庫残高がある場合

商品			
購入	100	払出 ⬇	80
		残高 ⬆	20

売上高	300
経費 ⬇	80
利益 ⬆	220

「入出残」に注意し，実地棚卸で「在庫単価P× 在庫数量Q」をしっかり見る必要がある！

不正の兆候は、モダンＥＸＣＥＬによるＣＡＡＴで把握できます。詳しくは拙著『ＣＡＡＴで粉飾・横領はこう見抜く』『モダンＥＸＣＥＬ入門』に委ねます。

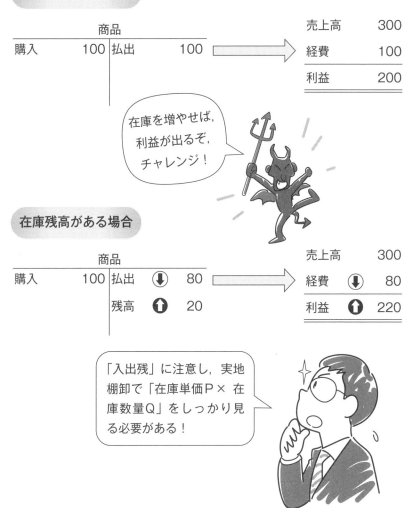

70 循環取引

「売りも，買いも」は異常点だが，「盾」を使って隠蔽されることもある

●起点と終点，あるのが商流取引，ないのが循環取引

通常行われる取引の1つに**商流取引**と呼ばれる取引形態があります。商流取引は，起点の商品販売者と終点の商品購入者との間に入り，一定期間商品を在庫として保有して一種の与信を行うことを目的に，その対価として数%程度のマージンを得る取引のことです。

これに対し，粉飾や横領などの手口として行われる**循環取引**は，架空の売上や利益の計上を目的に，一般に請求書や伝票等の書類だけが回り，実体をともなわない架空の仕入れ・売上が繰り返し循環して計上される取引をいいます。

●循環取引の傾向と対策

取引の検証時，「証憑類がすべてそろっているから，問題ない」となりがち。しかし，筆者の経験から，循環取引に代表される不正の痕跡を見れば書類はそろっています。J-SOX（142ページ）が想定する異常点が発覚しないように実行者はかなり神経を使っています。当たりを付けて調査範囲を絞る必要もあります。①「**ノンコア事業部**」で，②**長期にわたり「ジョブローテーション」が実施されず**，③**成熟期を迎えながらも「増収増益」の部署や関係会社**などに注目してみると良いでしょう。

循環取引を見分けるには異常点監査の視点も必要です。①通常の営業日以外に作成された取引，②高い権限があるユーザIDの取引，③通常はあまり使われていないID，④同一日付の売上・仕入取引（148ページ），⑤転売している取引，⑥製品名を変えて販売している取引，⑦訂正取引，⑧棚卸資産の急増や高水準な残高，⑨売掛金の高水準な残高，⑩高水準な部門担当者あたり案件数，⑪売りも買いもある取引先，などの視点です。

勘違いしてはいけないこともあります。循環取引だからといって同じものが「循環」するわけではありません。近年の循環取引は巧妙化し，発覚しないよう「盾」を前後に置く事案もあります。取引案件の調整や，売りも買いも，という実態を見せない効果を狙ってのことです。

循環取引と通常の取引の相違点

商流取引（起点と終点の業者が存在する）

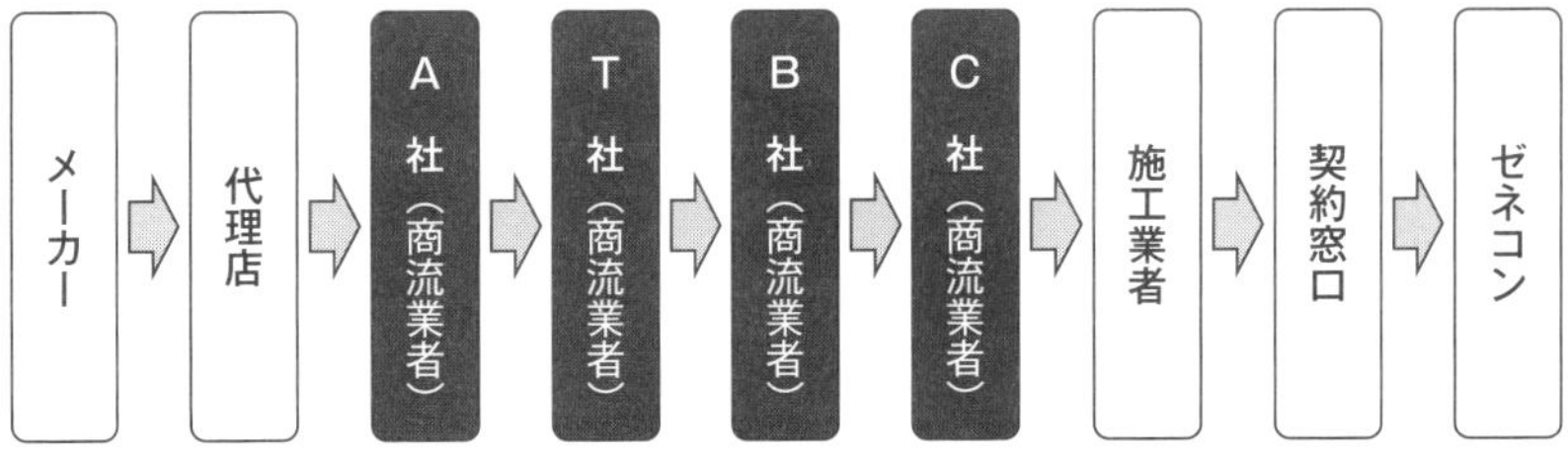

循環取引（商流取引のような起点と終点の業者がいない）

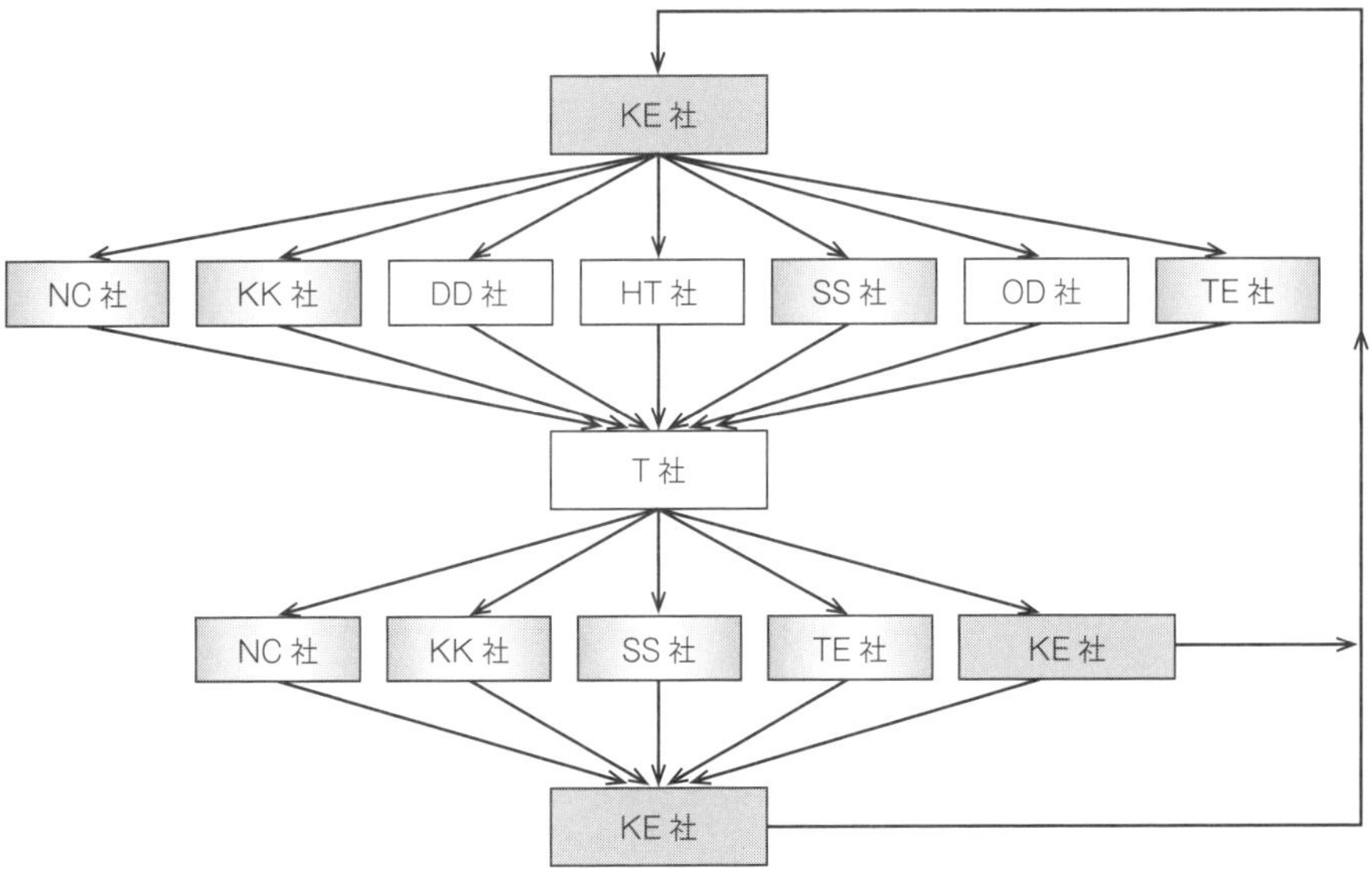

71 不祥事の予防と対応のプリンシプル

日本取引所が示す、不祥事への処方箋

上場会社における不祥事予防のプリンシプル

~企業価値の毀損を防ぐために~

上場会社は、不祥事（重大な不正・不適切な行為等）を予防する取組みに際し、その実効性を高めるため本プリンシプルを活用することが期待される。この取組みに当たっては、経営陣、とりわけ経営トップによるリーダーシップの発揮が重要である。

[原則1] 実を伴った実態把握

自社のコンプライアンスの状況を制度・実態の両面にわたり正確に把握する。明文の法令・ルールの遵守にとどまらず、取引先・顧客・従業員などステークホルダーへの誠実な対応や、広く社会規範を踏まえた業務運営の在り方にも着眼する。その際、社内慣習や業界慣行を無反省に所与のものとせず、また規範に対する社会的意識の変化にも鋭敏な感覚を持つ。

これらの実態把握の仕組みを持続的かつ自律的に機能させる。

[原則2] 使命感に裏付けられた職責の全う

経営陣は、コンプライアンスにコミットし、その旨を継続的に発信し、コンプライアンス違反を誘発させないよう事業実態に即した経営目標の設定や業務遂行を行う。

監査機関及び監督機関は、自身が担う牽制機能の重要性を常に意識し、必要十分な情報収集と客観的な分析・評価に基づき、積極的に行動する。

これらが着実に実現するよう、適切な組織設計とリソース配分に配意する。

[原則3] 双方向のコミュニケーション

現場と経営陣の間の双方向のコミュニケーションを充実させ、現場と経営陣がコンプライアンス意識を共有する。このためには、現場の声を束ねて経営陣に伝える等の役割を担う中間管理層の意識と行動が極めて重要である。

こうしたコミュニケーションの充実がコンプライアンス違反の早期発見に資する。

[原則4] 不正の芽の察知と機敏な対処

コンプライアンス違反を早期に把握し、迅速に対処することで、それが重大な不祥事に発展することを未然に防止する。

早期発見と迅速な対処、それに続く業務改善まで、一連のサイクルを企業文化として定着させる。

[原則5] グループ全体を貫く経営管理

グループ全体に行きわたる実効的な経営管理を行う。管理体制の構築に当たっては、自社グループの構造や特性に即して、各グループ会社の経営上の重要性や抱えるリスクの高低等を踏まえることが重要である。

特に海外子会社や買収子会社にはその特性に応じた実効性ある経営管理が求められる。

[原則6] サプライチェーンを展望した責任感

業務委託先や仕入先・販売先などで問題が発生した場合においても、サプライチェーンにおける当事者としての役割を意識し、それに見合った責務を果たすよう努める。

上場会社における不祥事対応のプリンシプル

～確かな企業価値の再生のために～

企業活動において自社（グループ会社を含む）に関わる不祥事又はその疑義が把握された場合には、当該企業は、必要十分な調査により事実関係や原因を解明し、その結果をもとに再発防止を図ることを通じて、自浄作用を発揮する必要がある。その際、上場会社においては、速やかにステークホルダーからの信頼回復を図りつつ、確かな企業価値の再生に資するよう、本プリンシプルの考え方をもとに行動・対処することが期待される。

① 不祥事の根本的な原因の解明

不祥事の原因究明に当たっては、必要十分な調査範囲を設定の上、表面的な現象や因果関係の列挙にとどまることなく、その背景等を明らかにしつつ事実認定を確実に行い、根本的な原因を解明するよう努める。

そのために、必要十分な調査が尽くされるよう、最適な調査体制を構築するとともに、社内体制についても適切な調査環境の整備に努める。その際、独立役員を含め適格な者が率先して自浄作用の発揮に努める。

② 第三者委員会を設置する場合における独立性・中立性・専門性の確保

内部統制の有効性や経営陣の信頼性に相当の疑義が生じている場合、当該企業の企業価値の毀損度合いが大きい場合、複雑な事案あるいは社会的影響が重大な事案である場合などには、調査の客観性・中立性・専門性を確保するため、第三者委員会の設置が有力な選択肢となる。そのような趣旨から、第三者委員会を設置する際には、委員の選定プロセスを含め、その独立性・中立性・専門性を確保するために、十分な配慮を行う。

また、第三者委員会という形式をもって、安易で不十分な調査に、客観性・中立性の装いを持たせるような事態を招かないよう留意する。

③ 実効性の高い再発防止策の策定と迅速な実行

再発防止策は、根本的な原因に即した実効性の高い方策とし、迅速かつ着実に実行する。

この際、組織の変更や社内規則の改訂等にとどまらず、再発防止策の本旨が日々の業務運営等に具体的に反映されることが重要であり、その目的に沿って運用され、定着しているかを十分に検証する。

④ 迅速かつ的確な情報開示

不祥事に関する情報開示は、その必要に即し、把握の段階から再発防止策実施の段階に至るまで迅速かつ的確に行う。

この際、経緯や事案の内容、会社の見解等を丁寧に説明するなど、透明性の確保に努める。

column
コラム

異常点をつかむ５つの視点

【視点①】「既出の不正事例」を洗い出す

自社や他社の過去の不正会計事例を洗い出してみることが大事です。「不正会計の手口は伝承される」といわれ、不正は伝染病だからです。

【視点②】「P × Q」を常に意識する

売上高という勘定科目であれば、売上単価×売上数量のように「Price 単価× Quantity 数量」で表現できます。P × Q を常に意識してください。

【視点③】「仕訳入力を見直し」CAAT を的確に行い得るように工夫する

「諸口取引は極力避ける」「入力と承認の日付と担当者を入力する」など、仕訳入力を工夫すれば不正会計の端緒を把握しやすくなります。

【視点④】「非財務データ」を上手に活用する

不正実行者の立場で考えれば、財務データは監査・調査対象になることは百も承知。非財務データにも着目することがポイントです。

【視点⑤】「着眼大局、着手小局」で CAAT を実践する

多様な視点を持つにはモダン Excel（第７章）による CAAT（Computer Assisted Audit Techniques、コンピュータ利用監査技法）が有効です。

CAAT の適用事例

適用段階	目的	CAAT 事例
総括	仕訳テスト	異常仕訳の抽出
	分析的手続	売上等の月次推移分析
運用状況の評価	サンプリング	運用テスト時のサンプリング
	IT 業務処理統制の評価	滞留債権リストの評価
	該当データの抽出	売上先マスタに登録されていない得意先への売上が存在しないことの検証
実証手続	サンプリング	残高確認の実施先選定
	データ突合	売上データと出荷データの突合
	分析的手続	減価償却費のオーバーオールテスト
	該当データの抽出	期末売掛金のマイナス残高抽出
	継続的監査（Continuous Auditing）	取引データや会計伝票データを常時チェック，異常データをメールで監査部等に自動報告（リアルタイム監査）

第7章

IT経営（活用、リスク、ガバナンス）

72 脱エクセル脳

複雑なシートに四苦八苦しない、3つの鉄則

●「今日の自分は、明日の他人」

表題はプログラミング界隈の有名な格言で、自分で作ったプログラムも、時間が経てば分からなくなるという意味です。日常使いのエクセルは自由度が高い分、難解な数式や**スパゲティコード**と呼ばれる複雑なプログラム記述でエクセル業務の引き継ぎが困難化、**属人化**しがちです。パナソニックはAI導入と並行し、この経営課題に「3つの鉄則」を示しました※。括弧内は背景です。

鉄則1　**VBAマクロ禁止**
（属人的でデータや数式の検証作業が困難になりがち）
鉄則2　**電卓での検算禁止（表計算で二度手間・無駄）**
鉄則3　**コピー&ペースト禁止（使いまわしのリスク）**

エクセルを「業務」で使うならば「引き継ぎ」できなければいけない、ここが問題の本質です。

●エクセル脳が、DXを阻害する

様式《フォーマット》の異なるデータ取りまとめに苦労している事例に度々遭遇しますが、根本原因はエクセルの「セル」にあります。セルとは、文字や数値を入力する枠です。セル単位で色々入力でき、自由度の高いエクセルを業務に使うのは、各人が思いのまま入力でき便利な反面、データの活用時に苦労することになり、これが業務を引き継げない属人化や、DX《デジタル・トランスフォーメーション》の阻害要因になります。

エクセルに入力されたデータを、分析できるようにさまざまな関数やVBAマクロなどを用いて「きれいなデータ」に整えることを「データクレンジング」といいます。

しかし、最初からきれいなデータであれば苦労は不要。部署名や金額など「列」単位で入力し、所定の様式で標準化しておけば、冒頭事例の苦労は回避可能です。

ポイントは、**脱エクセル脳**。エクセルを業務で使うのであれば「セル」ではなく「列」で、ベタ打ちの表「範囲」ではなく「テーブル」で、換言すれば「データベース」形式とする必要があります。セル思考の従来の《レガシー》エクセルでは、DXは困難を伴うばかりで、問題を助長しかねません。DXには「脱エクセル脳」が必要です。

（※）『パナソニックが実践する３大鉄則　さらばエクセルの“大企業病”』日経 x TREND, https://xtrend.nikkei.com/atcl/contents/18/00599/00005/
『AI アシスタントサービス「PX-GPT」をパナソニックグループ全社員へ拡大　国内約９万人が本格利用開始』, https://news.panasonic.com/jp/press/jn230414-1

脱エクセル脳とモダンExcel

マトリックス表という「横持ち」データは，ヒトが理解するには重宝しますが，これ以上の分析はできません。これを「縦持ち」，つまり「1行1列1項目のきれいなデータ」（データベース形式）にすればピボットテーブル等でデータの集計・加工が簡単に行え，データを可視化《データビジュアライズ》できるようになります。

そもそも，従来《レガシー》のエクセルは「セル」思考が故に，データを「横持ち」から「縦持ち」にするのは困難です。

他方，「列」思考のモダンExcelは「列のピボット解除」等でこれを簡単に行え，しかもスパゲッティコードにならず，いくつかの仕掛けによりノーコード・ローコードで効率的・効果的に自動化できます。

「セル」ではなく「列」思考でデータと向き合う「脱エクセル脳」を身につけると視野が広がります。

「横持ち」データ（マトリックス表）は，ヒトが理解するには最適だが，これ以上の工夫は不可

日付	A	B	C	総計
4月	27,500	23,000	34,900	85,400
5月	28,500	24,000	35,900	88,400
6月	30,722	26,222	38,122	95,066
総計	86,722	73,222	108,922	268,866

「縦持ち」のデータに変換

日付	属性	値
2023/4/1	A	27500
2023/4/1	B	23000
2023/4/1	C	34900
2023/5/1	A	28500
2023/5/1	B	24000
2023/5/1	C	35900
2023/6/1	A	30722
2023/6/1	B	26222
2023/6/1	C	38122

「縦持ち」データを，ピボットテーブルでマトリックス表に加工

合計 / 値	属性			
日付	A	B	C	総計
4月	27,500	23,000	34,900	85,400
5月	28,500	24,000	35,900	88,400
6月	30,722	26,222	38,122	95,066
総計	86,722	73,222	108,922	268,866

「縦持ち」データであれば，グラフで可視化するのも簡単

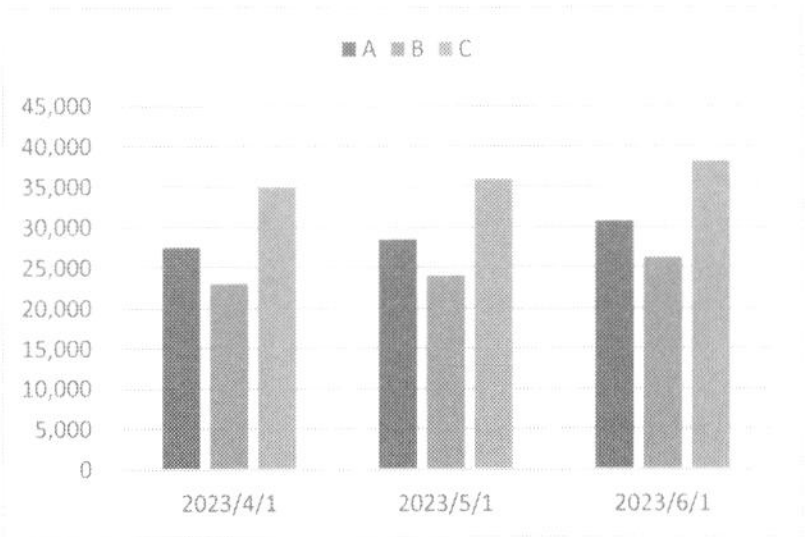

73 ダイス・スライス・ドリリング分析

ピボットテーブルで、視点を変えて、ファクトから新たな洞察を得るのが、データ分析の基本

●クロス集計

エクセルでは「ピボットテーブル」という機能が、データ《ファクト》から**新たな洞察を得る**ツールとして以前から活用されています。「データ経営」で注目されるワークマンでも、ピボットテーブルが躍進の原動力になっています。

たとえば、販売データという取引記録《トランザクションデータ》を、店舗別や担当者別のように、さまざまなデータの切り口《ディメンション》から視点を変えて**クロス集計**し、新たな洞察を得て経営改善のヒントにつなげることが実務で行われています。このクロス集計をしてデータを分析することを「ダイス・スライス・ドリリング分析」と呼ぶことがあります。

ダイス分析とは、軸の組み合わせで分析する手法のことです。ダイスとはサイコロを意味します。たとえば、時間軸と地域軸、地域軸と商品軸、あるいは商品軸と時間軸のようにデータをさまざまな局面から分析し、新たな洞察を得るというのがダイス分析です。

スライス分析とは、商品軸のカテゴリーの中から「いちご」のような一面を切り出し、データを地域軸と時間軸の形式で分析するような手法のことです。

こうした分析の結果、気になるデータがあればピボットテーブル上でダブルクリックすることで詳細レベルを把握できる、これが**ドリリング分析**です。

●レガシーエクセルの限界とモダンEXCEL

従来《レガシー》のエクセルにはいわゆる「104万行の壁」や「データ読み込み」など制約もあり、既存のピボットテーブルには限界もあります。

そこで登場するのが、**モダン《現代的な》EXCEL**。

104万行を超えるビッグデータを対象にクロス集計を行えます。複数のテーブルに分かれた多種多様なデータを分析するのであれば、AI搭載で強力なデータ分析が可能なモダンEXCELは重宝すると思います。

「第4次産業革命」や「VUCA《先行き不透明な》の時代」ともいわれる現在、全体底上げにデジタルスキルの学び直し《リスキリング》は必然です。

ダイス・スライス・ドリリング分析

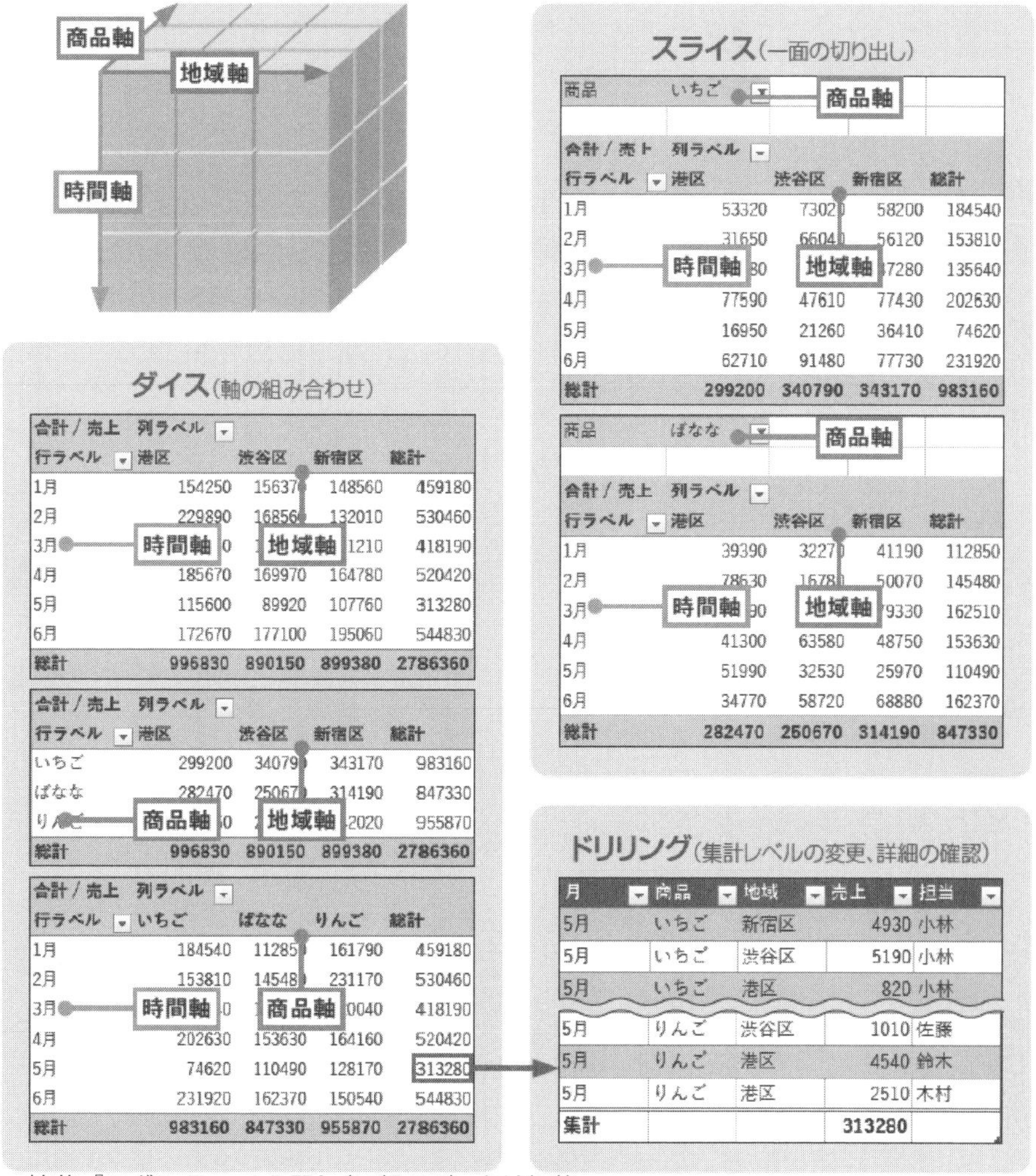

拙著『モダン Excel 入門』(日経 BP)より転載

モダン Excel で「ピボットテーブル」は必須です。

データの集計・分析・可視化をするのであれば，SUMIF のようなワークシート関数の利用や，自動化のために VBA マクロを使うよりも，主要な操作はアイコンをクリックするだけのモダン Excel の方がはるかに簡単で効率的で効果的です。

モダン Excel はデータモデルを使うので，ピボットテーブルだけでさまざまなデータ作業をより高速に行え，敷居が低く，奥が深い，お勧めツールです。

74 レガシーシステム

―ITにも寿命がある、更新投資しなければブラックボックス化でデジタル敗者になりかねない

●レガシーシステムというブラックボックス

長年使われ続ける「レガシーシステム」がITガバナンスの観点から問題視されています。

経産省『DXレポート』によれば、技術面の老朽化、システムの肥大化・複雑化、**ブラックボックス**化等の問題の結果、経営・事業戦略上の足かせ、高コスト構造の原因となっている、これが**レガシーシステム**です。

業務効率化を目的に、個別最適で建て増し＝追加開発を繰り返してきた遺跡《レガシーシステム》という「ブラックボックス」を誰も理解しておらず、保守・運用もままならないことが度々問題視され、もう限界です。

「レガシーシステムに起因するトラブルリスクも3倍になると推定すると、レガシーシステムによる経済損失は最大で約12兆円/年にのぼると推定。」DXレポートはこのように指摘、その深刻さが窺えます。

経営課題の1つとして「レガシーシステム」と向き合わねば、**デジタル敗者**になりかねません。

●身近に存在するレガシーシステム

表計算ソフト「エクセル」などでレガシーシステムが使われていることがあります。VBAによるマクロという従来《レガシー》のエクセルの機能を使えば自動化できますが、**属人化**のしやすさから問題視されもします。各人が、各人の判断で、誰の検証も受けずに、自動化できるからです。

勘違いしてほしくないのですが、マクロがいけないのではなく、自動化で業務効率化するのは至極当然です。問題は、**組織の承認なき自動化のしくみ「野良ロボット」**が常態化する「負の自動化」が内部統制上好ましくないのです。在庫水増しで粉飾、不正送金で横領、これらの手口にVBAのマクロが利用された過去もあります。

自動化で、リスクも自動化されては困るのです。「引き継げないマクロ」も経営課題です。自動化するならば、誰もが使えるよう引き継ぐ**責任**もあります。

「何でもエクセルで行う」姿勢も改める必要があり、SaaS《インターネット上で使えるソフトウェア》なども**適材適所**で活用すべきです。

マイクロソフト社は 2020 年 3 月『Visual Basic support planned for .NET 5.0』(https://devblogs.microsoft.com/vbteam/visual-basic-support-planned-for-net-5-0/) で "**we do not plan to evolve Visual Basic as a language**"(今後 Visual Basic を言語として進化させる予定はない)と公表しました。今後の動向には留意が必要です。

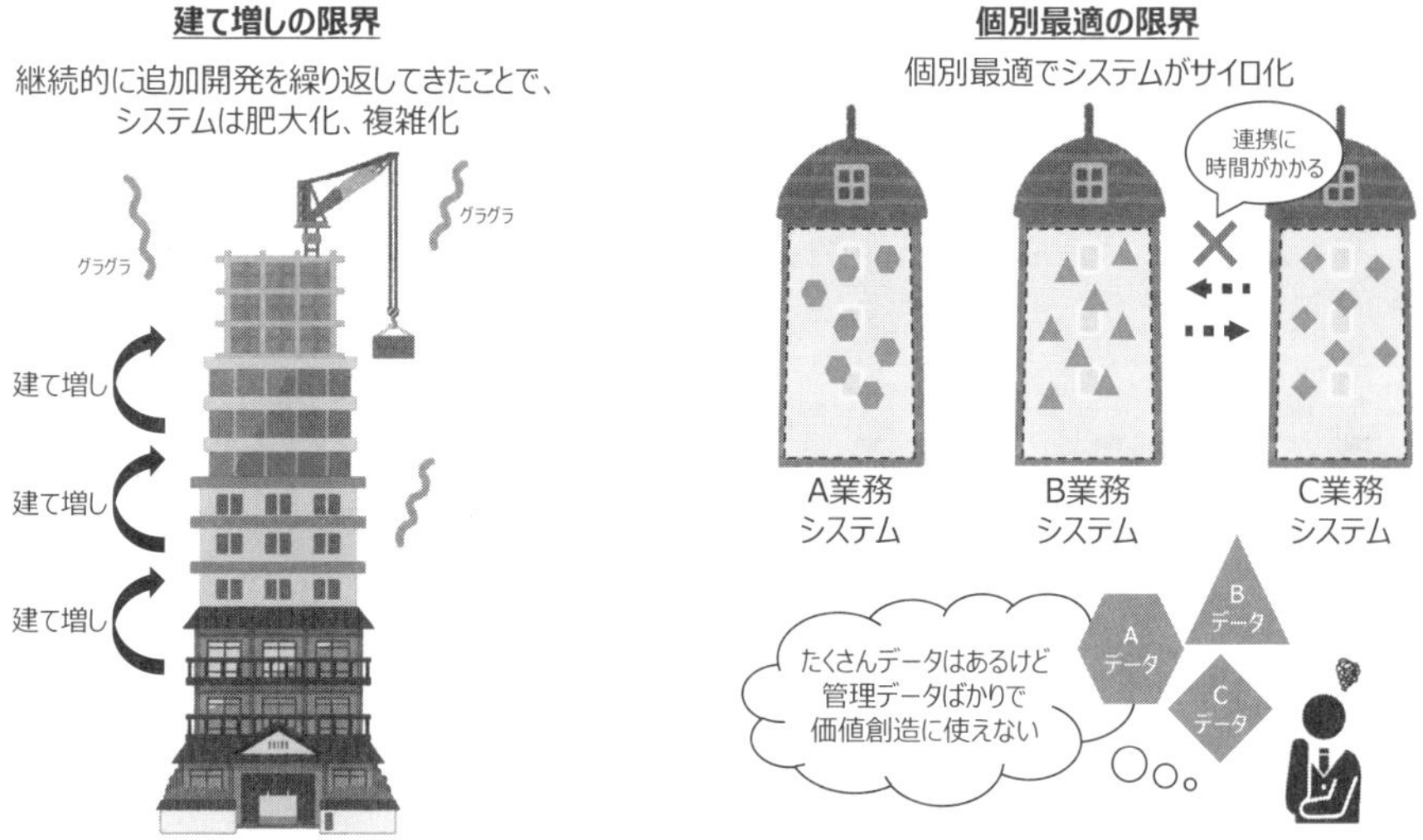

(出典)「デジタルトランスフォーメーションの河を渡る～ DX 推進指標診断後のアプローチ
https://www.meti.go.jp/press/2020/12/20201228004/20201228004-7.pdf

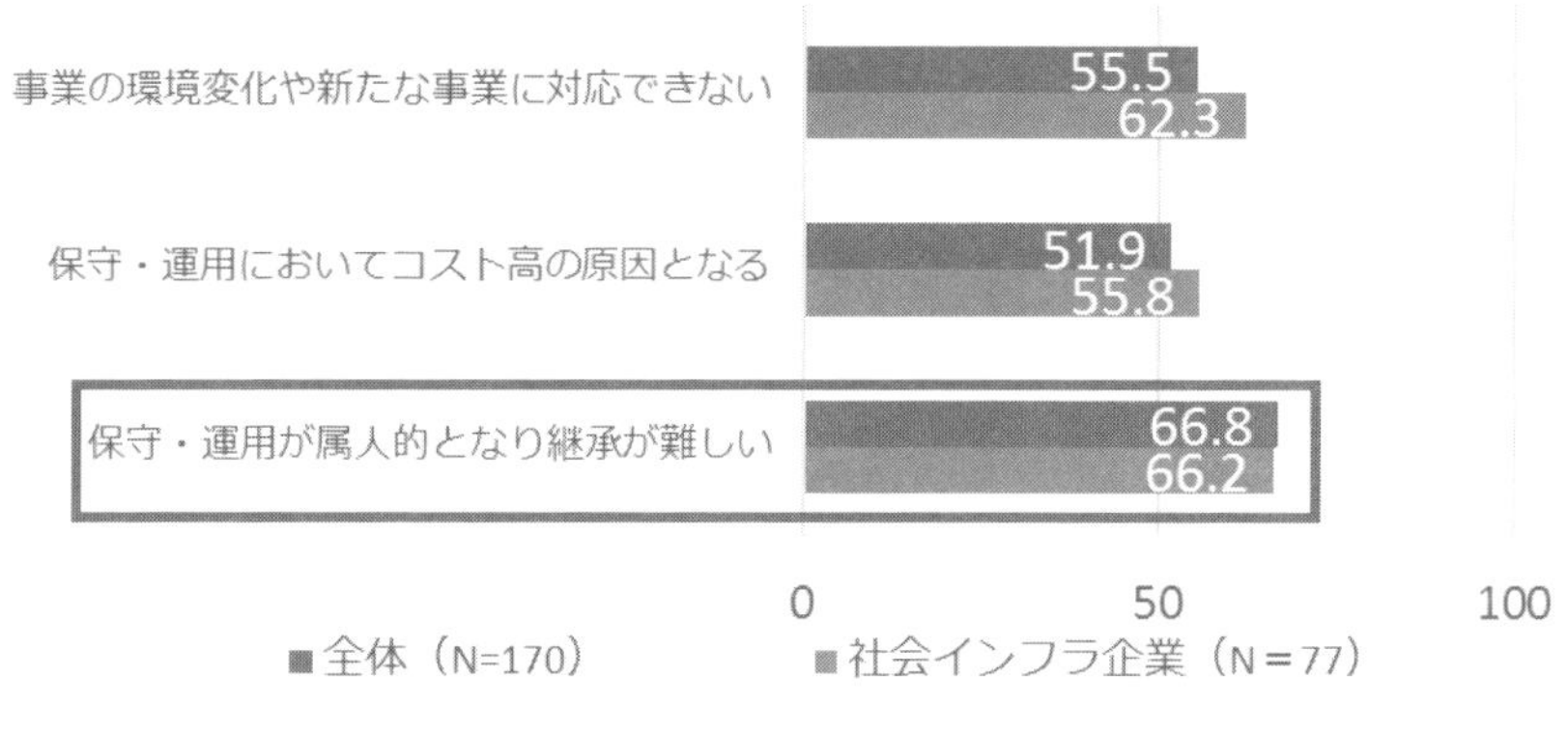

(出典)「情報システム開発課題アンケート結果」(平成 30 年 2 月, 経済産業省委託)を基に作成

(出典)「DXレポート」, 経済産業省,
https://www.meti.go.jp/shingikai/mono_info_service/digital_transformation/pdf/20180907_03.pdf

75 サイバーセキュリティ

身近に迫るサイバーリスクに立ち向かうには、情報セキュリティ確保が重要

●ランサムウェアとエモテット

リモートワークで使うVPN仮想専用通信網の弱点、不審な通信の検知困難の悪用、事態は深刻化しています。

データを人質に身代金《ランサム》を要求する**ランサムウェア**による不正アクセス攻撃が頻発しています。メール添付のエクセルファイルに悪意あるVBAマクロでファイルを暗号化、「暗号を解除してほしければ、身代金をよこせ」、さらに攻撃者は事前に機密データを盗み、「要求に応えなければ、情報漏洩する」という**二重恐喝**を仕掛けます。

Emotet《エモテット》は、実在の相手先になりすまし攻撃メールを送信する手口でユーザに不正ファイルをダウンロードさせる、ランサムウェアの橋渡し役として使われます。

某社は、基幹システムを含め広範囲かつ同時多発的にサイバー攻撃を受け、財務会計などのシステム一新、決算延期せざるを得ないほど、甚大な被害となりました。

●警視庁やマイクロソフトなどが示す主な対策

- **サイバーセキュリティ対策の基本ルールの定着**（古いエクセル等の使用継続はリスク、ソフトウェア要更新）
- **メールを悪用した犯罪手口と対策の注意喚起と啓発**（エクセル等でプログラムを組めるVBAのマクロが含まれるファイルが添付されたメール受信時、「コンテンツの有効化」ボタンを安易にクリックしない）
- **機密データ等のバックアップ**（ネットワーク外に保存）
- **脆弱性の修正**（不備のない状態を保つ）
- **パスワードポリシーの徹底**（使いまわさない）

●ランサムウェア感染後の対応

- **身代金を支払わない**（払っても取り戻せる保証なし）
- **感染した端末の電源を切らない**（感染した端末内に暗号解除＝復号に必要な情報が残っていることがある）
- **感染した端末をネットワークから隔離する**（ネットワーク上に接続されている他の端末に感染を広げない）
- **セキュリティ担当者、都道府県警察のサイバー犯罪相談窓口、所管省庁等へ報告する**
- **「No More Ransom」サイトで復号可能か確認**（下図）

ランサムウェアもエモテットも「マルウェア」です。マルウェアは、malicious（マリシャス、悪意のある）＋ software（ソフトウェア）を語源とします。

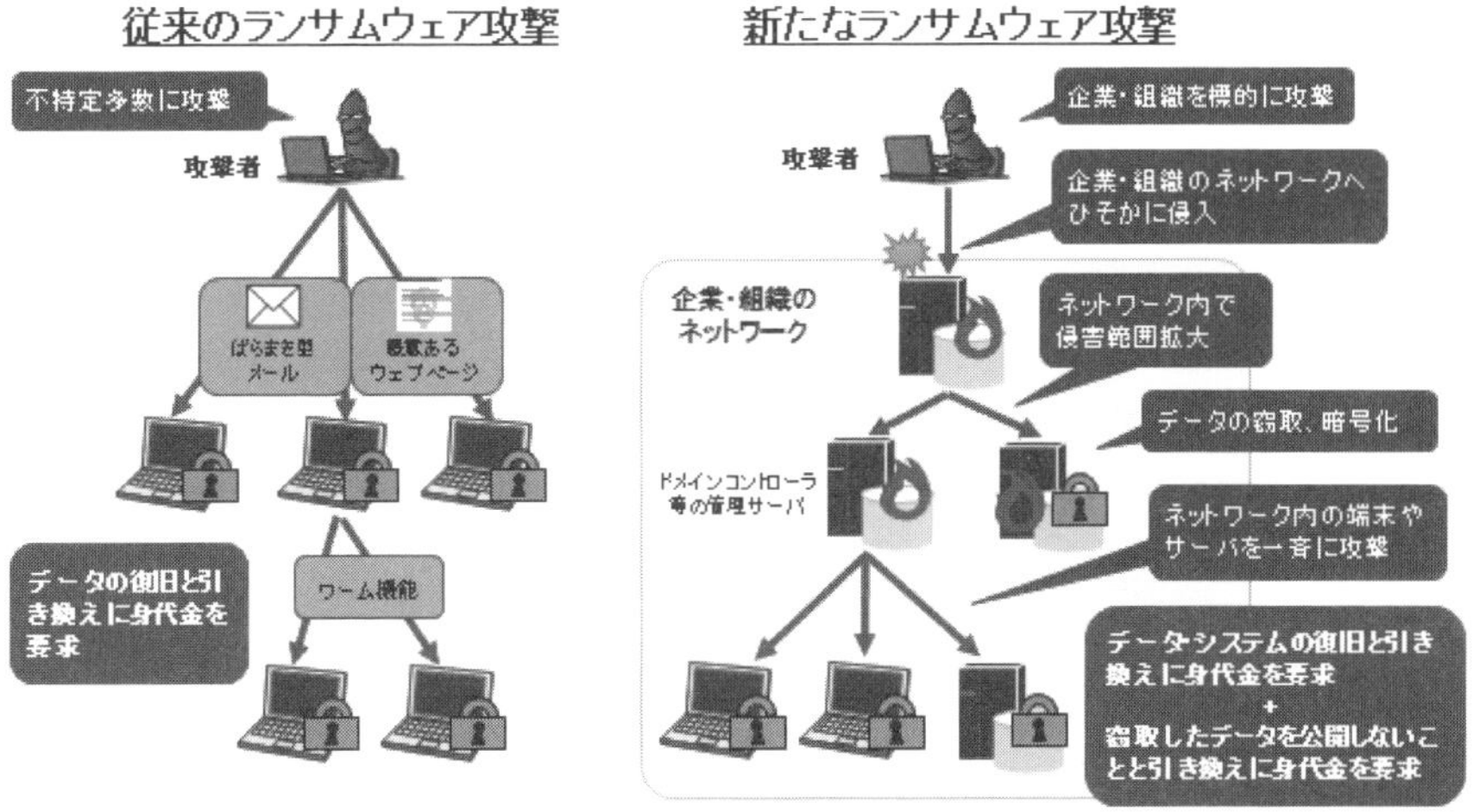

（出典）IPA 独立行政法人情報処理推進機構，【注意喚起】事業継続を脅かす新たなランサムウェア攻撃について
https://www.ipa.go.jp/archive/security/security-alert/2020/ransom.html

（出典）The No More Ransom Project
https://www.nomoreransom.org/ja/index.html

76 経営ダッシュボード

武器としての情報を活用するデータビジュアライズ

●経営ダッシュボードと成功事例

「情報の流れは、デジタル時代の企業にとって自社を差異化するための最大の武器である。」

「デジタル・データは企業の利益水準を高めてくれる。」

これは、マイクロソフト創業者、ビル・ゲイツ氏の言葉です。その最大の武器こそが**「経営ダッシュボード」**という経営管理ツールです。ダッシュボードとは車の計器を指します。真ん中に速度計、周りに燃料計など、実にシンプルな構造ですが、車を運転するには必要十分な「データ」を示す、それが「ダッシュボード」です。

世の中にはたくさんのKPI・重要業績評価指標（136ページ）で経営管理しようとする組織もあるようですが、これでは膨大なデータの海で溺れてしまうだけです。

KPIを絞り、シンプルに、適時的確に、組織を俯瞰する「経営ダッシュボード」にシフトチェンジしたカルビーは「じゃがりこ」「フルグラ」などのヒット連発で躍進します。

●「経営ダッシュボード」が注目される理由

①データを「見える化」できる

「紙の上のデータは行き止まりである。」

ゲイツ氏はこう主張します。デジタル化されたデータならば、局面《ディメンション》＝データの切り口を切り替え、新たな洞察を得られるようになります。これは、エクセルのピボットテーブルと考えると、理解も深まるでしょう。

ゲイツ氏はこう指摘もします。

「ピボット・テーブルは同一情報を部門別の視点から見ることを可能にし、クライアントはそのデータをより適切な形で受け取ることになる。」

②意思決定に時間を割ける

「自動更新」でデータ処理に時間をかけなければ、意思決定に時間を割けるようになります。こうしたことは、RPA《ロボティック・プロセス・オートメーション》という自動化ツールやBI《ビジネス・インテリジェンス》というデータ可視化ツールが得意としますが、「モダンEXCEL」の範囲内でも実現可能です。

モダンExcelによる経営ダッシュボード

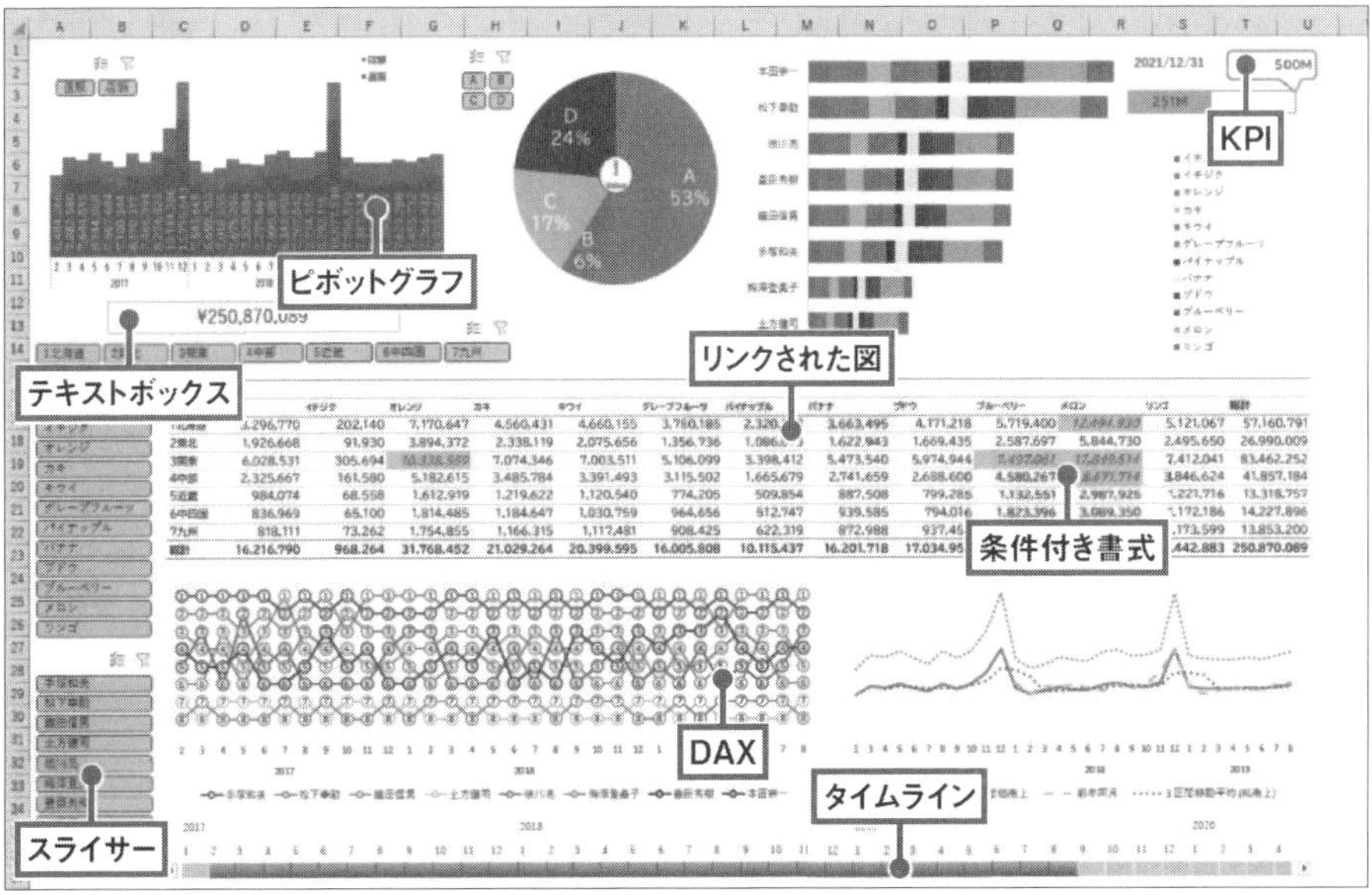

拙著『モダン Excel 入門』（日経 BP）より転載

“数字”に語らせる。これは経営管理の大命題です。

無味乾燥な単なる数字では真意を伝えきれません。**数字をコミュニケーションツール**にするには工夫も必要です。

そこで**経営ダッシュボード**です。データを可視化＝見える化すれば、データの真意を伝えやすくなり、新たな洞察も得やすくなります。売上高や営業利益率など重要と思われるいくつかの経営指標を、グラフなどで可視化し、意思決定に役立てる。

モダン Excel は、図中に示した機能などを用いて「経営ダッシュボード」を作成するのに最適なツールです。

77 DXの阻害要因

生産性向上に必要なPC性能とサイバーセキュリティ等のリスク対応

●古いパソコンやソフトは使い続けてはいけない

「パソコンは、古くても使えるだろ」

こうした幻想は捨てるべきです。古いパソコンは処理速度が遅く、**DX《デジタル・トランスフォーメーション》の阻害要因**そのものだからです。「情報」が優位性を決める時代です。

経営管理に必要な「情報」を扱う部署のパソコン等の「ハードウェア」や、エクセルのような「ソフトウェア」は、常に一定レベル以上の性能《スペック》が要求されます。

性能の低いパソコンでは一定レベルで業務をこなすことが難しくなります。記憶媒体の「メモリ」、パソコンの頭脳にあたる「CPU」、画像処理を快適に行う「GPU」と呼ばれる部品などの性能次第で、業務効率は左右されます。古いパソコンやソフトを使い続けるのは、ITガバナンスの観点からもデメリットしかありません。

たまに見聞きする、マイクロソフト社のエクセルなどで古いバージョンの業務ソフトを使い続けている事例はウィルス感染リスクがあり、最悪**情報漏洩**が生じます。最新版《バージョンアップ》の利用は必須で、簡単にできる対策の1つです。

年々、サイバー攻撃が多様化・巧妙化しており、経済産業省は図のように**『サイバーセキュリティ経営ガイドラインVer3.0』**で警鐘を鳴らしています。

●推奨PCスペック

どの程度のパソコン性能があれば日常業務を快適にこなせるか? 筆者が推奨するPC性能は4つ。

①基本ソフトOSは、Windows 11（10も可）。

②パソコンの頭脳にあたるCPUは、Intel 製の場合、グレードでCorei5 以上、できるだけ新しい世代（2023年8月現在、第13世代が最新）のもの。

③画像処理に必要なGPUは、あった方が良い。

④記憶媒体のメモリは最低16GB、余裕をもって積む。

組織でITに詳しい方に、こう聞いてください。

「うちのパソコンは、①~④の性能以上あるか?」

「今のままで業務に支障はないか?」

これだけで十分です。

経済産業省『サイバーセキュリティ経営ガイドラインVer3.0』の体系と、経営者が認識すべき３原則

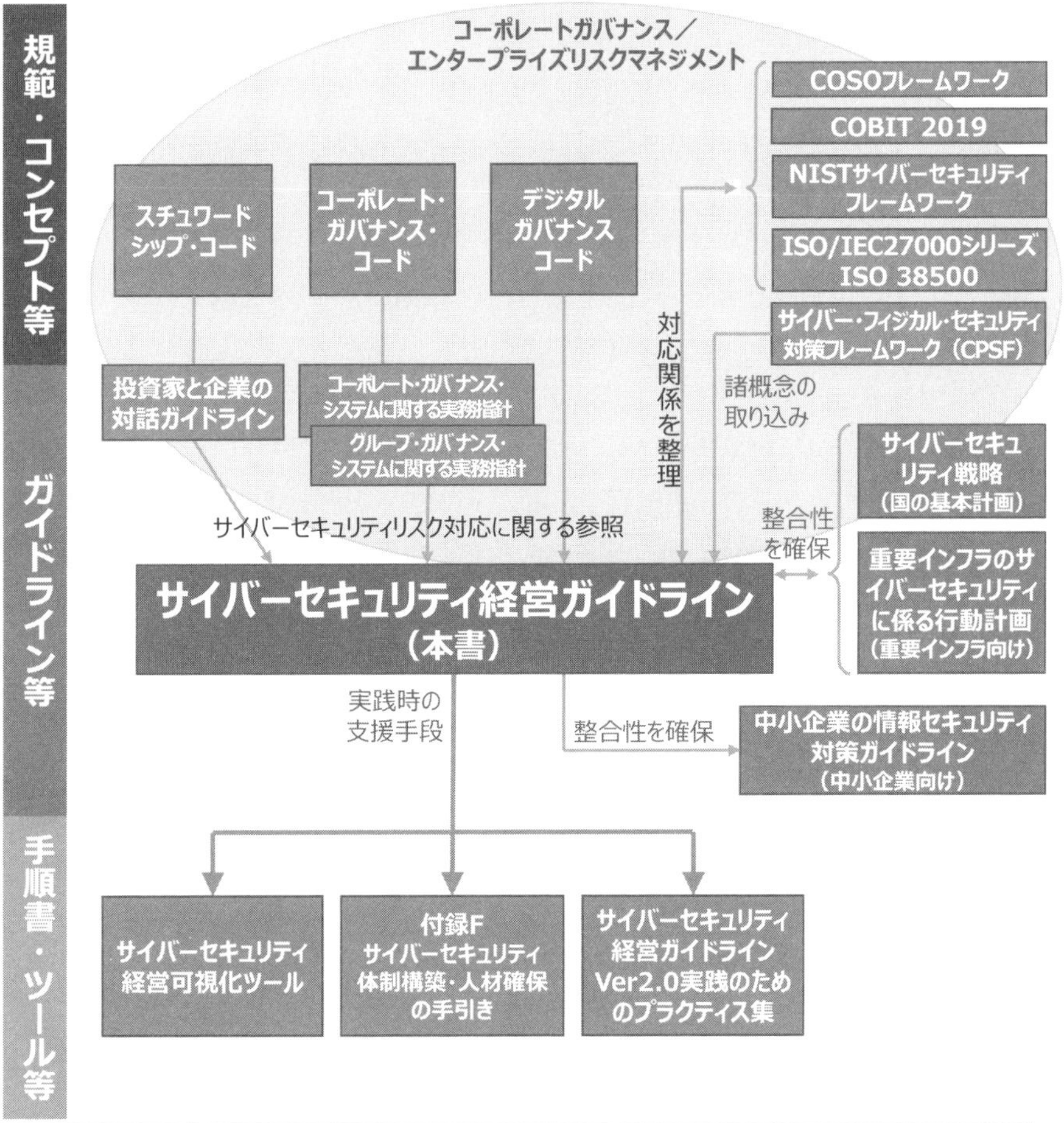

経営者が認識すべき３原則

(1) 情報セキュリティ対策は経営者のリーダーシップで進める
(2) 委託先の情報セキュリティ対策まで考慮する
(3) 関係者とは常に情報セキュリティに関するコミュニケーションをとる

（出典）『「サイバーセキュリティ経営ガイドライン」を改訂しました』経済産業省,
https://www.meti.go.jp/press/2022/03/20230324002/20230324002.html
『中小企業の情報セキュリティ対策ガイドライン第３版』IPA 独立行政法人情報処理推進機構セキュリティセンター
https://www.ipa.go.jp/security/guide/sme/ug65p90000019cbk-att/000055520.pdf

経営管理に「モダンＥｘｃｅｌ」が最適な理由

column
コラム

データの分析と可視化には，大別して２つの処理が必要です。

前処理で「データを抽出（Extract）し，変換し（Transform），読み込む（Load）」，つまり**ETL**で「きれいなデータ」にする必要があります。

後処理で，この「きれいなデータ」をリレーションシップして**データモデル**にした後，データの分析と可視化を行います。

これらの前後処理を一体的に行うのが，マイクロソフト社が従来《レガシー》のエクセルと区別して名付けた**モダンＥｘｃｅｌ**です。さまざまな形式のデータを対象にデータの重複や揺れなどを修正，正規化します。従来《レガシー》のエクセルと違いモダンExcelは，元のデータをそのままにデータの処理過程を明示できるので属人化を防止でき，経営管理で使うデータ変換機能をほぼ網羅しているのも特徴です。さらに，「きれいなデータ」を機能拡張されたピボットテーブルで分析すれば，エクセルの上限値「104万行の壁」を越える大量のデータを対象に，より複雑な分析を，よりスムーズに，エクセルだけで行えるのが，モダンＥｘｃｅｌの特徴です。

モダンExcelによるデータ分析と可視化（見える化）のプロセス

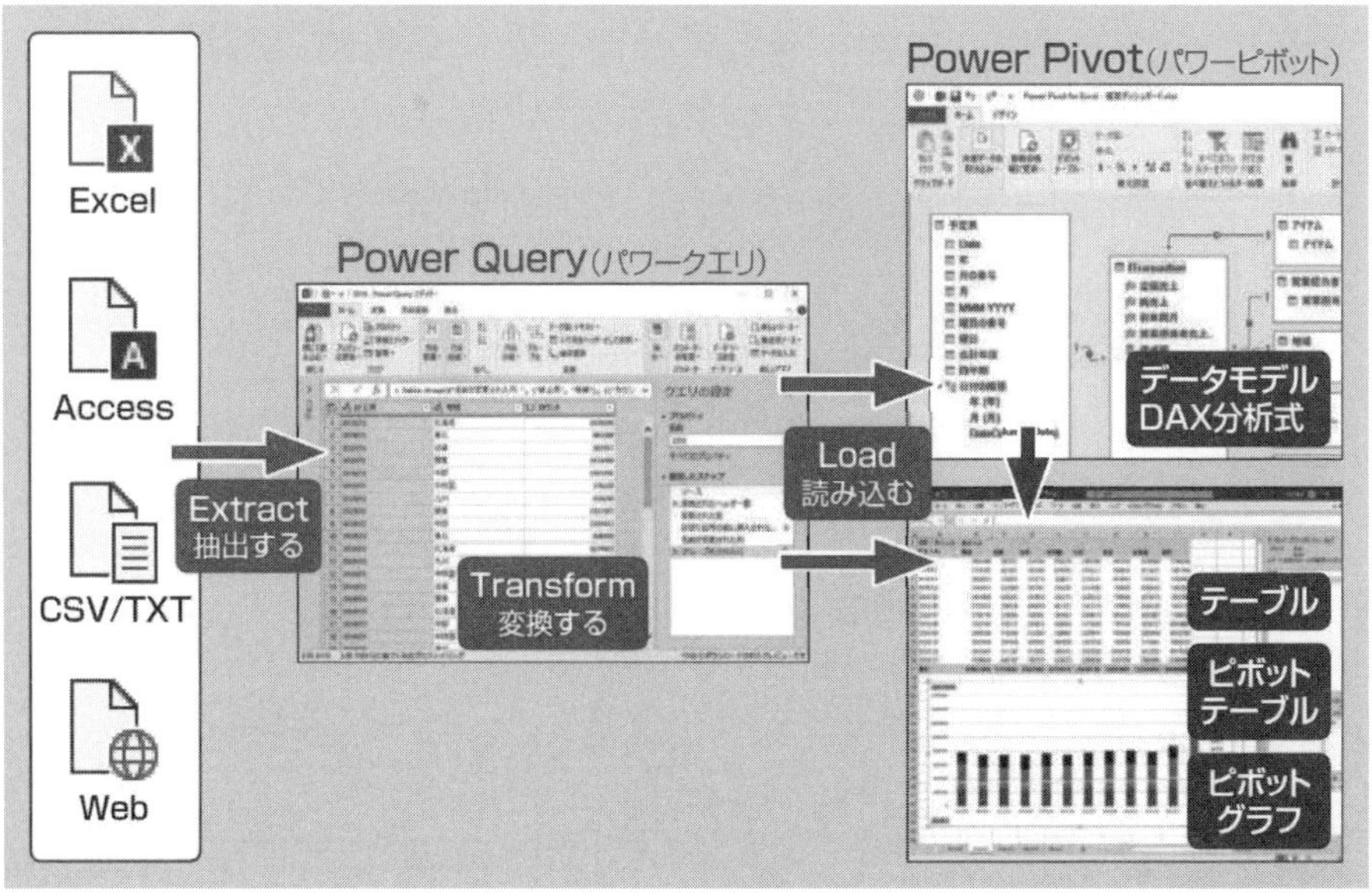

拙著『モダンExcel入門』（日経BP）より転載

【参考文献】

『勘定科目別　異常点監査の実務』野々川幸雄，中央経済社

『会計基準の最前線』西川郁生，税務経理協会

『キャプランとノートンの戦略バランスト･スコアカード』ロバート･S･キャプラン，デビッド・P・ノートン，櫻井通晴監訳，東洋経済新報社

『財務会計論』飯野利夫，同文館

『思考スピードの経営』ビル・ゲイツ，大原進訳，日本経済新聞社

『原価計算』岡本清，国元書房

『ＭＡＤＥ　ＩＮ　ＪＡＰＡＮ　わが体験的国際戦略』盛田昭夫・下村満子・Edwin M. Reingold，下村満子訳，朝日新聞社

『現代の経営　上・下』Ｐ・Ｆドラッカー，上田惇生訳，ダイヤモンド社

『２１世紀の資本』トマ・ピケティ，山形浩生訳，守岡桜訳，森本正史訳，みすず書房

「季刊　会計基準　2015.3　Vol.48　特集１　座談会「のれんの会計処理に関する国際的な動向」」第一法規

『稲盛和夫の実学　経営と会計』稲盛和夫，日本経済新聞社

『アメーバ経営　ひとりひとりの社員が主役』稲盛和夫，日本経済新聞社

『渋谷ではたらく社長の告白』藤田晋，幻冬舎

『成功のコンセプト』三木谷浩史，幻冬舎

『経営のコツここなりと気づいた価値は百万両』松下幸之助，PHP 研究所

『ドラッカー　365 の金言』ＰＦドラッカー，上田惇生翻訳，ダイヤモンド社

『Microsoft Power BI 入門 BI 使いになる！Excel 脳からの脱却』清水優吾，翔泳社

『継続企業の前提に関するチェックリスト』，日本公認会計士協会近畿会，https://www.jicpa-knk.ne.jp/

『新起草方針に基づく監査基準委員会報告書等の概要』，日本公認会計士協会監査基準委員会編

『公認会計士業務資料集別冊 26 号　起業家・ベンチャー企業支援の実務』，日本公認会計士協会東京会

『公認会計士業務資料集別冊 29 号　財務デュー・ディリジェンスと企業価値評価』，日本公認会計士協会東京会

『会計制度委員会研究資料第３号　我が国の引当金に関する研究資料』，日本公認会計士協会

『会計制度委員会研究資料第４号　時価の算定に関する研究資料～非金融商品の時価算定～』，日本公認会計士協会

『ハーバード・ビジネス・レビュー 2015 年２月号』，ダイヤモンド社

【著者紹介】

村井　直志（むらい・ただし）　公認会計士・データアナリスト

日本公認会計士協会東京会コンピュータ委員長（通算３期），経営・税務・業務委員会委員などを歴任。

監査ビッグ４等で，法定監査，株式公開支援，Ｍ＆Ａ支援，金融機関やメーカー等のIT監査などの業務に従事。上場会社役員などを経て，独立。価値創造機構理事長。

日本公認会計士協会研究大会第34回兵庫大会に『CAAT（コンピュータ利用監査技法）で不正会計に対処する，Excelを用いた異常点監査技法』で選抜される。

『モダンExcel入門』（日経BP），『決定版　会社四季報から始める企業分析　最強の会計力』（東洋経済新報社。共著），『経営を強くする　会計７つのルール』（ダイヤモンド社。別途翻訳本），『Excelによる不正発見法　CAATで粉飾・横領はこう見抜く』（中央経済社）など，管理会計や不正会計に関する著作を多数上梓

価値創造機構　value.or.jp

しくみ図解 **会計思考のポイント**

2023年10月10日　第１版第１刷発行

著者　村　井　直　志

発行者　山　本　継

発行所　㈱中央経済社

発売元　㈱中央経済グループパブリッシング

〒101-0051　東京都千代田区神田神保町1-35

電話　03（3293）3371（編集代表）

03（3293）3381（営業代表）

https://www.chuokeizai.co.jp

製版／㈲イー・アール・シー

印刷／三英グラフィック・アーツ㈱

製本／㈲井上製本所

ISBN978-4-502-47741-6　C3034